EDUCAÇÃO:
um tesouro a descobrir

Dados Internacionais de Catalogação na Publicação (CIP)
(Câmara Brasileira do Livro, SP, Brasil)

Educação : um tesouro a descobrir / [tradução José Carlos Eufrázio].
-- 7. ed. revisada -- São Paulo : Cortez ; Brasília, DF : UNESCO, 2012.

Título original: Learning : Learning : the treasure within.
Vários organizadores.
"Relatório para a UNESCO da Comissão Internacional sobre Educação para o Século XXI"
Bibliografia.
ISBN: 978-85-249-1845-2

1. Educação - Aspectos sociais 2. Educação - Finalidades e objetivos 3. Educação e Estado 4. Educação permanente I. Título.

11-10842 CDD-370

Índices para catálogo sistemático:
1. Educação 370

Jacques Delors

In'am Al-Mufti • Isao Amagi • Roberto Carneiro • Fay Chung •
Bronislaw Geremek • William Gorham • Aleksandra Kornhauser •
Michael Manley • Marisela Padrón Quero • Marie-Angélique Savané •
Karan Singh • Rodolfo Stavenhagen • Myong Won Suhr • Zhou Nanzhao

EDUCAÇÃO:
um tesouro a descobrir

Relatório para a UNESCO da Comissão Internacional
sobre Educação para o Século XXI

7ª edição revisada
3ª reimpressão

CORTEZ EDITORA

UNESCO
Organização
das Nações Unidas
para a Educação,
a Ciência e a Cultura

Título original: *Learning: the treasure within*. Report to UNESCO of the International Commission on Education for the Twenty-first Century. Paris: UNESCO, 1996.

A presente edição é versão da edição portuguesa que foi adaptada para o Brasil.

Capa: Edson Fogaça
Tradução: José Carlos Eufrázio
Revisão de originais e revisão da segunda edição: Regina Maria Furquim Freire da Silva
Projeto gráfico e diagramação: Edson Fogaça e Paulo Selveira
Coordenação editorial: Danilo A. Q. Morales

O autor é responsável pela escolha e apresentação dos fatos contidos neste livro, assim como pelas opiniões expressas, que não são necessariamente compartilhadas pela UNESCO nem são de sua responsabilidade. As denominações empregadas e a apresentação do material no decorrer desta obra não implicam a expressão de qualquer opinião que seja da parte da UNESCO no que se refere à condição legal de qualquer país, território, cidade ou área, ou de suas autoridades, ou à delimitação de suas fronteiras ou divisas.

CORTEZ EDITORA
Rua Monte Alegre, 1074, Perdizes
05014-001, São Paulo, SP
Tel.: (11) 3864-0111 Fax: (11) 3864-4290
e-mail: cortez@cortezeditora.com.br
www.cortezeditora.com.br

Organização das Nações Unidas para a Educação, a Ciência e a Cultura

SAUS, Quadra 5, Bloco H, Lote 6
Ed. CNPq/IBICT/UNESCO, 9º andar
70070-912, Brasília, DF, Brasil
Tel.: (55 61) 2106-3500
Fax: (55 61) 2106-3697
e-mail: brasilia@unesco.org
www.unesco.org/brasilia

Impresso no Brasil – abril de 2018

SUMÁRIO

SEGUNDA PARTE
Princípios

TERCEIRA PARTE
Orientações

APRESENTAÇÃO À 7ª EDIÇÃO REVISADA

A Cortez Editora, com júbilo, traz novamente ao seu catálogo o livro *Educação: um tesouro a descobrir*.

Trata-se de um texto de reconhecimento internacional, originado no relatório que a Comissão Internacional sobre a Educação para o Século XXI preparou para a UNESCO.

Conhecido inicialmente como "relatório Jacques Delors", tornou-se marco analítico no âmbito dos debates sobre política educacional em muitos países.

Mosaico pintado por mãos de especialistas, em sua rica pluralidade tornou-se um dos mais reconhecidos documentos a favorecer a análise crítica sobre o impacto da assim chamada globalização nas iniciativas locais de organização e reorganização das políticas e dos aparelhos culturais vinculados à educação, especialmente a educação escolar.

Abrangente, este livro aborda o universo educacional desde a educação básica até o ensino superior, possibilitando aos leitores apreender processos e vislumbrar com clareza os entraves à universalização desse direito, que desde o final do século XVIII quer ser um "direito para toda a humanidade".

Cabe destacar também o protagonismo atribuído aos professores neste livro, considerados agentes de mudança e proclamados como lideranças "necessárias" para que novas gerações cresçam sem as sombras de preconceitos e sem permeabilidade aos discursos que se encantam com as soluções violentas para os dramas do cotidiano.

Temos, então, mais um importante instrumento de qualificação de nossos debates e, sem dúvida, um parâmetro abalizado para indagar a consistência das políticas educacionais.

Assim como a UNESCO, a Cortez Editora tem sua razão de ser na defesa de uma sociedade mais justa, fraterna e democrática e, por isso mesmo, tudo o que se relaciona à educação, especialmente a educação pública, constitui-se parte de seu próprio tesouro editorial.

José Xavier Cortez
Cortez Editora

PREFÁCIO

A educação ou a utopia necessária

Ante os múltiplos desafios do futuro, a educação surge como um trunfo indispensável à humanidade na sua construção dos ideais da paz, da liberdade e da justiça social. Ao terminar os seus trabalhos, a Comissão faz, pois, questão de afirmar a sua fé no papel essencial da educação no desenvolvimento contínuo, tanto das pessoas como das sociedades. Não como um "remédio milagroso", não como um "abre-te sésamo" de um mundo que atingiu a realização de todos os seus ideais, mas, entre outros caminhos e para além deles, como uma via que conduza a um desenvolvimento humano mais harmonioso, mais autêntico, de modo a fazer recuar a pobreza, a exclusão social, as incompreensões, as opressões, as guerras...

Por meio de análises, reflexões e propostas, a Comissão deseja compartilhar essa convicção com o maior número de pessoas, num momento em que as políticas educativas enfrentam fortes críticas, ou são relegadas, por razões econômicas e financeiras, para a última ordem de prioridades.

É evidente – nem seria necessário recordá-lo – que a Comissão pensou, antes de mais nada, nas crianças e nos adolescentes, naqueles que amanhã receberão o testemunho das mãos dos adultos, os quais tendem a concentrar-se demasiadamente nos próprios problemas. A educação é, também, um grito de amor à infância e à juventude, as quais devemos acolher nas nossas sociedades, dando-lhes o espaço que lhes cabe no sistema educativo, sem dúvida, mas também na família, na comunidade de base, na nação. Esse dever elementar deve ser constantemente recordado, para, cada vez mais, ser levado em conta, quando das opções políticas, econômicas e financeiras. Parafraseando o poeta, a criança é o futuro do homem.

No final de um século[1] tão marcado, quer pela agitação e pela violência, quer pelos progressos econômicos e científicos – estes, aliás, desigualmente repartidos –, no alvorecer de um novo século cuja aproximação nos deixa indecisos entre a angústia e a esperança, impõe-se que todos os responsáveis prestem atenção às finalidades e aos meios da educação. A Comissão considera as políticas educativas um processo permanente de enriquecimento dos conhecimentos, do saber-fazer, mas também e talvez em primeiro

1. N.T.: o autor faz referência ao século XX.

lugar, como uma via privilegiada de construção da própria pessoa, das relações entre indivíduos, grupos e nações.

Aceitando o mandato que lhes foi confiado, os membros da Comissão adotaram explicitamente essa perspectiva e pretenderam sublinhar, como argumento favorável, o papel central da UNESCO, na linha das ideias que presidiram a sua fundação e que assentam na esperança de um mundo melhor, em que se respeitem os Direitos do Homem e se pratique a compreensão mútua, em que os progressos no conhecimento sirvam de instrumentos, não de distinção, mas de promoção do gênero humano.

Ultrapassar o obstáculo da extraordinária diversidade de situações no mundo, conseguir análises válidas para todos e obter conclusões igualmente aceitáveis por todos, tornou-se, para a Comissão, uma tarefa, sem dúvida, impossível.

Contudo, a Comissão esforçou-se por elaborar seus raciocínios num quadro prospectivo dominado pela globalização, por selecionar as questões importantes e que se apresentam em qualquer parte do mundo e por traçar algumas orientações válidas, tanto em nível nacional como mundial.

Quadro prospectivo

O quarto de século que agora finda[2] ficou assinalado por notáveis descobertas e progressos científicos; numerosos países – ditos emergentes – libertaram-se do subdesenvolvimento; o nível de vida continuou a progredir em ritmos muito diferentes, conforme os países. Contudo, parece dominar, no mundo, um sentimento de desencanto que contrasta com as esperanças surgidas logo depois da Segunda Guerra Mundial.

Pode-se, pois, falar de desilusões do progresso, no plano econômico e social. O aumento do desemprego e dos fenômenos de exclusão social, nos países ricos, atesta-o. A persistência das desigualdades de desenvolvimento no mundo confirma-o. É certo que a humanidade está mais consciente dos perigos que ameaçam o ambiente natural, mas não conseguiu, ainda, os meios para solucionar esse problema, apesar das numerosas reuniões internacionais, como a do Rio de Janeiro, apesar das sérias advertências surgidas na sequência de fenômenos naturais ou de acidentes tecnológicos. Torna-se insustentável considerar o crescimento econômico a todo o custo como a verdadeira via de conciliação entre progresso material e equidade, respeito pela condição humana e pelo capital natural que temos obrigação de transmitir, em bom estado, às gerações vindouras.

Será que já extraímos todas as consequências desses fatos, tanto no que diz respeito a finalidades, vias e meios de desenvolvimento sustentável, quanto no que se refere a novas formas de cooperação internacional? Com certeza, não! Será esse, pois, um dos grandes desafios intelectuais e políticos do próximo século.[3]

---

2. N.T.: o autor faz referência ao século XX.
3. N.T.: o autor faz referência ao século XXI.

Tal constatação, porém, não deve levar os países em desenvolvimento a negligenciar os motores clássicos de crescimento, em particular, o indispensável ingresso no universo da ciência e da tecnologia, com tudo o que isso implica em matéria de adaptação de culturas e de modernização de mentalidades.

Mais desencanto, mais desilusão para aqueles que, com o fim da Guerra Fria, viram a perspectiva de um mundo melhor e tranquilo. E não basta, como forma de consolo ou de arranjar justificativas, afirmar repetidamente que a História é trágica. Todos o sabemos ou já deveríamos saber. Se a Segunda Grande Guerra fez 50 milhões de vítimas, como não recordar aqui que, desde 1945, houve cerca de 150 guerras que provocaram 20 milhões de mortos, antes e após a queda do Muro de Berlim? Novos riscos ou riscos já antigos? Pouco importa, pois as tensões permanecem latentes e explodem, tanto entre nações como entre grupos étnicos, ou a propósito de injustiças acumuladas no plano econômico e social. É dever de todos os responsáveis, num contexto marcado pela crescente interdependência dos povos e pela globalização dos problemas, avaliar os riscos apontados e organizar-se de modo a afastá-los.

No entanto, como aprender a viver juntos nesta "aldeia global", se não somos capazes de viver nas comunidades naturais a que pertencemos: nação, região, cidade, aldeia, vizinhança? A questão central da democracia é saber se queremos, se podemos participar na vida em comunidade. Querê-lo ou não – é bom não se esquecer disso – depende do sentido de responsabilidade de cada um. Ora, se por um lado a democracia conquistou novos espaços dominados anteriormente pelo totalitarismo e pela arbitrariedade, por outro lado ela tende a tornar-se pouco estimulante em áreas onde está institucionalizada há dezenas de anos. Como se tudo devesse, constantemente, recomeçar, renovar-se, ser reinventado.

As políticas educativas não podiam deixar de se sentir questionadas por esses três grandes desafios. A Comissão não podia deixar de chamar a atenção para o fato de essas políticas poderem contribuir para um mundo melhor, para um desenvolvimento humano sustentável, para a compreensão mútua entre os povos, para a renovação de uma vivência concreta da democracia.

Tensões a ultrapassar

Para tanto, há que se encarar, para melhor ultrapassá-las, as principais tensões que, não sendo novas, constituem o cerne da problemática do século XXI.

A tensão entre o global e o local: tornar-se, pouco a pouco, cidadão do mundo sem perder as suas raízes e participar ativamente da vida do seu país e das comunidades de base.

A tensão entre o universal e o singular: a mundialização da cultura vai-se realizando progressiva, mas ainda parcialmente, e é, de fato, inevitável com as suas promessas e os seus riscos, dos quais o menor não é senão o esquecimento do caráter único de cada pessoa, de sua vocação para escolher o seu destino e realizar todas as suas potencialidades, mantendo a riqueza das suas tradições e da própria cultura ameaçada, se não tiver cuidado, pelas evoluções em curso.

A tensão entre tradição e modernidade tem origem na mesma problemática: adaptar-se sem se negar a si mesmo, construir a sua autonomia em dialética com a liberdade e a evolução do outro, dominar o progresso científico. É com esse espírito que se deve prestar particular atenção ao desafio das novas tecnologias da informação.

A tensão entre as soluções a curto e a longo prazo: tensão eterna, mas alimentada, na atualidade, pelo domínio do efêmero e do instantâneo, num contexto em que o excesso de informações e emoções efêmeras leva à constante concentração sobre os problemas imediatos. As opiniões pretendem respostas e soluções rápidas, quando muitos dos problemas enfrentados necessitam de estratégia paciente, que passe pela concertação e negociação das reformas a executar. As políticas educativas são, precisamente, uma área em que essa estratégia se aplica.

A tensão entre a indispensável competição e o cuidado com a igualdade de oportunidades: questão clássica proposta já desde o início do século, tanto às políticas econômicas e sociais quanto às políticas educativas, foi uma questão resolvida, em alguns casos, mas nunca de forma duradoura. A Comissão ousa afirmar que, atualmente, a pressão da competição faz que muitos responsáveis esqueçam a missão de dar a cada ser humano os meios de poder realizar todas as suas oportunidades. Conscientes disso, e no âmbito deste Relatório, fomos levados a retomar e a atualizar o conceito de *educação ao longo de toda a vida*, de modo a conciliar a competição que estimula, a cooperação que reforça e a solidariedade que une.

A tensão entre o extraordinário desenvolvimento dos conhecimentos e as capacidades de assimilação pelo homem: a Comissão não resistiu à tentação de acrescentar novas disciplinas, como o conhecimento de si mesmo e dos meios de manter a saúde física e psicológica, ou mesmo matérias que levem a conhecer melhor e preservar o meio ambiente natural. Contudo, os programas escolares estão cada vez mais sobrecarregados. É necessário, pois, optar, com a condição de preservar os elementos essenciais de uma educação básica que ensine a viver melhor, por meio do conhecimento, da experiência e da construção de uma cultura pessoal.

Finalmente, e trata-se, também neste caso, de uma realidade permanente: *a tensão entre o espiritual e o material*. Muitas vezes, sem sequer se aperceber disso ou sem ter capacidade para exprimi-lo, o mundo tem sede de ideal ou de valores a que chamaremos morais, para não ferir ninguém. Cabe à educação a nobre tarefa de despertar em todos, segundo as tradições e as convicções de cada um, respeitando inteiramente o pluralismo, essa elevação do pensamento e do espírito para o universal e para uma espécie de superação de si mesmo. Está em jogo – e aqui a Comissão teve o cuidado de ponderar bem os termos utilizados – a sobrevivência da humanidade.

Pensar e construir o nosso destino comum

Um sentimento de vertigem apodera-se de nossos contemporâneos, divididos que estão entre a mundialização – cujas manifestações eles observam e, por vezes, suportam – e sua busca de raízes, de referências, de fazer parte.

A educação deve encarar esse problema, uma vez que, na perspectiva do parto doloroso de uma sociedade mundial, ela situa-se no coração do desenvolvimento tanto do ser humano como das comunidades. Cabe-lhe a missão de fazer que todos, sem exceção, façam frutificar seus talentos e potencialidades criativas, o que implica, por parte de cada um, a capacidade de se responsabilizar pela realização do seu projeto pessoal.

Essa finalidade ultrapassa qualquer outra. A sua realização, longa e difícil, será uma contribuição essencial para a busca de um mundo mais habitável e mais justo. Num momento em que a dúvida quanto às possibilidades oferecidas pela educação se apodera de alguns espíritos, a Comissão faz questão de sublinhar bem esse ponto.

É certo que há muitos outros problemas a resolver; chegaremos lá, mas este Relatório surge em um momento em que a humanidade, perante tantas desgraças causadas pela guerra, pela criminalidade e pelo subdesenvolvimento, hesita entre a fuga e a resignação. Vamos propor-lhe uma outra saída.

Tudo nos leva, pois, a dar novo valor às dimensões ética e cultural da educação e, desse modo, a dar efetivamente, a cada um, os meios de compreender o outro, na sua especificidade, e de compreender o mundo na sua marcha caótica para uma certa unidade. Porém, antes, é preciso começar por conhecer-se a si próprio, numa espécie de viagem interior guiada pelo conhecimento, pela meditação e pelo exercício da autocrítica.

Essa mensagem deve orientar qualquer reflexão sobre educação, em conexão com o desenvolvimento e o aprofundamento da cooperação internacional, no âmbito da qual se alcançarão as soluções aqui propostas.

Nessa perspectiva, tudo fica devidamente ordenado, tanto as exigências científicas e técnicas quanto o conhecimento de si mesmo e do meio ambiente, assim como o desenvolvimento de capacidades que permitam, a cada um, agir como membro de uma família, cidadão ou produtor.

Quer dizer que a Comissão não subestima, de modo nenhum, o papel fundamental da massa cinzenta e da inovação, a passagem para uma sociedade cognitiva, os processos endógenos que permitem a acumulação de saberes, as novas descobertas, que são aplicadas em diversos domínios da atividade humana, tanto no campo da saúde e do meio ambiente como na produção de bens e serviços. Conhece, também, as limitações e os fracassos que acompanham as tentativas de transferir as novas tecnologias para países mais desfavorecidos, precisamente devido ao caráter endógeno dos mecanismos de acumulação e de aplicação dos conhecimentos. Daí, entre outras coisas, a necessidade de uma iniciação precoce à ciência, aos seus métodos de aplicação, ao difícil esforço por dominar o progresso dentro do respeito pelo ser humano e pela sua integridade. Também aqui deve estar presente a preocupação ética.

Deve-se recordar, além disso, que a Comissão está consciente das missões que cabem à educação, a serviço do desenvolvimento econômico e social. Muitas vezes, atribui-se ao sistema de formação a responsabilidade pelo desemprego. A constatação só é justa em parte e, sobretudo, não deve servir para ocultar outras exigências políticas, econômicas e sociais a satisfazer, caso se queira alcançar o pleno emprego ou permitir o arranque das economias subdesenvolvidas. Voltando à educação, a Comissão defende que sistemas mais flexíveis, com maior diversidade de cursos e com possibilidade de transferências entre diversas categorias de ensino ou, então, entre a experiência profissional e a retomada da formação, constituem respostas válidas às questões colocadas pela inadequação entre a oferta e a procura de emprego. Tais sistemas levariam, também, à redução do insucesso escolar, que – e todos devem estar conscientes disso – causa enorme desperdício de recursos humanos.

Entretanto, esses aperfeiçoamentos desejáveis e possíveis não dispensam a inovação intelectual e a prática de um modelo de desenvolvimento sustentável, segundo as características de cada país. Com os progressos atuais e previsíveis da ciência e da técnica, e a importância crescente do cognitivo e do imaterial na produção de bens e serviços, todos devemos convencer-nos das vantagens de repensar o lugar ocupado pelo trabalho e seus diferentes estatutos na sociedade de amanhã. Exatamente para poder criar essa nova sociedade, a imaginação humana deve ser capaz de adiantar-se aos avanços tecnológicos, se quisermos evitar o aumento do desemprego, a exclusão social ou as desigualdades de desenvolvimento.

Por todas essas razões, parece impor-se, cada vez mais, o conceito de educação ao longo de toda a vida, dadas as vantagens que oferece em matéria de flexibilidade, diversidade e acessibilidade no tempo e no espaço. É a ideia de educação permanente que deve ser repensada e ampliada. Isso se deve ao fato de que, além das necessárias adaptações relacionadas com as alterações da vida profissional, ela deve ser encarada como uma construção contínua da pessoa humana, dos seus saberes e aptidões, da sua capacidade de discernir e agir. Deve levar cada um a tomar consciência de si próprio e do meio ambiente que o rodeia, bem como a desempenhar o papel social que lhe cabe como trabalhador e cidadão.

A esse propósito, destacamos a necessidade de se caminhar para uma "sociedade educativa". É verdade que toda a vida pessoal e social oferece oportunidades de progredir no saber e no saber-fazer. Somos, então, levados a privilegiar esse aspecto da questão e a colocar em relevo o potencial educativo dos modernos meios de comunicação, da vida profissional ou, ainda, das atividades de cultura e lazer, a ponto de chegarmos a esquecer certas verdades essenciais. Isso ocorre porque, se é verdade que cada um deve utilizar todas as possibilidades de aprender e de se aperfeiçoar, não é menos verdade que, para estar apto a utilizar corretamente essas potencialidades, o indivíduo deve estar na posse de todos os elementos de uma educação básica de qualidade. E mais: é desejável que a escola lhe transmita o gosto e o prazer de aprender, a capacidade de aprender a aprender ainda mais, a curiosidade intelectual. Podemos até imaginar uma sociedade em que cada um seja, alternadamente, professor e aluno.

Para isso, nada pode substituir o sistema formal de educação, que nos inicia nos vários domínios das disciplinas cognitivas. Nada substitui a relação de autoridade, mas também de diálogo, entre professor e aluno. Todos os grandes pensadores clássicos que se debruçaram sobre os problemas da educação o disseram e repetiram. Cabe ao professor transmitir ao aluno o que a humanidade já aprendeu acerca de si mesma e da natureza, tudo o que ela criou e inventou de essencial.

Colocar a educação ao longo de toda a vida no coração da sociedade

O conceito de educação ao longo de toda a vida aparece, pois, como uma das chaves de acesso ao século XXI. Ultrapassa a distinção tradicional entre educação inicial e educação permanente. Vem dar resposta aos desafios de um mundo em rápida transformação, mas não constitui uma conclusão inovadora, uma vez que relatórios anteriores sobre educação já chamaram a atenção para essa necessidade de um retorno à escola, a fim de se estar preparado para acompanhar a inovação, tanto na vida privada como na vida profissional. É uma exigência que continua válida e que adquiriu, até, mais razão de ser. E só será satisfeita quando todos aprendermos a aprender.

No entanto, a modificação profunda dos quadros tradicionais da existência humana coloca-nos perante o dever de compreender melhor o outro, de compreender melhor o mundo. Exigências de compreensão mútua, de entreajuda pacífica e, por que não, de harmonia, são, precisamente, os valores de que o mundo mais carece.

Essa tomada de posição levou a Comissão a dar mais importância a um dos quatro pilares por ela considerados como as bases da educação. Trata-se de *aprender a viver juntos*, desenvolvendo o conhecimento acerca dos outros, da sua história, tradições e espiritualidade e, a partir daí, criar um espírito novo que, graças precisamente a essa percepção das nossas crescentes interdependências, graças a uma análise partilhada dos riscos e dos desafios do futuro, conduza à realização de projetos comuns ou, então, a uma gestão inteligente e apaziguadora dos inevitáveis conflitos. Utopia, pensarão alguns, mas utopia necessária, utopia vital para sair do ciclo perigoso que se alimenta do cinismo e da resignação.

Sim, a Comissão sonha com uma educação capaz de fazer surgir esse espírito novo. Contudo, não esquece os três outros sustentáculos da educação que fornecem, de algum modo, os elementos básicos para aprender a viver juntos.

Em primeiro lugar, *aprender a conhecer*. Entretanto, tendo em conta as rápidas alterações provocadas pelo progresso científico e as novas formas de atividade econômica e social, há que se conciliar uma cultura geral suficientemente vasta com a possibilidade de dominar, profundamente, um reduzido número de assuntos. Essa cultura geral constitui, de certa maneira, o passaporte para uma educação permanente, na medida em que fornece o gosto e as bases para a aprendizagem ao longo de toda a vida.

Em seguida, *aprender a fazer*. Além da aprendizagem de uma profissão, há que se adquirir competência mais ampla, que prepare o indivíduo para enfrentar numerosas situações, muitas delas imprevisíveis, e que facilite o trabalho em equipe, dimensão atualmente muito negligenciada pelos métodos pedagógicos. Essas competências e qualificações tornam-se, muitas vezes, mais acessíveis, se quem estuda tiver possibilidade de se pôr à prova e de se enriquecer, tomando parte em atividades profissionais e sociais, em paralelo com os estudos. Disso decorre a necessidade de atribuir-se cada vez maior importância às diferentes formas de alternância entre escola e trabalho.

Finalmente e acima de tudo, *aprender a ser*. Era esse o tema dominante do Relatório Edgar Faure, publicado em 1972 sob os auspícios da UNESCO. As suas recomendações continuam a ter grande atualidade, dado que o século XXI exigirá de todos nós grande capacidade de autonomia e de discernimento, juntamente com o reforço da responsabilidade pessoal na realização de um destino coletivo. E, ainda, por causa de outra exigência para a qual o Relatório chama a atenção: não deixar por explorar nenhum dos talentos que constituem tesouros escondidos no interior de cada ser humano – memória, raciocínio, imaginação, capacidades físicas, sentido estético, facilidade de comunicação com os outros, carisma natural para animador... e não pretendemos ser exaustivos. Tudo isso só vem confirmar a necessidade de cada um se conhecer e compreender melhor.

A Comissão fala ainda de uma outra utopia: a sociedade educativa baseada na aquisição, na atualização e na utilização dos conhecimentos. São essas as três funções relevantes no processo educativo. Com o desenvolvimento da sociedade da informação, em que se multiplicam as possibilidades de acesso a dados e a fatos, a educação deve permitir que todos possam recolher, selecionar, ordenar, gerenciar e utilizar as mesmas informações.

A educação deve, pois, adaptar-se constantemente a essas transformações da sociedade, sem deixar de transmitir as aquisições, os saberes básicos frutos da experiência humana.

Por fim, perante essa procura cada vez maior, mas também cada vez mais exigente, como atuar de modo que as políticas educativas cumpram o duplo objetivo de conseguir um ensino equitativo e de qualidade? Essas foram as questões que a Comissão levou em consideração a propósito de cursos, métodos e conteúdos de ensino, assim como das condições necessárias à sua eficácia.

Repensar e interligar as diferentes sequências da educação

Ao centrar as suas propostas em torno do conceito de educação ao longo de toda a vida, a Comissão não quis dar a entender, com isso, que tal salto qualitativo dispensasse uma reflexão sobre as diferentes categorias de ensino. Ao contrário, achou por bem confirmar, igualmente, importantes orientações vindas da UNESCO, como a de dar importância vital à educação básica, incitar a revisão das funções assumidas pela educação secundária ou até dar resposta às indagações que continuam a suscitar a evolução da educação superior e, sobretudo, o fenômeno da massificação.

Isso se dá, pois, muito simplesmente, a educação ao longo de toda a vida permite ordenar as diferentes sequências de aprendizagem, gerir as transições, diversificar os percursos, valorizando-os, o que nos libertaria do triste dilema: selecionar, multiplicando o insucesso escolar e o risco de exclusão social, ou nivelar o ensino, sacrificando a promoção dos talentos.

Essas reflexões nada retiram às excelentes conclusões a que se chegou, quando da Conferência de Jomtien, em 1990, sobre educação básica e necessidades educativas fundamentais:

> Essas necessidades dizem respeito, quer aos instrumentos essenciais de aprendizagem (leitura, escrita, expressão oral, cálculo matemático, resolução de problemas), quer aos conteúdos educativos fundamentais (conhecimento, aptidões, valores, atitudes), de que o ser humano precisa para sobreviver, desenvolver as suas faculdades, viver e trabalhar com dignidade, participar plenamente do desenvolvimento, melhorar a sua qualidade de vida, tomar decisões esclarecidas e continuar a aprender.

Essa enumeração pode parecer impressionante. E é, de fato. Mas nem por isso se deve pensar que leva a uma acumulação excessiva de programas. A inter-relação professor/aluno, o conhecimento do meio ambiente onde vivem as crianças, uma correta utilização dos modernos meios de comunicação (quando existentes) podem contribuir, no seu conjunto, para o desenvolvimento pessoal e intelectual de cada aluno. Os conhecimentos básicos desempenham, aqui, um papel importante: ler, escrever e contar. Combinar a escola clássica com contribuições exteriores à escola faculta à criança o acesso às três dimensões da educação: ética e cultural; científica e tecnológica; econômica e social.

Em outras palavras, a educação é, também, uma experiência social, em contato com a qual a criança aprende a descobrir-se a si mesma, desenvolve as relações com os outros, adquire bases no campo do conhecimento e do saber-fazer. Essa experiência deve iniciar-se antes da idade da escolaridade obrigatória, assumindo formas diferentes, conforme a situação, e nela devem estar implicadas as famílias e as comunidades de base.

A Comissão julga importante acrescentar duas observações relacionadas a esse estágio de desenvolvimento.

A educação básica deve ampliar-se, no mundo, aos 900 milhões de adultos analfabetos, aos 130 milhões de crianças não escolarizadas, aos mais de 100 milhões de crianças que abandonam prematuramente a escola. É um vasto leque de pessoas que constituem prioridade para as ações de assistência técnica e de parceria, a serem levadas a cabo sob a égide da cooperação internacional.

A educação básica é um problema que se apresenta, naturalmente, a todos os países, até mesmo às nações industrializadas. Logo, a partir dessa fase da educação, os conteúdos devem desenvolver o gosto por aprender, a sede e a alegria de conhecer e, portanto, o desejo e as possibilidades de ter acesso, mais tarde, à educação ao longo de toda a vida.

Chegamos, assim, a uma das maiores dificuldades de qualquer reforma: as políticas a serem adotadas em relação aos jovens e adolescentes que terminam o educação primária. Políticas que cubram o período que decorre depois desse nível até a entrada na vida profissional ou na educação superior. Será o caso de afirmar-se que essa educação dita secundária é, de algum modo, o "mal-amado" de toda a reflexão sobre educação? De fato, ela é objeto de muitas críticas e geradora de muitas frustrações.

Entre os fatores de perturbação, estão o aumento e a diversificação das necessidades de formação, que conduzem ao crescimento rápido do número de alunos e ao bloqueio dos programas. Disso resultam os problemas clássicos de massificação da educação, difíceis de resolver nos países pouco desenvolvidos, tanto no aspecto financeiro quanto no de organização. Para não falar da angústia dos que acabam seus cursos profissionais, a que se junta a obsessão de acesso à educação superior, como uma questão vital. A situação de desemprego em massa que se verifica em muitos países apenas vem aumentar o mal-estar. A Comissão alerta para o perigo de as situações encaminharem-se, nos meios rurais ou urbanos, tanto nos países em desenvolvimento como nas nações industrializadas, não apenas para o desemprego, mas também para o subemprego dos recursos humanos.

A Comissão defende que só se pode sair dessa situação, recorrendo a uma ampla diversificação da oferta de opções. Essa orientação surge na sequência de uma preocupação ainda maior da Comissão em valorizar todos os talentos, de modo a diminuir o insucesso escolar e evitar a muitos adolescentes o sentimento de exclusão e de ausência de futuro.

Entre as diferentes vias oferecidas aos jovens, devem constar as clássicas, mais voltadas para a abstração e a conceitualização, mas também outras que, enriquecidas pelas vantagens da alternância entre vida escolar e vida profissional ou social, permitam a revelação de outros talentos e gostos. Em qualquer dos casos, haverá sempre que se estabelecer pontes entre essas possibilidades de realização, de modo que se corrijam os frequentes erros de orientação.

Além disso, na opinião da Comissão, a perspectiva de se poder regressar a um ciclo de educação ou de formação mudaria o clima geral, assegurando a cada adolescente que seu destino não está definitivamente traçado entre os 14 e os 20 anos.

A educação superior deve ser encarada também dessa perspectiva.

Antes de mais nada, notemos que, em muitos países, existem, em paralelo com a universidade, vários estabelecimentos de ensino superior, alguns dos quais participam no processo de seleção dos melhores, enquanto outros foram criados para, num período de dois a quatro anos, darem formação profissional de qualidade e com objetivos bem definidos. Essa diversidade está, indiscutivelmente, de acordo com as necessidades da sociedade e da economia, expressas em nível nacional e regional.

Maior severidade na seleção não pode constituir solução, política e socialmente aceitável, para a questão da massificação da educação observada nos países mais ricos. Uma das principais falhas de uma orientação desse tipo é fazer que jovens de ambos os sexos fiquem excluídos da educação antes de obterem um diploma reconhecido oficialmente; portanto, numa situação sem esperança, dado que nem gozam das vantagens do diploma, nem da contrapartida de uma formação adaptada às necessidades do mercado de trabalho.

Assim, deve-se gerenciar o desenvolvimento dos efetivos, que poderá ser, entretanto, controlado com uma reforma da educação secundária, feita de acordo com as grandes linhas propostas pela Comissão.

A universidade também contribuirá para isso, diversificando a sua oferta:

- como local de ciência, como fonte de conhecimentos, com vistas à pesquisa teórica ou aplicada, ou à formação de professores;
- como meio de adquirir qualificações profissionais, conciliando ao mais alto nível, o saber e o saber-fazer, em cursos e conteúdos constantemente adaptados às necessidades da economia;
- como recinto privilegiado da educação ao longo de toda a vida, abrindo as portas aos adultos que desejem retomar seus estudos, adaptar e enriquecer os seus conhecimentos, ou satisfazer seu gosto de aprender em qualquer domínio da vida cultural;
- como parceiro privilegiado de uma cooperação internacional, permitindo o intercâmbio de professores e alunos e facilitando, graças a matérias de caráter internacional, a difusão do que de melhor se faz no campo da educação.

Desse modo, a universidade ultrapassaria o confronto entre duas lógicas que é costume opor sem razão: a lógica do serviço público e a do mercado de trabalho. Reencontraria, também, o sentido de sua missão intelectual e social no seio da sociedade como uma das instituições que garantem os valores universais e do patrimônio cultural. A Comissão defende que essas são razões pertinentes para lutar a favor da concessão de maior autonomia às universidades.

A Comissão, formuladas as suas propostas, adverte que essa problemática se reveste de particular dimensão nas nações pobres, onde as universidades têm papel determinante a desempenhar. Extraindo lições do próprio passado para analisar as dificuldades com que confrontam atualmente essas nações, as universidades dos países em desenvolvimento devem levar a cabo pesquisas que possam contribuir para a solução dos seus problemas mais graves. Cabe-lhes, ainda, propor novas perspectivas de desenvolvimento que levem à construção de um futuro melhor para os seus países. É sua tarefa, também, formar, no domínio técnico e profissional, as futuras elites e os diplomados de nível médio e superior de que os seus países necessitam, para poderem sair do ciclo de pobreza e de subdesenvolvimento em que atualmente se encontram enredados. Há, especialmente, que se elaborar novos modelos de desenvolvimento para regiões como a África Subsaariana, como já se fez para os países do Leste Asiático, tendo-se em conta cada caso em particular.

Levar a bom termo as estratégias da reforma

Sem subestimar a gestão das dificuldades a curto prazo, sem negligenciar as adaptações de que necessitam os sistemas existentes, a Comissão pretende chamar a atenção para a necessidade de uma solução a mais longo prazo, que leve ao sucesso das reformas que se impõem. Por isso, insiste em recordar que reformas em profusão acabam por tornar a reforma sem efeito, pois não dão ao sistema o tempo necessário para se impregnar do novo espírito, nem para colocar todos os atores à altura de nela participarem. Além disso, como demostram os insucessos do passado, muitos reformadores, optando por soluções demasiadamente radicais ou teóricas, não consideram os úteis ensinamentos da experiência, ou rejeitam as aquisições positivas herdadas do passado. Daí, a perturbação de professores, pais e alunos que se mostram pouco dispostos a aceitar e concretizar as reformas.

São três os atores principais que contribuem para o sucesso das reformas educativas: em primeiro lugar, a comunidade local – em particular, os pais, os órgãos diretivos das escolas e os professores –; em segundo lugar, as autoridades oficiais; em terceiro lugar, a comunidade internacional. No passado, muitas reformas acabaram sendo rejeitadas, em razão do pouco empenho de algum desses parceiros. Tentativas para impor reformas educativas, de forma externa ou autoritária, evidentemente não têm obtido nenhum sucesso. Houve países onde o processo foi coroado de êxito, numa escala mais ou menos importante, porque souberam suscitar o empenho eficaz das comunidades locais, dos pais e dos professores, apoiado em diálogo contínuo e em ajuda externa diversificada, no que diz respeito aos aspectos financeiros, técnicos ou profissionais. É evidente a importância primordial da comunidade local para o sucesso de qualquer reforma.

A participação da comunidade local na avaliação das necessidades, por meio do diálogo com as autoridades oficiais e os grupos interessados no interior da sociedade, é uma das etapas essenciais para ampliar e aperfeiçoar o acesso à educação. A busca desse diálogo, recorrendo-se aos meios de comunicação social, aos debates no interior da comunidade, à educação e à formação dos pais, à capacitação em serviço dos professores, suscita, em geral, maior conscientização e capacidade de discernimento, bem como desenvolvimento das capacidades endógenas. Quando as comunidades assumem maior responsabilidade no próprio desenvolvimento, aprendem a apreciar o papel da educação, quer como meio de atingir os objetivos societais, quer como desejável melhoria da qualidade de vida.

A esse propósito, a Comissão chama a atenção para o interesse de uma sábia descentralização que conduza a um aumento da responsabilidade e da capacidade de inovação de cada estabelecimento de ensino.

Seja como for, não há reforma com sucesso sem a contribuição e a participação ativa dos professores. A Comissão aproveita para recomendar que se preste atenção prioritária ao estatuto social, cultural e material dos educadores.

Exige-se muito dos professores, demasiado até. Espera-se que remedeiem as falhas de outras instituições que também têm responsabilidades no campo da educação e da formação dos jovens. Pede-se-lhes muito, agora que o mundo exterior invade cada vez mais a escola, principalmente por intermédio dos novos meios de informação e de comunicação. De fato, os professores que lidam com jovens cada vez menos apoiados pelas famílias ou pelos movimentos religiosos e cada vez mais informados, terão de considerar esse novo contexto, se quiserem fazer-se ouvir e compreender pelos jovens, transmitir-lhes o gosto de aprender, explicar-lhes que informação não é conhecimento e que este exige esforço, atenção, rigor e vontade.

Com ou sem razão, o professor tem a sensação de estar isolado, não só porque se dedica a uma atividade individual, mas também em razão das expectativas geradas pelo ensino e das críticas, muitas vezes injustas, de que é alvo. Quer, antes de tudo, ver respeitada a sua dignidade. Além disso, a maior parte dos professores pertence a organizações sindicais, geralmente poderosas, nas quais existe – por que negá-lo – um espírito corporativo de defesa dos próprios interesses. Isso não impede que o diálogo entre os professores e a sociedade, entre os poderes públicos e as suas organizações sindicais seja reforçado e encarado sob uma nova luz.

Há que se reconhecer que não é fácil renovar esse tipo de diálogo, mas é indispensável fazê-lo, para acabar com o sentimento de isolamento e de frustração dos professores, para que se dê lugar à discussão de ideias, a fim de que todos contribuam para o sucesso das reformas indispensáveis.

Nesse contexto, convém acrescentar algumas recomendações relativas ao conteúdo da formação de professores, ao seu pleno acesso à educação permanente, à revalorização do estatuto dos professores responsáveis pela educação básica, ao maior compromisso dos professores com os meios sociais mais desfavorecidos e marginalizados, nos quais podem contribuir para melhor inserção dos jovens e adolescentes na sociedade.

Defendemos, igualmente, que se deve prover o sistema educacional, não somente de educadores e professores bem formados, mas também dos meios necessários à educação de qualidade: livros, modernos meios de comunicação, ambiente cultural e econômico da escola...

A Comissão, consciente da realidade atual da educação, insistiu muito na necessidade de os meios – em quantidade e em qualidade, quer clássicos, como os livros, quer modernos, como as tecnologias de informação – serem utilizados com discernimento, procurando-se suscitar a participação ativa dos alunos. Os professores, por sua vez, devem trabalhar em equipe, principalmente no ensino secundário, de modo a contribuírem para a indispensável flexibilidade dos cursos, o que levará à diminuição do insucesso, fará emergir determinadas qualidades naturais dos alunos e facilitará, portanto, melhor orientação dos estudos e dos percursos individuais, na perspectiva de uma educação ao longo de toda a vida.

Visto sob esse prisma, o aperfeiçoamento do sistema educativo exige que os políticos assumam todas as suas responsabilidades. Não podem deixar que as coisas ocorram como se as leis de mercado conseguissem corrigir as falhas ou, então, como se para tal bastasse uma espécie de autorregulação.

Por acreditar na importância dos responsáveis políticos é que a Comissão chama a atenção para a permanência dos valores, para as exigências do futuro e para os deveres dos professores e da sociedade; só os responsáveis políticos podem, tendo em vista todos os elementos, suscitar debates de interesse geral, que são de necessidade vital para a educação. Trata-se de um assunto que diz respeito a todos, é o nosso futuro que está em discussão, e a educação pode, precisamente, contribuir para a melhoria do destino de todos e de cada um de nós.

Assim, somos levados, inevitavelmente, a realçar o papel das autoridades públicas a quem cabe o dever de apresentar opções claras e de escolher, após ampla concertação com todos os interessados, uma política pública que aponte a direção a seguir, apresente os fundamentos e as linhas mestras do sistema e garanta a sua regulação, mediante as necessárias adaptações, quer se trate de estruturas de ensino público, privado ou misto.

Todas as decisões tomadas nesse contexto têm, é claro, repercussões financeiras. A Comissão não minimiza essa dificuldade. Sem entrar na diversa complexidade dos sistemas, pensa que a educação é um bem coletivo a que todos devem ter acesso. Uma vez admitido esse princípio, é possível combinar a participação de recursos financeiros de origem pública e privada, de acordo com diferentes fórmulas que levem em conta as tradições de cada país, o seu estado de desenvolvimento, os modos de vida e a repartição de rendimentos. O princípio da igualdade de oportunidades deve sempre orientar as opções a serem tomadas em quaisquer circunstâncias.

No decurso dos debates, defendi uma solução mais radical. Dado que a educação ao longo de toda a vida vai adquirindo cada vez mais importância, poderia encarar-se a hipótese de atribuir a cada jovem que inicia a escolaridade um crédito em tempo que lhe desse direito a determinado número de anos de educação. Esse valor seria creditado na conta de uma instituição que, em relação a cada jovem, se encarregaria, por assim dizer, de gerenciar o capital de tempo atribuído por intermédio de meios financeiros adequados. Cada jovem poderia dispor desse capital, de acordo com a sua experiência escolar e as próprias opções. Poderia guardar uma parte desse capital, de modo que pudesse vir a beneficiar-se de formação permanente, na sua vida de adulto, uma vez terminada a escolaridade. Poderia, também, aumentar o capital, por meio de depósitos financeiros – uma espécie de conta poupança-educação – no seu "banco de tempo atribuído". A Comissão, após um profundo debate, apoiou essa ideia, embora consciente dos possíveis desvios que poderiam afetar a igualdade de oportunidades. Eis a razão por que, na situação atual, poder-se-ia experimentar a concessão de um crédito de tempo para a educação, no final da escolaridade obrigatória, de modo que o adolescente pudesse escolher o seu caminho sem hipotecar o futuro.

Finalmente, após a etapa essencial que foi a Conferência de Jomtien[4] sobre educação básica, é a educação secundária que ocupa, agora, com caráter de urgência, a nossa atenção. De fato, é entre a saída da educação secundária e a entrada na vida ativa, ou então o acesso à educação superior, que se joga o destino de milhões de jovens de ambos os sexos – é esse o ponto fraco dos nossos sistemas educativos, devido ao elitismo excessivo, à falta de domínio sobre os fenômenos da massificação, à inércia e à ausência de capacidade de adaptação. Numa idade em que os jovens são confrontados com os problemas da adolescência, em que, de algum modo, sentem-se já com maturidade, mas sofrem, de fato, por falta dela, em que estão não descuidados, mas ansiosos quanto ao futuro, é importante proporcionar-lhes locais propícios à aprendizagem e à descoberta; fornecer-lhes meios para refletirem e prepararem o futuro; diversificar os percursos em função das suas capacidades; e agir, sempre, de modo que as suas perspectivas não se frustrem, e eles possam, a qualquer momento, retomar ou corrigir o percurso iniciado.

Ampliar a cooperação internacional a toda a aldeia global

A Comissão observa que, nos domínios político e econômico, recorre-se cada vez mais a ações de nível internacional para se tentar encontrar soluções satisfatórias para os problemas mundiais, especialmente por causa do fenômeno de crescente interdependência para o qual já se chamou várias vezes a atenção. Lastima, igualmente, os fracos resultados obtidos e a necessidade de reformar-se as instituições internacionais, para que se tornem mais eficazes nas suas intervenções.

Essa análise aplica-se, em igualdade de circunstâncias, às áreas abrangidas pelo social e pela educação. Foi intencionalmente que se realçou a importância da Cúpula de Copenhague, de março de 1995[5], consagrada às questões sociais. A educação ocupa um lugar de eleição nas orientações adotadas, o que leva a Comissão a formular, nesse contexto, algumas recomendações relacionadas com:

- uma política que estimule a educação das jovens e das mulheres, na linha de orientação da Conferência de Beijing, de setembro de 1995[6];
- a aplicação à educação de uma percentagem mínima das verbas para auxílio ao desenvolvimento (um quarto do total); essa inflexão a favor da educação, deverá aplicar-se, igualmente, às instituições financeiras internacionais e, em primeiro lugar, ao Banco Mundial, que já desempenha um papel importante;
- o desenvolvimento da troca entre dívida e educação (*debt-for-education swaps*), de modo a compensar os efeitos negativos das políticas de ajustamento e de redução do *deficit* interno e externo nas despesas públicas com fins educativos;

---

4. Conferência Mundial sobre Educação para Todos, Jomtien, Tailândia, 5-9 mar. 1990.
5. Cúpula Mundial sobre Desenvolvimento Social, Copenhague, Dinamarca, 6-12 mar. 1995.
6. IV Conferência Mundial sobre a Mulher: Igualdade, Desenvolvimento e Paz, Beijing, China, 4-15 set. 1995.

- a difusão, a todos os países, das novas tecnologias relacionadas com a informação, a fim de se evitar a criação de novo fosso entre países ricos e países pobres;
- a mobilização das notáveis potencialidades, colocadas à nossa disposição, pelas organizações não governamentais (ONGs) e pelas iniciativas de base, que podem ser de grande utilidade no apoio às ações de cooperação internacional.

Essas sugestões devem ser encaradas em uma perspectiva de parceria, não de assistência. É a voz da experiência a aconselhar-nos, perante tanto insucesso e desperdício. O fenômeno da mundialização assim o exige. Há exemplos encorajadores, como o êxito de cooperações e intercâmbios levados a efeito em nível regional. É o caso, por exemplo, da União Europeia (UE).

A parceria justifica-se, ainda, pelo fato de poder conduzir a um jogo de resultados positivos, porque, se os países industrializados podem ajudar os países em desenvolvimento, por meio de suas experiências bem-sucedidas, técnicas e meios financeiros e materiais, eles também podem aprender, com estes, modos de transmissão da herança cultural, itinerários de socialização das crianças e, fundamentalmente, diferentes culturas e modos de ser.

A Comissão faz votos de que a UNESCO seja dotada, pelos Estados-membros, de meios para animar o espírito e as ações das associações de parceria, no contexto das orientações que esta mesma Comissão apresenta à Conferência Geral da UNESCO e de acordo com elas. Poderia fazê-lo difundindo as inovações de sucesso, ajudando na construção de redes apoiadas por iniciativas de base das ONGs que tenham por objetivo tanto o desenvolvimento de um ensino de qualidade (cátedras UNESCO), como o estímulo a parcerias no domínio da pesquisa. Atribuímos-lhe, mais que isso, papel fundamental no desenvolvimento adequado das novas tecnologias da informação, colocadas a serviço de uma educação de qualidade.

Fundamentalmente, a UNESCO estará servindo à paz e à compreensão entre os homens, ao valorizar a educação como espírito de concórdia, de emergência de um querer viver juntos como militantes da nossa aldeia global, que deve ser pensada e organizada, para o bem das gerações futuras. Desse modo, estará contribuindo para uma cultura da paz.

* * *

Para atribuir um título a este Relatório, a Comissão recorreu a La Fontaine e a uma das suas fábulas, "O lavrador e seus filhos":

> Evitai (disse o lavrador) vender a herança,
> Que de nossos pais nos veio
> Esconde um tesouro em seu seio.[7]

---

7. *Gardez-vous (dit le laboureur) de vendre l'héritage,*
Que nous ont laissé nos parents.
Un trésor est caché dedans.

A educação é tudo o que a humanidade aprendeu acerca de si mesma. Atraiçoando um pouco o poeta, que pretendia fazer o elogio do trabalho, podemos colocar na sua boca estas palavras:

> Mas ao morrer o sábio pai
> Fez-lhes esta confissão:
> — O tesouro está na educação.[8]

Jacques Delors
Presidente da Comissão

---

8. *Mais le père fut sage*
De leur montrer avant sa mort
Que l'éducation est un trésor.

PRIMEIRA PARTE

Horizontes

CAPÍTULO 1

DA COMUNIDADE DE BASE À SOCIEDADE MUNDIAL

Atualmente, grande parte do destino de cada um de nós, quer o queiramos, quer não, desenrola-se num cenário em escala mundial. Imposta pela abertura das fronteiras econômicas e financeiras, impelida por teorias de livre comércio, reforçada pelo desmembramento do bloco soviético, instrumentalizada pelas novas tecnologias da informação, a interdependência planetária não cessa de aumentar no plano econômico, científico, cultural e político. Sentida de maneira confusa por cada indivíduo, tornou-se uma fonte de dificuldades para os dirigentes. A conscientização generalizada dessa "globalização" das relações internacionais constitui, aliás, em si mesma, uma dimensão do fenômeno. E, apesar das promessas que encerra, a emergência desse mundo novo, difícil de decifrar e, ainda mais, de prever, cria um clima de incerteza e, até, de apreensão, que torna ainda mais hesitante a busca de uma solução dos problemas realmente em escala mundial.

Um planeta cada vez mais povoado

Antes de referir as diversas formas que reveste a globalização das atividades no mundo contemporâneo, recordemos, recorrendo a alguns números[1], a extrema rapidez do crescimento demográfico mundial, que constitui, de algum modo, o pano de fundo dessa problemática. Apesar de um ligeiro declínio da taxa de fecundidade no decorrer dos dois últimos decênios, a população mundial, devido ao seu crescimento anterior, não parou de aumentar: atingindo 5,57 bilhões de pessoas em 1993, deverá atingir 6,25 bilhões no ano 2000 e 10 bilhões em 2050.

Esse quadro global contém grandes variações de uma região para outra. A parte correspondente aos países em desenvolvimento, no conjunto da população mundial, passou de 77% em 1950 para 93% em 1990; no fim deste século atingirá os 95%. Nos países industrializados, ao contrário, o crescimento demográfico ou enfraqueceu, ou estagnou totalmente, e a taxa de fecundidade é igual ou inferior aos valores mínimos necessários para a substituição das gerações. Por um lado, nesses países de fraco crescimento demográfico, a proporção de pessoas com mais de 65 anos subirá como uma flecha, passando de 12%, em 1990, para 16%, em 2010, e para 19%, em 2025; o envelhecimento da população não deixará de se refletir nas formas e no nível de vida, assim como no financiamento das

---

1. UNFPA. *État de la population mondiale, 1993*. New York: UNFPA, 1993.

despesas coletivas. Por outro lado, o número absoluto de jovens com menos de 15 anos aumentou muito, passando de 700 milhões, em 1950, para 1,7 bilhão, em 1990. Disso resulta uma pressão sem precedentes sobre os sistemas educativos, solicitados até ao extremo limite das suas capacidades e, por vezes, bem além dessas mesmas capacidades. Atualmente, mais de um bilhão de jovens no mundo são escolarizados, isto é, perto de um quinto da população mundial; em 1953, eram apenas cerca de 300 milhões.[2]

Essa expansão da humanidade, num momento histórico em que a tecnologia encurta o tempo e o espaço, relaciona, de modo cada vez mais estreito, os diferentes aspectos da atividade mundial, o que confere, sem que necessariamente nos apercebamos disso, dimensão planetária a certas decisões. Nunca antes suas consequências, boas ou más, atingiram tão grande número de indivíduos.

Evolução da estrutura etária da população mundial

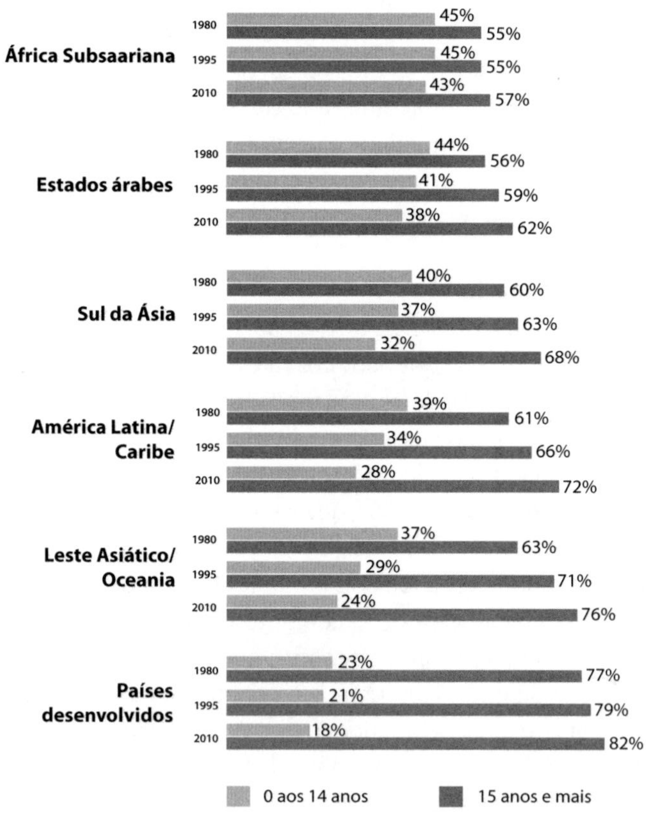

Nota: Dados numéricos recolhidos pelo Instituto Estatístico da UNESCO (UIS). As regiões correspondem à nomenclatura da UNESCO. Os países da antiga União Soviética são classificados na categoria de países desenvolvidos, inclusive os situados na Ásia.

---

2. UNESCO. *Rapport mondial sur l'éducation, 1995*. Paris: UNESCO, 1995.

Para uma mundialização dos setores de atividade humana

Durante os últimos 25 anos, o fenômeno da globalização das atividades deu-se, em primeiro lugar, na área da economia. A desregulamentação e a descompartimentação dos mercados financeiros, aceleradas pelo progresso da informática, rapidamente transmitiram a ideia de que tais mercados deixavam de ser compartimentos estanques, no meio de um vasto mercado mundial de capitais, dominado por algumas grandes praças financeiras. Todas as economias tornaram-se, então, dependentes dos movimentos de um conjunto mais ou menos importante de capitais, transitando com extrema rapidez de um lugar para outro, na dependência dos diferenciais de taxas de juros e das antecipações especulativas. Obedecendo a uma lógica própria que valoriza a concentração a curto prazo, esses mercados financeiros globais não levam em conta somente as dificuldades reais de cada economia mas, por sua própria lógica, parecem, por vezes, ditar sua lei às políticas econômicas nacionais.

Pouco a pouco, as atividades industriais e comerciais foram sendo afetadas por essa abertura de fronteiras. Os mercados cambiais difundem, imediatamente, para os mercados de bens e de matérias-primas, todas as flutuações monetárias e, de maneira geral, a interdependência conjuntural faz do mundo uma caixa de ressonância das crises industriais dos países mais desenvolvidos. As grandes empresas passam a ter de contar, nas suas estratégias, com essas incertezas e esse novo tipo de riscos.

Essa nova situação tornou desfavorável a conjuntura de alguns países industrializados e, consequentemente, a dos países em desenvolvimento que lhes fornecem matérias-primas. Ao mesmo tempo, a expansão do comércio mundial provocou efeitos benéficos em um grande número de países. De 1980 a 1993, o ritmo de crescimento das exportações mundiais foi, em média, superior ao do crescimento do Produto Interno Bruto (PIB) em 1,5 ponto percentual. Para alguns países, a diferença foi ainda mais acentuada, sobretudo se se considerar o período de 1990 a 1993: mais de 3 pontos percentuais na Coreia do Sul e mais de 7 pontos na Tailândia. Disso se pode concluir que o crescimento mundial, especialmente nos países onde foi mais acentuado, foi influenciado fortemente pelas exportações. A parcela das exportações de bens e serviços no PIB passou, de 1970 a 1993, e para o conjunto das economias, de 14% para 21%, e chamamos a atenção para evoluções de 3% para 24% na China; de 13% para 28% na Indonésia; e de 42% para 80% na Malásia.[3] Esses números comprovam o que é a interdependência mundial.

Simultaneamente, a globalização traçou um novo mapa econômico do mundo. Surgiram novos polos de dinamismo, baseados no comércio mundial, na zona do Pacífico. A oposição Norte/Sul deixou de ser esquemática, pois atualmente a maior parte dos observadores acredita que se devem classificar os países em desenvolvimento segundo várias categorias diferenciadas, que podem, aliás, variar conforme se considere como critério

3. WORLD BANK. *Rapport sur le développement dans le monde, 1995*. Washington, D.C.: The World Bank, 1995.

de reagrupamento o PIB por habitante, o ritmo de desenvolvimento, ou mesmo os critérios de desenvolvimento humano sustentável estabelecido pelo Programa das Nações Unidas para o Desenvolvimento (PNUD). Isso significa, por exemplo, que a questão do lugar da África Subsaariana na economia mundial não pode ser tratada da mesma maneira que a dos países da América Latina. Afinal, a globalização, que obriga todos os países a dispor de trunfos específicos para participarem no desenvolvimento das relações econômicas mundiais, torna mais escandalosa ainda a separação entre os que ganham e os que perdem.

Outra característica da globalização, que é a constituição de redes científicas e tecnológicas que conectem, entre si, os centros de pesquisa e as grandes empresas do mundo inteiro, tende a agravar essas disparidades. Faz parte dessas redes quem tiver qualquer coisa com que participar: informação ou financiamento; quem pertencer a países mais pobres (pesquisadores ou empresários) arrisca-se a ser excluído. Desse modo, aprofunda-se a diferença, em termos de conhecimentos, que faz com que aqueles que deles ficam privados permaneçam afastados dos polos de dinamismo.

Finalmente, e esta é uma ameaça ainda mais grave, o fenômeno da globalização abrange, igualmente, as atividades criminais. Fronteiras mais permeáveis aos fluxos de informação e de moeda facilitam o tráfico clandestino de drogas, armas, materiais nucleares e até pessoas, a constituição de redes de terroristas e de malfeitores, e a extensão do fenômeno da lavagem de "dinheiro sujo".

A comunicação universal

As novas tecnologias fizeram a humanidade entrar na era da comunicação universal; abolindo as distâncias, concorrem decisivamente para moldar a sociedade do futuro, que não corresponderá, por isso mesmo, a nenhum modelo do passado. As informações mais rigorosas e mais atualizadas podem ser colocadas ao dispor de quem quer que seja, em qualquer parte do mundo, muitas vezes em tempo real, e atingem as regiões mais recônditas. Em breve, a interatividade permitirá não só emitir e receber informações, mas também dialogar, discutir e transmitir informações e conhecimentos, sem limite de distância ou de tempo. Não podemos nos esquecer, contudo, de que numerosas populações carentes vivem ainda afastadas dessa evolução, principalmente em zonas desprovidas de eletricidade. Recordemos, também, que mais da metade da população mundial não tem acesso aos diversos serviços oferecidos pela rede telefônica.

Essa livre circulação de imagens e de palavras que prefigura o mundo de amanhã, até no que ele possa ter de perturbador, e que transformou tanto as relações internacionais quanto a compreensão do mundo pelas pessoas, é um dos grandes aceleradores da mundialização. Esse processo tem, contudo, contrapartidas negativas. Os sistemas de informação são ainda relativamente caros e de difícil acesso para muitos países. O seu domínio confere às grandes potências, ou aos interesses particulares que os detêm, verdadeiro poder cultural e político, principalmente sobre as populações que não foram preparadas, por meio de uma educação adequada, a hierarquizar, a interpretar e a criticar as informações recebidas. O quase monopólio das indústrias culturais por parte de uma minoria de países e a difusão de sua produção pelo mundo inteiro, junto a público vastíssimo, constituem poderosas causas de erosão das especificidades culturais. Embora uniforme e, muitas vezes, de conteúdo muito pobre, essa falsa "cultura mundial" não deixa, por isso, de trazer consigo normas implícitas e pode induzir, nos que sofrem o seu impacto, um sentimento de espoliação e de perda da identidade.

Sem dúvida, a educação tem um papel importante a desempenhar, se se quiser dominar o desenvolvimento do entrecruzar de redes de comunicação que, colocando os homens a escutar-se uns aos outros, faz deles verdadeiros vizinhos.

As diferentes faces da interdependência planetária

Fazendo-se notar primeiramente no nível da atividade econômica e tecnológica, a inter-relação mundial das decisões e das ações públicas e privadas vai invadindo progressivamente muitas outras áreas da atividade humana. As suas consequências sobre o meio ambiente, por exemplo, ultrapassam em muito as fronteiras nacionais – pode-se verificar que a distribuição dos efeitos negativos da industrialização é muito injusta, pois estes são suportados, muitas vezes, pelos países menos desenvolvidos.

Outras manifestações dessa "globalização" dos problemas têm repercussões na vida das sociedades, por meio da maneira como afetam, diretamente, os sistemas educativos. É o que se passa com as migrações internacionais. Remontando a épocas históricas muito distantes, e assumindo formas muito variáveis segundo as épocas e as regiões, esses grandes movimentos populacionais persistem na era moderna e irão, certamente, intensificar-se.[4] De fato, as pressões migratórias acentuam-se: longe de reduzir as disparidades entre as nações, o crescimento desigual da economia mundial torna-as mais graves. Muitos outros fatores se conjugam nesse campo: a persistência de um rápido crescimento demográfico em uma grande parte do mundo em desenvolvimento; a continuação do êxodo rural, ou antes, a marginalização dos espaços rurais; a urbanização acelerada; a atração pelos modos de vida e, às vezes, pelos valores dos países mais prósperos, percebidos pelos meios de comunicação social; meios de transporte mais rápidos e mais baratos. Aos imigrantes "econômicos" vêm juntar-se, por ocasião dos conflitos, os refugiados políticos e pessoas à procura de asilo, que, durante os anos 1980 e 1990, compuseram a maior parte dos movimentos migratórios internacionais em certas regiões do mundo. Na África, por exemplo, há hoje mais de cinco milhões de refugiados, na sua maioria mulheres e crianças.[5]

As migrações são um processo social complexo, pelas movimentações e pela mistura de populações que provocam. São também um processo econômico de importância

---

4. UNFPA. *État de la population mondiale, 1993*. New York: UNFPA, 1993.
5. UNESCO. *Educating girls and women in Africa*. Paris: UNESCO, 1995.

mundial, equivalente ao das transações de matérias-primas e de bens manufaturados, assim como uma odisseia humana, muitas vezes dramática para todos os que nela estão envolvidos. Por isso, as migrações têm consequências muito mais fortes do que as sugeridas pelas estatísticas, tanto nos países de origem como nos países de acolhimento, e para estes em particular, no campo da educação. Dado que a imigração constitui, no dia a dia, uma verdadeira metáfora da interdependência planetária, o acolhimento reservado aos migrantes pelos países que os recebem e a própria capacidade de se integrarem no novo ambiente humano, são outras tantas referências que permitem medir o grau de abertura de uma sociedade moderna em relação ao que lhe é "estrangeiro".

Os diferentes aspectos das migrações

A história apresenta períodos em que as migrações serviram de importante válvula de segurança econômica e social, permitindo que a mão de obra se deslocasse para onde era mais escassa. Contudo, o custo das viagens e as dificuldades de deslocamento constituíam, geralmente, sérios problemas, até que, já no século XX, ultrapassou-se uma etapa fundamental, com a queda do custo dos transportes. Assistiu-se, então, a um claro aumento da mobilidade da mão de obra, apesar da importância assumida pelo Estado-nação, acompanhada de um reforço das medidas de controle das migrações. Atualmente, os movimentos migratórios envolvem um número crescente de países, que funcionam como locais de origem ou de acolhimento – pelo menos 125 milhões de pessoas vivem, neste momento, fora do seu país de origem. Cada vez mais, os migrantes são originários de países pobres, e a sua permanência nos países de acolhimento tende a ser cada vez mais curta. Na atualidade, também cresce entre os expatriados o número de trabalhadores altamente qualificados. Finalmente, registra-se nítido aumento do número de refugiados, em consequência dos conflitos regionais e do fim da divisão Leste-Oeste.

Mais da metade dos movimentos migratórios mundiais ocorre, atualmente, entre países em desenvolvimento. Assim, por exemplo, emigrantes dos países do Sul da Ásia vão para os países petrolíferos do Oriente Médio e para os países recentemente industrializados do Leste Asiático, enquanto os países da África Subsaariana que alcançaram relativo sucesso atraem trabalhadores dos países vizinhos mais pobres. África do Sul, Costa do Marfim e Nigéria acolheram cerca de metade dos numerosos migrantes africanos (...).

Mais recentemente, registra-se grande procura por trabalhadores temporários nas economias florescentes da Ásia, mais particularmente na Coreia do Sul, no Japão e na Malásia. O medo de migrações em massa, em consequência da dissolução da União Soviética, não se concretizou, nem no interior da região, nem em direção ao Ocidente. Os movimentos migratórios, para os países industrializados, intensificaram-se, e a maioria dos migrantes vem, hoje em dia, de países em desenvolvimento. Na Austrália, no Canadá e nos Estados Unidos, os fluxos provenientes de países em desenvolvimento aumentaram lentamente, atingindo cerca de 900.000 pessoas por ano em 1993. Na Europa Ocidental, é durante o período de forte expansão dos anos 1960 que começa o recrutamento em larga escala. Depois do choque do petróleo de 1973 e da recessão que se lhe seguiu, os trabalhadores estrangeiros foram estimulados a regressar aos seus países. Pouco depois da crise do início dos anos 1980, a população estrangeira aumentou de novo, atingindo 180.000 pessoas por ano. Ao contrário do crescimento dos anos 1960, essa segunda onda ocorre em um contexto de aumento de desemprego, que fomenta tensões sociais e alimenta a xenofobia – tanto nos Estados Unidos como na Europa.

Fonte: WORLD BANK. *Rapport sur le développement dans le monde 1995*. Washington, D.C.: The World Bank, 1995. p. 75-76.

Outra vertente da problemática do futuro é a multiplicidade de línguas, expressão da diversidade cultural da humanidade. Calcula-se que existam seis mil línguas no mundo, sendo que apenas uma dúzia delas são falada por mais de 100 milhões de pessoas. Os movimentos populacionais, que aumentaram no decorrer dos últimos anos, criaram, sobretudo nos grandes centros urbanos, situações linguísticas novas que acentuaram, ainda mais, essa diversidade. Por outro lado, as línguas habitualmente utilizadas como veículos de comunicação, isto é, as que, nos planos intra e internacional, permitem que se comuniquem entre si pessoas que falam línguas diferentes, adquirem cada vez mais importância, devido à maior mobilidade das populações e ao desenvolvimento dos meios de comunicação social. A complexidade das situações linguísticas de cada país torna mais difícil encontrar soluções que se apliquem em todas as circunstâncias, mas a verdade é que a aprendizagem de línguas de grande difusão deve ser realizada ao mesmo tempo que a aprendizagem das línguas locais, de acordo com programas escolares bilíngues ou mesmo trilíngues. Programas desse tipo já são norma em algumas regiões do mundo.

Nos casos em que subsistem várias línguas, a alfabetização na língua materna, quando possível, é muitas vezes considerada como a mais indicada para o desenvolvimento escolar da criança, fazendo-se a seguir a transição gradual para uma língua veicular. De modo geral, a diversidade linguística não deveria ser considerada, unicamente, como obstáculo à comunicação entre os diferentes grupos humanos, mas, antes como uma fonte de enriquecimento, o que reforça a necessidade do ensino das línguas. As exigências da globalização e da identidade cultural não devem ser consideradas como contraditórias, mas como complementares.

Um mundo multirriscos

O fim do bloco soviético, em 1989, virou uma página da história, mas, paradoxalmente, o fim da Guerra Fria, que marcara os decênios precedentes, deu origem a um mundo mais complexo e inseguro e, sem dúvida, mais perigoso. Talvez a Guerra Fria encobrisse, já há muito tempo, as tensões latentes que existiam entre nações, etnias, comunidades religiosas, as quais agora surgem à luz do dia, constituindo outros tantos focos de agitação ou causas de conflitos declarados. A entrada nesse mundo multirriscos, ou que é pressentido como tal, constituído por elementos ainda por decifrar, é uma das características do final do século XX, que perturba e inquieta profundamente a consciência mundial.

Sem dúvida, é correto considerar a queda de alguns regimes totalitários como avanço da liberdade e da democracia. No entanto, existe ainda um longo caminho a ser percorrido, e a revelação da multiplicidade de riscos que pesam sobre o futuro mundial coloca o observador perante numerosos paradoxos: o poder totalitário revela-se frágil, mas os seus efeitos persistem; assiste-se, simultaneamente, ao declínio da ideia de Estado nacional e ao aumento dos nacionalismos; a paz parece, agora, menos impossível que durante a Guerra Fria, mas a guerra surge, também, como menos improvável.[6]

A incerteza quanto ao destino comum da humanidade assume novas e variadas formas. A acumulação de armas, mesmo de armas nucleares, não significa simplesmente dissuasão nem segurança contra o risco de uma guerra entre dois blocos – é fruto de uma competição generalizada, para ver quem detém as armas mais sofisticadas.[7]

Ora, essa corrida aos armamentos não diz respeito apenas a alguns Estados; implica também entidades não institucionais, como associações políticas e grupos terroristas.

Mesmo tendo resolvido o problema da não proliferação dos testes nucleares, o mundo não está livre dos efeitos de novas e sofisticadas armas químicas e biológicas. Dessa forma, ao risco de conflitos entre as nações vem juntar-se o das guerras civis e da violência mais ou menos generalizada, para os quais as grandes organizações mundiais – especialmente a ONU –, bem como as diversas chancelarias, não encontram solução.

Além da incerteza quanto ao próprio destino, partilhada por todos os habitantes do planeta – pois ninguém está livre da violência –, a impressão geral que se tem é ambígua: nunca anteriormente o sentimento de solidariedade foi tão forte; mas, ao mesmo tempo, nunca foram tantas as situações de divisão e de conflito.

O medo desses riscos, ainda que universalmente partilhado, devido, em especial, à grande difusão das informações sobre os efeitos da violência, não afeta com a mesma intensidade os que, de algum modo, tiram vantagens dessa evolução e os que apenas sofrem seus inconvenientes. Impelidos por essas rápidas transformações, todos sentimos necessidade de segurança contra esses riscos ou, pelo menos, de controlá-los, a fim de minimizá-los. Contudo, há quem, por razões econômicas ou políticas, seja incapaz de dominar esses fenômenos. Nesse caso, o perigo para a humanidade é de que essas pessoas se tornem reféns e, eventualmente, mercenários daqueles que querem obter o poder pela violência.

---

6. Ver HASSNER, Pierre. *La violence et la paix*. Paris: Éditions Esprit, 1995.
7. COMMISSION ON GLOBAL GOVERNANCE. *Our global neighbourhood*. Report of the Commission on Global Governance. Oxford: Oxford University Press, 1995. p. 13.

O local e o global

O mal-estar causado pela falta de visão clara do futuro conjuga-se com a consciência cada vez maior das diferenças existentes no mundo e das múltiplas tensões que daí resultam entre o "local" e o "global".

O desenvolvimento das interdependências revela vários desequilíbrios no mundo atual: desequilíbrio entre países ricos e países pobres; fratura social no interior de cada país entre os mais favorecidos e os excluídos; uso descontrolado dos recursos naturais, provocando a rápida degradação do meio ambiente. As desigualdades de desenvolvimento em muitos casos se agravaram, como é referido pela maior parte dos relatórios internacionais, e observa-se verdadeiro descontrole dos países mais pobres. Essas escandalosas desigualdades são cada vez mais notórias, devido à expansão dos meios de informação e de comunicação. Muitas vezes, os meios de comunicação social comprazem-se em divulgar aspectos da vida e dos hábitos de consumo dos mais favorecidos, suscitando, assim, nos mais deserdados, sentimentos de rancor e de frustração, ou até de hostilidade e de rejeição. Quanto aos países ricos, é-lhes cada vez mais difícil dissimular a exigência imperiosa de ativa solidariedade internacional, se quiserem garantir um futuro comum, mediante a construção progressiva de um mundo mais justo.

Por outro lado, a rápida transformação das sociedades humanas a que assistimos, na junção de dois séculos, realiza-se em dois sentidos: no sentido da mundialização, como vimos, mas também no sentido da busca de múltiplas raízes particulares. Produz, também, naqueles que a vivem ou tentam geri-la, um leque de tensões contraditórias, em um contexto de completa mudança.

Solicitado por uma modernidade global, na qual muitas vezes não tem meios de realmente participar e que pode contrariar, em parte, seu engajamento pessoal em diversas comunidades de base a que pertence, o indivíduo sente-se confuso perante a complexidade do mundo moderno, que altera suas referências habituais. Muitos fatores reforçam essa sensação de vertigem: o medo de catástrofes e de conflitos que podem atingir a sua integridade; o sentimento de vulnerabilidade perante fenômenos como o desemprego, devido à modificação das estruturas laborais; ou a impotência generalizada perante uma mundialização de que participam, apenas, alguns privilegiados. Abalado por ver, assim, postas em discussão as bases da sua existência, o homem contemporâneo corre o risco de encarar como ameaças as evoluções que se operam além das fronteiras do seu grupo imediato e de, paradoxalmente, ser tentado, por um sentimento ilusório de segurança, a fechar-se em si mesmo, com a eventual consequência de rejeição do outro.

Os dirigentes incumbidos de decisões cruciais enfrentam uma questão diferente, mas de origem idêntica, numa época em que as estruturas de organização do Estado-nação encontram-se, de algum modo, na ordem do dia: eles ficam sujeitos aos imperativos da globalização e, ao mesmo tempo, às exigências das comunidades de base. Desarmados pela rápida sucessão dos acontecimentos – que parecem por vezes ultrapassar ou frustrar todas as análises –, e privados, devido à falta de distanciamento, de critérios confiáveis para agir, os tomadores de decisões políticas parecem, muitas vezes, hesitar entre posições contraditórias para justificar mudanças que revelam, de fato, sua confusão.

Quer se trate dos poderes públicos, da sociedade ou dos indivíduos, a dificuldade está, em última análise, em se conseguir ultrapassar as tensões de sentido oposto, que afetam, atualmente, muitas atividades humanas.

Compreender o mundo, compreender o outro

Ajudar a transformar a interdependência real em solidariedade desejada corresponde a uma das tarefas essenciais da educação, que deve, para isso, preparar cada indivíduo para compreender-se a si mesmo e ao outro, por meio de um melhor conhecimento do mundo.

Para podermos compreender a crescente complexidade dos fenômenos mundiais e dominar o sentimento de incerteza que ela suscita, precisamos, antes disso, adquirir um conjunto de conhecimentos e, em seguida, aprender a relativizar os fatos e a desenvolver sentido crítico perante o fluxo de informações. A educação manifesta aqui, mais do que nunca, o seu caráter insubstituível na formação da capacidade de julgar. Facilita a compreensão verdadeira dos acontecimentos, que ultrapassa a visão simplificadora ou deformada transmitida, muitas vezes, pelos meios de comunicação social. Por isso, o ideal seria que a educação ajudasse cada um a tornar-se cidadão deste mundo turbulento e em mudança que nasce cada dia diante de nossos olhos.

A compreensão desse mundo passa, evidentemente, pela compreensão das relações que ligam o ser humano ao seu meio ambiente. Não se trata de acrescentar uma nova disciplina a programas escolares já sobrecarregados, mas de reorganizar os ensinamentos de acordo com uma visão de conjunto dos laços que unem homens e mulheres ao meio ambiente, recorrendo às ciências naturais e às ciências sociais. Essa formação poderia, igualmente, ser colocada ao dispor de todos os cidadãos, na perspectiva de uma educação que se estenda ao longo de toda a vida.

A exigência de uma solidariedade em escala mundial supõe, por outro lado, que todos ultrapassem a tendência de se fecharem em si mesmos, de modo que se abram à compreensão dos outros, baseada no respeito pela diversidade. A responsabilidade da educação nessa matéria é, ao mesmo tempo, essencial e delicada, na medida em que a noção de identidade se presta a dupla leitura: afirmar sua diferença, descobrir os fundamentos da sua cultura, reforçar a solidariedade do grupo podem constituir, para qualquer pessoa, atitudes positivas e libertadoras; entretanto, quando mal compreendida, esse tipo de reivindicação contribui, igualmente, para tornar difíceis, ou até mesmo impossíveis, o encontro e o diálogo com o outro.

A educação deve, pois, procurar tornar o indivíduo mais consciente de suas raízes, para que disponha de referências que lhe permitam situar-se no mundo; da mesma forma, deve ensinar-lhe o respeito pelas outras culturas. Há determinados ensinamentos que se revestem de importância fundamental a esse respeito. O ensino da história, por exemplo, serviu muitas vezes para alimentar identidades nacionais, colocando em relevo as diferenças e exaltando o sentimento de superioridade, essencialmente porque se concebia esse ensino em uma perspectiva extracientífica. Pelo contrário, a exigência da verdade, que leva ao reconhecimento de que "os grupos humanos, povos, nações, continentes, não são todos iguais", por isso mesmo, "obriga-nos a olhar para além da experiência imediata, a aceitar e a reconhecer a diferença, e a descobrir que os outros povos têm uma história, também ela rica e instrutiva".[8] O conhecimento das outras culturas torna-nos, pois, conscientes não apenas da singularidade da nossa própria cultura, mas também da existência de um patrimônio comum à humanidade.

Os jovens e o patrimônio mundial

A fim de sensibilizar os jovens para a necessidade de salvaguardar o patrimônio mundial (natural e cultural), gravemente ameaçado pela poluição, pela pressão demográfica, pelas guerras e pela pobreza, a UNESCO lançou, em 1994, com o apoio financeiro da Fundação Rhône-Poulenc, o projeto inter-regional intitulado Participação dos Jovens na Preservação e Promoção do Patrimônio Mundial. Esse projeto tem como objetivo conscientizá-los do valor da própria cultura e história e de levá-los a descobrir e a respeitar outras culturas, de modo a sentirem-se coletivamente responsáveis, no futuro, pelo patrimônio da humanidade.

Os alunos de cerca de 50 países que participaram do projeto familiarizaram-se com o espírito e com as consequências práticas da Convenção Internacional para a Proteção do Patrimônio Mundial, Cultural e Natural. Adotada em 1972, essa convenção aplica-se atualmente, em quase uma centena de países, a 469 locais culturais e naturais excepcionais, como a Grande Muralha da China, as pirâmides do Egito e as ilhas Galápagos.

Depois de terem sido instruídos, no âmbito de diferentes disciplinas (como a história, a geografia e as línguas), sobre locais do próprio país ou de outros países, os alunos foram visitá-los, ou então organizaram campanhas de informação sobre eles. Algumas turmas se iniciaram nas técnicas tradicionais de artesanato, indispensáveis à restauração. Alunos e professores puderam trocar informações sobre essa experiência, na ocasião do primeiro Fórum Internacional de Jovens sobre o Patrimônio Mundial, realizado em Bergen (Noruega), em junho de 1995. O objetivo final do projeto era integrar a educação sobre o patrimônio nos programas escolares de todo o mundo.

Compreender os outros faz que cada um conheça melhor a si mesmo. A forma como nos identificamos é de fato complexa. Cada indivíduo define-se em relação ao outro, aos outros e aos vários grupos a que pertence, segundo modalidades dinâmicas. A descoberta da multiplicidade dessas relações, que extrapola os grupos mais ou menos restritos

8. René Rémond, audição perante a Comissão em 6 de fevereiro de 1995.

constituídos pela família, pela comunidade local e até pela comunidade nacional, conduz à busca de valores comuns, que sirvam de fundamento para a "solidariedade intelectual e moral da humanidade", de que trata a Constituição da UNESCO.

A educação tem, pois, uma especial responsabilidade na edificação de um mundo mais solidário, e a Comissão entende que as políticas de educação devem mostrar, de forma clara, essa responsabilidade. De algum modo, a educação deve ajudar a nascer um novo humanismo, com um componente ético essencial e grande abrangência, dedicado tanto ao conhecimento das culturas e dos valores espirituais das diferentes civilizações quanto ao respeito por eles, para contrabalançar uma globalização em que apenas se observam aspectos econômicos ou tecnicistas. O sentimento de compartilhar valores e destino comuns constitui, em última análise, o fundamento de todo e qualquer projeto de cooperação internacional.

Pistas e recomendações

- A interdependência planetária e a globalização são os fenômenos mais importantes do nosso tempo. Já estão em marcha e caracterizarão fortemente o século XXI. Exigem, desde agora, reflexão conjunta – que ultrapasse em muito os campos da educação e da cultura – sobre o papel e as estruturas das organizações internacionais.
- O maior risco é provocar rupturas entre uma minoria apta a movimentar-se nesse novo mundo em formação e uma maioria que começa a sentir-se como joguete dos acontecimentos, impotente para influenciar o destino coletivo, com o perigo de recuo democrático e múltiplas revoltas.
- Devemos cultivar, como utopia orientadora, o propósito de encaminhar o mundo para uma maior compreensão mútua, para um maior sentido de responsabilidade e de solidariedade na aceitação de nossas diferenças espirituais e culturais. A educação, ao permitir o acesso de todos ao conhecimento, tem um papel concreto a desempenhar no cumprimento desta tarefa universal: ajudar a compreender o mundo e o outro, a fim de que cada um compreenda melhor a si mesmo.

CAPÍTULO 2

DA COESÃO SOCIAL À PARTICIPAÇÃO DEMOCRÁTICA

Qualquer sociedade humana obtém sua coesão não somente de um conjunto de atividades e projetos comuns, mas também de valores compartilhados, que constituem outros tantos aspectos da vontade de viver juntos. Com o decorrer do tempo, esses laços materiais e espirituais são desenvolvidos e tornam-se, na memória individual e coletiva, uma herança cultural, no sentido mais lato da expressão, servindo de base tanto ao sentimento de pertencer àquela comunidade quanto ao de solidariedade.

Em todo o mundo, a educação, sob as suas diversas formas, tem por missão criar, entre as pessoas, vínculos sociais que tenham a sua origem em referências comuns. Os meios utilizados abrangem as culturas e as circunstâncias mais diversas; em todos os casos, a educação tem como objetivo essencial o desenvolvimento do ser humano na sua dimensão social. Define-se como veículo de culturas e de valores, como construção de espaço de socialização e como cadinho de preparação de um projeto comum.

Atualmente, os diferentes modos de socialização estão sujeitos a duras provas, em sociedades ameaçadas pela desorganização e pela ruptura dos laços sociais. Os sistemas educativos encontram-se, assim, submetidos a um conjunto de tensões, considerando que se deve respeitar concretamente a diversidade dos indivíduos e dos grupos humanos, mantendo, contudo, o princípio da homogeneidade que implica a necessidade de observar regras comuns. Nesse aspecto, a educação enfrenta enormes desafios e depara-se com uma contradição quase impossível de ser resolvida: por um lado, é acusada de estar na origem de muitas exclusões sociais e de agravar o desmantelamento do tecido social; por outro, é ela que se invoca, quando se pretende restabelecer algumas das "semelhanças essenciais à vida coletiva", de que falava o sociólogo francês Émile Durkheim, no início deste século.

Confrontada com a crise das relações sociais, a educação deve, pois, assumir a difícil tarefa que consiste em fazer da diversidade um fator positivo de compreensão entre indivíduos e grupos humanos. A sua maior ambição torna-se oferecer a todos os meios necessários a uma cidadania consciente e ativa, que só pode realizar-se plenamente em um contexto de sociedades democráticas.

Uma educação à prova da crise das relações sociais

Desde sempre, as sociedades foram abaladas por conflitos suscetíveis de, nos casos extremos, colocar em perigo a sua coesão. Atualmente, contudo, não se pode deixar de dar importância a um conjunto de fenômenos que, na maior parte dos países do mundo, surgem como outros tantos indicadores de uma crise aguda das relações sociais.

A primeira verificação diz respeito ao agravamento das desigualdades, associado ao aumento dos fenômenos da pobreza e da exclusão. Não se trata apenas das disparidades já mencionadas entre países ou regiões do mundo, mas, sim, de fraturas profundas entre grupos sociais, tanto no interior dos países desenvolvidos como no dos países em desenvolvimento. A Cúpula Mundial para o Desenvolvimento Social, realizada em Copenhague, de 6 a 12 de março de 1995, mostrou um quadro alarmante da situação social atual, lembrando em particular que "no mundo, mais de um bilhão de seres humanos vivem numa pobreza abjeta, passando a maior parte deles fome todos os dias", e que "mais de 120 milhões de pessoas no mundo estão oficialmente no desemprego e muitas mais ainda no subemprego".

Se, nos países em desenvolvimento, o crescimento da população compromete a possibilidade de se alcançar níveis de vida mais elevados, outros fenômenos acentuam a percepção de uma crise social que atinge a maior parte dos países do mundo. O desenraizamento ligado às migrações e ao êxodo rural, o desmembramento das famílias, a urbanização desordenada, e a ruptura das solidariedades tradicionais de vizinhança, lançam muitos grupos e indivíduos no isolamento e na marginalização, tanto nos países desenvolvidos como nos países em desenvolvimento. A crise social do mundo atual conjuga-se com uma crise moral e vem acompanhada do crescimento da violência e da criminalidade. A ruptura dos laços de vizinhança manifesta-se no aumento dramático dos conflitos interétnicos, que parece ser um dos traços característicos dos finais do século XX.

De maneira geral, os valores integradores são postos em discussão de formas muito diversas. O que parece particularmente grave é que essa atitude abrange dois conceitos, o de nação e o de democracia, que podemos considerar como os fundamentos da coesão das sociedades modernas. O Estado-nação, tal como se constituiu na Europa durante o século XIX, já não é, em certos casos, o único quadro de referência, pois ao mesmo tempo tendem a desenvolver-se outras formas de dependência mais próximas dos indivíduos, na medida em que se situam em escala mais reduzida. De maneira inversa, mas sem dúvida complementar, surgem no mundo regiões inteiras que procuram constituir amplas comunidades transnacionais que definem novos espaços de identificação, ainda que limitados, em muitos casos, apenas à atividade econômica.

Em certos países, ao contrário, forças centrífugas distendem, até a ruptura, as relações habituais entre as coletividades e os indivíduos. Nos países da antiga URSS, por exemplo, o fim do sistema soviético trouxe consigo a fragmentação dos territórios nacionais. Finalmente, a associação da ideia de Estado-nação à ideia de forte centralização estatal pode explicar o surgimento de preconceitos contrários a essa mesma ideia, que exacerbam a necessidade de participação da sociedade civil e a reivindicação de maior descentralização.

Da mesma forma, o conceito de democracia é questionado de um modo que parece paradoxal. De fato, na medida em que corresponde a um sistema político que procura assegurar, por meio do contrato social, a compatibilidade entre as liberdades individuais e uma organização comum da sociedade, ele ganha, sem dúvida, cada vez mais terreno e corresponde plenamente à reivindicação de autonomia individual que se observa por todo o mundo. Contudo, a sua aplicação nos países que começaram como os seus promotores – sob a forma de democracia representativa –, não deixa de ter, ao mesmo tempo, grandes dificuldades. O sistema de representação política e o modelo de exercício de poder que a caracterizam muitas vezes entram em crise: a distância entre governantes e governados; as excessivas manifestações nos meios de comunicação social de reações emocionais efêmeras e oportunistas; a "política-espetáculo", tornada possível pela mediatização dos debates; e até mesmo a imagem de corrupção do mundo político fazem que alguns países corram o risco de ter um "governo de juízes" e assistam ao desencanto dos cidadãos pela coisa pública. Por outro lado, muitos países também atravessam uma crise nas políticas sociais, crise essa que ataca os próprios fundamentos de um regime de solidariedade, que parecia poder reconciliar de maneira democrática, o econômico, o político e o social, sob a égide do Estado-providência.

Assim, há que se reinventar o ideal democrático ou, pelo menos, dar-lhe nova vida. Esse ideal deve estar na primeira linha das nossas prioridades, pois não há outro modo de organização, quer política, quer civil, que se possa desejar em substituição à democracia, e que permita levar a bom termo uma ação comum pela liberdade, pela paz, pelo pluralismo vivido com autenticidade e pela justiça social. As dificuldades presentes não nos devem desanimar, nem constituir desculpa para nos afastarmos do caminho que leva à democracia. Trata-se de uma criação contínua, que pede a colaboração de todos. Essa colaboração será tanto mais positiva quanto mais a educação tiver alimentado, em todos nós, o ideal e a prática da democracia.

O que está em discussão é, de fato, a capacidade de cada um se comportar como verdadeiro cidadão, consciente das vantagens coletivas e sociais de participar da vida democrática. Trata-se de um desafio aos políticos, mas também aos sistemas educativos, cujo papel, na dinâmica social, convém definir desde já.

A educação e a luta contra as exclusões

A educação pode ser um fator de coesão, se levar em conta a diversidade dos indivíduos e dos grupos humanos, evitando assim tornar-se um fator de exclusão social.

O respeito pela diversidade e pela especificidade dos indivíduos constitui, de fato, um princípio fundamental, que deve levar à proscrição de qualquer forma de ensino estandardizado. Os sistemas educativos formais são muitas vezes acusados – e com razão – de limitar a realização pessoal, impondo a todas as crianças o mesmo modelo cultural e intelectual, sem considerar a diversidade dos talentos individuais. Tendem, por exemplo, a privilegiar cada vez mais o ensino do conhecimento abstrato em detrimento de outras qualidades humanas como a imaginação, a aptidão para comunicar-se, o gosto pela animação do trabalho em equipe, o sentido do belo, a dimensão espiritual e a habilidade manual. Em virtude de suas aptidões e seus gostos pessoais, que são diversos desde o nascimento, nem todas as crianças obtêm as mesmas vantagens dos recursos educativos comuns. Podem até chegar a uma situação de insucesso, por falta de adaptação da escola aos seus talentos e às suas aspirações.

Além da multiplicidade dos talentos individuais, a educação confronta-se com a riqueza das expressões culturais dos vários grupos que compõem a sociedade, e a Comissão elegeu, como um dos princípios fundamentais da sua reflexão, o respeito pelo pluralismo. Mesmo que as situações variem muito de um país para o outro, a maior parte dos países caracteriza-se pela multiplicidade das suas raízes culturais e linguísticas. Nos países outrora colonizados, como os da África Subsaariana, a língua e o modelo educativo da antiga metrópole sobrepuseram-se a uma cultura e a um ou vários métodos de educação tradicional. A busca por uma educação que sirva de fundamento a uma identidade própria, que sobrepuje o modelo ancestral e o modelo trazido pelos colonizadores, manifesta-se, sobretudo, pela crescente utilização das línguas locais no ensino. Além disso, a questão do pluralismo cultural e linguístico surge em relação às populações autóctones e aos grupos migrantes, para os quais deve-se encontrar o equilíbrio entre a preocupação por uma integração bem-sucedida e o enraizamento na cultura de origem. Qualquer política de educação deve estar preparada para enfrentar um desafio essencial, que consiste em fazer dessa reivindicação legítima um fator de coesão social. É importante, sobretudo, fazer que cada um possa se situar no seio da comunidade a que pertence primariamente – a maior parte das vezes em nível local –, e fornecer-lhe os meios de se abrir às outras comunidades. Nesse sentido, o que importa é promover uma educação intercultural, que seja verdadeiramente fator de coesão e de paz.

Depois disso, é necessário que os próprios sistemas educativos não conduzam, por si mesmos, a situações de exclusão. O princípio de emulação, em certos casos adequado ao desenvolvimento intelectual, pode, de fato, ser pervertido e traduzir-se em uma prática excessivamente seletiva, baseada nos resultados escolares. Com isso, o insucesso escolar é encarado como sendo irreversível, originando frequentemente a marginalização e a exclusão sociais. Atualmente, muitos países, sobretudo entre os desenvolvidos, sofrem de um fenômeno que desorienta as políticas educativas: o prolongamento da escolaridade, paradoxalmente, ao invés de melhorar, muitas vezes agrava a situação dos jovens mais desfavorecidos socialmente e/ou em situação de insucesso escolar. Mesmo nos países que mais gastam com educação, o insucesso e o abandono escolares afetam grande número de alunos, dividindo os jovens em duas categorias, situação tanto mais grave quanto mais se prolonga pelo mercado de trabalho. Os não diplomados apresentam-se aos recrutadores das empresas com uma desvantagem quase insuperável. Alguns deles, considerados pelas empresas sem capacidade para o emprego, ficam definitivamente excluídos do mundo do trabalho e privados de qualquer possibilidade de inserção social. Gerador de exclusão, em muitos casos o insucesso escolar está, pois, na origem de certas formas de violência e de desvios individuais. Esses processos que destroem o tecido social fazem que a escola seja acusada de ser um fator de exclusão social e, ao mesmo tempo, seja fortemente solicitada como instituição-chave para a integração e a reintegração sociais. Os problemas que essa situação cria para as políticas educativas são particularmente difíceis: a luta contra o insucesso escolar deve, antes de mais nada, ser considerada um imperativo social, e a Comissão terá ocasião de formular algumas propostas a esse respeito, no sexto capítulo.

Educação e dinâmica social: alguns princípios de ação

Para que a educação obtenha o lugar central que lhe cabe na dinâmica social, convém, em primeiro lugar salvaguardar a sua função de cadinho no combate a todas as formas de exclusão. Há que se conduzir – ou se reconduzir –, para o sistema educativo, todos os que dele estão afastados, ou que o abandonaram porque o ensino prestado não se adaptava ao seu caso. Isso supõe a colaboração dos pais na definição do percurso escolar dos filhos e a ajuda às famílias mais pobres para que não considerem a escolarização de suas crianças um custo impossível de suportar.

Além disso, o ensino deve ser personalizado: deve esforçar-se em valorizar a originalidade, apresentando opções de iniciação às diversas disciplinas, atividades ou artes, confiando essa iniciação a especialistas que transmitam aos jovens o seu entusiasmo e que lhes expliquem as suas próprias opções de vida. Para que se criem modalidades de reconhecimento de aptidões e conhecimentos tácitos e para que haja, portanto, reconhecimento social, é recomendável, sempre que possível, diversificar os sistemas de ensino e envolver as famílias e os diversos atores sociais nas parcerias educativas.

Cooperação entre a comunidade e a escola em East Harlem: uma iniciativa coroada de êxito

A participação da comunidade é um aspecto fundamental no funcionamento das *Central Park East Schools* de Nova York. Essas escolas que estão implantadas em East Harlem e acolhem, principalmente, alunos de origem hispânica e afro-americana provindos de famílias modestas, foram criadas nos anos 1970 por um grupo devotado de professores do ensino primário que achavam que a participação das famílias, dos membros da comunidade e das organizações comunitárias constitui fator importante para a qualidade do ensino.

Esses professores elaboraram e aplicaram um programa de estudos interdisciplinar, cuidadosamente adaptado ao contexto cultural e levando em conta as realidades da política local, nacional e internacional. Articulado em torno de determinado número de temas e de projetos, pretendeu-se que fosse um programa ao mesmo tempo flexível e dinâmico. Inclui a intervenção de representantes da comunidade (sindicalistas, pesquisadores, conselheiros, artistas e poetas), que passam algum tempo nas escolas para ajudar os alunos a olhar o mundo de maneira diferente e a compreendê-lo a partir de vários pontos de vista. Os alunos têm, além disso, ocasião de pôr em prática o que aprendem: uma manhã por semana, trabalham de forma integrada à comunidade local, fazendo na maior parte das vezes estágio em um organismo comunitário.

Os pais, para quem as portas da escola estão sempre abertas, são convidados duas vezes por ano para uma entrevista com o professor, estando o filho presente. Têm, igualmente, voz ativa em todas as decisões tomadas na escola.

Numa época em que circunscrições escolares, como as de Nova York, registram taxas de abandono de 30% ou 40% entre os alunos pertencentes às minorias, os resultados das *Central Park East Schools* revelam-se extremamente positivos. Todos os alunos egressos dessas escolas primárias levaram os seus estudos secundários a bom termo, e metade deles iniciou, em seguida, estudos superiores.

Fontes: FINE, M. *Framing Dropouts*. Nova York: State University of New York Press, 1990.
MEIER, D. Central Park East: an alternative story. *Phi Delta Kappan*, v. 68, n. 10, p. 753-757, 1987.

Por outro lado, deve-se considerar a diversidade e o múltiplo pertencimento como uma riqueza. A *educação para o pluralismo* é não só uma barreira contra a violência, mas também um princípio ativo de enriquecimento cultural e cívico das sociedades contemporâneas. Entre o universalismo abstrato e redutor e o relativismo, para o qual nada mais existe além do horizonte da cultura particular de cada um,[1] há que se afirmar ao mesmo tempo o direito à diferença e a abertura ao universal.

Nesse contexto, a definição de uma educação adaptada aos diferentes grupos minoritários surge como prioridade. Essa espécie de educação tem como finalidade levar as diferentes minorias a tomar nas mãos o seu próprio destino. Além desse princípio, no qual a Comissão foi unânime, colocam-se, contudo, problemas muito complexos, especialmente quanto à questão da língua de ensino. Reunidas as condições necessárias, deve-se preconizar uma educação bilíngue, começando, nos primeiros níveis do sistema escolar, pelo ensino em língua materna, passando depois para o ensino em uma língua mais utilizada como meio de comunicação. Entretanto, deve-se ter atenção constante para o risco de isolamento das minorias. De fato, há que se evitar que um igualitarismo intercultural mal-entendido encerre essas minorias em guetos linguísticos e culturais, que se transformam posteriormente em guetos econômicos.

A educação para a tolerância e para o respeito ao outro, condição necessária à democracia, deve ser considerada como tarefa geral e permanente. Isso ocorre pois os valores e,

1. BACHIR, Diagne Souleymane. Pour une éducation philosophique au pluralisme. In: UNESCO. *Journées internationales d'étude sur*: Philosophie et démocratie dans le monde, Paris, 15-16 fev. 1995. Paris: UNESCO, 1995.

em particular, a tolerância, não podem ser objeto de ensino, no sentido estrito do termo: querer impor valores previamente definidos e pouco interiorizados, leva, no fim das contas, à sua negação, porque eles só fazem sentido se forem livremente escolhidos pela pessoa. Quando muito, a escola pode criar condições para a prática quotidiana da tolerância, auxiliando os alunos a levar em consideração os pontos de vista dos outros e estimulando, por exemplo, a discussão de dilemas morais ou de casos que impliquem opções éticas.[2]

Porém, compete à escola explicar aos jovens os substratos histórico, cultural e religioso das diferentes ideologias que possam atraí-los, tanto na sociedade em que estão inseridos, como na escola ou na sala de aula. Esse trabalho de explicação – eventualmente a ser realizado com a participação de colaboradores externos à escola – é delicado, porque não deve ferir sensibilidades, e ao mesmo tempo pode fazer que entrem na escola a política e a religião, assuntos geralmente banidos nesses ambientes. Contudo, é útil para ajudar os alunos a construir o seu próprio sistema de pensamento e de valores, de forma livre, com conhecimento de causa e sem ceder às influências dominantes, bem como a adquirir maior maturidade e abertura de espírito – o que pode ser garantia de convívio social no futuro, estímulo para o diálogo democrático e fator de paz.

Além dessas recomendações que visam sobretudo às práticas escolares, a educação deve valorizar o pluralismo cultural ao longo de toda a vida, apresentando-o como uma fonte de riqueza humana: os preconceitos raciais, fatores de violência e de exclusão devem ser combatidos por uma informação mútua sobre a história e os valores das diferentes culturas.

O espírito democrático não pode, contudo, contentar-se com uma forma de tolerância minimalista que consista apenas em acomodar-se à alteridade. Essa atitude, que se apresenta como simplesmente neutra, fica à mercê das circunstâncias, que podem colocá-la em dúvida sempre que a conjuntura econômica ou sociológica tornar particularmente conflituosa a coabitação de várias culturas. Convém, pois, ultrapassar a simples noção de tolerância, em favor de uma educação para a pluralismo fundada sobre o respeito e o apreço das outras culturas.

Não se trata, apenas, da aquisição do espírito democrático. Trata-se, fundamentalmente, de ajudar o aluno a entrar na vida com a capacidade para interpretar os fatos mais importantes relacionados com o seu destino pessoal e com o destino coletivo. A colaboração das ciências sociais e humanas é, sob esse ponto de vista, essencial, na medida em que elas abordam tanto a existência em si mesma quanto os fatos sociais. É preciso acrescentar que essa pesquisa pluridisciplinar deve contar com a participação da história e da filosofia?

---

2. A questão foi debatida na quinta sessão da Comissão (Santiago do Chile) no decorrer da qual foram apresentadas algumas experiências originais, levadas a cabo especialmente em Portugal, onde foi criado um secretariado para a educação intercultural e onde a formação pessoal e social é considerada como uma atividade transdisciplinar nos ensinos primário e secundário.

A filosofia porque desenvolve o espírito crítico indispensável ao funcionamento da democracia, e a história porque é insubstituível na função de ampliar os horizontes do indivíduo e de fazer com que ele tome consciência das identidades coletivas. O seu ensino deve, contudo, ir além do contexto nacional e incluir uma dimensão social e cultural, de tal modo que o conhecimento do passado permita melhor compreender e julgar o presente. Aqui, abre-se um novo espaço para os responsáveis pelas grandes orientações da política educativa e pela elaboração de programas. Essa perspectiva visa a integrar as aquisições das ciências sociais em uma visão global, permitindo ampla compreensão dos fatos passados e presentes.

Participação democrática

Educação cívica e práticas de cidadania

A educação não pode contentar-se em reunir as pessoas, fazendo-as aderir a valores comuns forjados no passado. Deve também responder à questão: *viver juntos, com que finalidades, para fazer o quê?* Além disso, deve fornecer a cada um, ao longo de toda a vida, a capacidade de participar ativamente de um projeto de sociedade.

Dessa forma, o sistema educacional tem como missão – explícita ou implícita – preparar cada um para esse papel social. Nas atuais sociedades complexas, a participação em projetos comuns ultrapassa em muito a ordem do político em sentido estrito. É, de fato, no dia a dia, na atividade profissional, cultural, associativa, de consumidor, que cada membro da coletividade deve assumir as suas responsabilidades em relação aos outros. Assim, a educação deve preparar cada pessoa para essa participação, mostrando-lhe não só os seus direitos e deveres, mas também desenvolvendo as suas competências sociais e estimulando o trabalho em equipe na escola.

A preparação para a participação ativa na vida de cidadão tornou-se, para a educação, uma missão de caráter geral, a partir do momento em que os princípios democráticos se expandiram pelo mundo. Podemos distinguir, nesse aspecto, vários níveis de intervenção que, em uma democracia moderna, deveriam ser completados mutuamente. Numa primeira concepção minimalista, o objetivo é apenas a aprendizagem do exercício do papel social, em função de códigos estabelecidos. À escola básica cabe assumir a responsabilidade dessa tarefa: seu objetivo é a instrução cívica, concebida como uma "alfabetização política" elementar. No entanto, ainda mais do que no caso da tolerância, essa instrução não poderá ser apenas uma simples matéria de ensino entre outras. Não se trata, com efeito, de ensinar preceitos ou códigos rígidos, acabando-se por adentrar na doutrinação. Trata-se, sim, de fazer da escola um modelo de prática democrática que leve as crianças a compreender, a partir de problemas concretos, quais são os seus direitos e deveres, e como o exercício da sua liberdade é limitado pelo exercício dos direitos e da liberdade dos outros. Um conjunto de práticas já experimentadas poderá reforçar essa aprendizagem da democracia na escola: a elaboração de regulamentos da comunidade escolar, a criação de parlamentos de alunos, os jogos de simulação do funcionamento de instituições democráticas, os jornais da escola, os exercícios de resolução não violenta de conflitos. Por outro lado, sendo a educação para a cidadania e a democracia, por excelência, uma educação que não se limita ao espaço e ao tempo da educação formal, é preciso implicar diretamente nela as famílias e os outros membros da comunidade.

Construir e habitar a sociedade civil: uma experiência realizada na Hungria

O programa intitulado Educação para a democracia foi sendo progressivamente levado a cabo a partir de 1990, quando a *Maxwell School of Citizenship and Public Affairs* aceitou o convite do Rakoczi Gimnasium de Budapeste e do Instituto Húngaro de Pesquisa Pedagógica para estudarem juntos os meios de dar novo impulso à instrução cívica e ao exercício responsável da cidadania na Hungria. Baseado na convicção de que a educação pode, e deve, situar-se na vanguarda dos esforços desenvolvidos para implantar a democracia na Europa Central e Oriental no decorrer do atual período de transição, o programa propõe a professores e alunos um certo número de princípios que permitem perspectivas renovadoras:

- Uma nova maneira de encarar *a história e as ciências sociais*, insistindo no ensino dos fatos, dos conceitos e das ideias gerais que se relacionam com fenômenos sociais, partindo do princípio de que o domínio dessas disciplinas deve levar os cidadãos a compreender melhor, quando tiverem de enfrentá-los, os problemas da vida cívica;
- *Na iniciação às questões de direito*, dá-se relevo à preponderância do direito na democracia, assim como à importância dos princípios fundamentais que regem os procedimentos jurídicos;
- *A reflexão crítica* procura fazer que o cidadão adquira a mestria intelectual, que lhe permita discernir a qualidade e a validade de diferentes tipos de raciocínio e de juízos de valor;
- *A ética e a formação moral* são ensinadas por meio de exemplos concretos: os alunos são colocados diante de dilemas morais e casos de consciência e convidados a argumentar, entre si, sobre as razões da justeza do ato que constitui a boa solução, sob o ponto de vista moral;
- *A compreensão da dimensão planetária* insiste no fato de que o domínio da arte de ser cidadão deve comportar, em sua base, um conhecimento racional dos diversos modos de vida existentes em outras culturas e do modo como os problemas mundiais se relacionam com a vida das grandes e pequenas sociedades e repercutem nelas;
- *O pluralismo e a educação multicultural* leva em conta o interesse crescente suscitado nas escolas de todo o país pelos estudos rlacionados com o patrimônio étnico. Os alunos são levados a ponderar o valor dos princípios de liberdade religiosa aplicáveis aos povos de qualquer crença.

Finalmente, essa nova perspectiva insiste na necessidade de reformular a escola, pois seria contraditório ensinar a democracia no seio de instituições de caráter autoritário.

Fonte: UNESCO. *La culture démocratique:* un défi pour les écoles. Paris: UNESCO, 1995.

Entretanto, para o aluno, a educação cívica constitui um conjunto complexo que engloba, ao mesmo tempo, a adesão a valores, a aquisição de conhecimentos e a aprendizagem de práticas de participação na vida pública. Não pode, pois, ser considerada como neutra do ponto de vista ideológico – ela questiona, necessariamente, a consciência do aluno. Para que esta permaneça independente, a educação em geral, desde a infância e ao longo de toda a vida, também deve forjar no aluno a capacidade crítica que lhe permita ter pensamento livre e ação autônoma. Quando o aluno se tornar cidadão, a educação será o seu guia permanente, num caminho difícil em que deverá conciliar o exercício dos direitos individuais, fundados nas liberdades públicas, e a prática dos deveres e da responsabilidade em relação aos outros e às comunidades a que pertencem. Exige-se, pois, um ensino que constitua um processo de construção da capacidade de discernimento. O problema que se coloca é o do equilíbrio entre a liberdade do indivíduo e o princípio de autoridade que preside a todo o ensino, o que coloca em destaque o papel dos professores na construção da capacidade de discernir autonomamente, indispensável para quem vai participar da vida pública.

Finalmente, se se busca uma relação sinérgica entre a educação e a prática da democracia participativa, além da preparação de cada indivíduo para o exercício dos seus direitos e deveres, convém basear-se na educação permanente para construir uma sociedade civil ativa. Entre os indivíduos dispersos e o longínquo poder político, essa sociedade deve permitir a cada um assumir a sua parcela de responsabilidade como cidadão a serviço de um destino autenticamente solidário. A educação dos cidadãos deve realizar-se durante toda a vida, para tornar-se uma linha de força da sociedade civil e da democracia viva. Ela confunde-se até com a democracia, quando todos participam da construção de uma sociedade responsável e solidária, respeitadora dos direitos fundamentais de cada um.

Sociedades de informação e sociedades educativas

Essa exigência democrática, que deve constar de qualquer projeto educacional, é reforçada pela emergência de "sociedades da informação", o que constitui, sem dúvida, um dos fenômenos mais promissores do final do século XX. A digitalização da informação operou uma revolução profunda no mundo da comunicação, caracterizada em particular pelo aparecimento de dispositivos multimídia e pela extraordinária ampliação das redes telemáticas. Por exemplo, a partir de 1988, todos os anos a internet tem duplicado o número de usuários e de redes, assim como o volume de tráfego de informações. A rede mundial está ligada a mais de cinco milhões de computadores e calcula-se que já tenha 20 milhões de usuários. Muito embora os efeitos da extensão das redes informáticas sejam limitados, por serem ainda relativamente poucos os que possuem as novas tecnologias e dominam o modo de utilizá-las, tudo leva a crer que se trata de uma revolução inevitável, que permitirá a transmissão de uma quantidade cada vez maior de informações em um lapso de tempo cada vez mais curto. Observa-se, igualmente, a crescente penetração dessas novas tecnologias em todos os níveis da sociedade, facilitada pelo baixo custo dos materiais, o que os torna cada vez mais acessíveis.

Aprendizagens eletrônicas

No final dos anos 1970, assistiu-se ao aparecimento do computador pessoal. Era, por assim dizer, a bicicleta da informática – o seu uso era criativo, mas localizado. Atualmente, estamos diante das autoestradas da informação, e a bicicleta transformou-se em motocicleta de todo o terreno. O impacto sobre os nossos modos de aprender foi inevitável e maciço. É importante compreender a natureza dessas novas tecnologias, o que é relativamente simples. É, sobretudo, essencial passar à formulação de questões. Que conteúdos, que interatividade, que enriquecimento das atividades cognitivas descritas anteriormente, que relação entre necessidades convergentes de encontrar informação e exploração divergente devido à arquitetura da rede informática, que novas formas de funcionamento social, que novo equilíbrio entre mais contatos interindividuais e mais proteção da privacidade, que novas tensões entre acesso facilitado às tecnologias e exclusão, de fato, na sua utilização, entre controle e liberdade? Estamos apenas no início. É hora de nos interessarmos efetivamente pelo assunto, de refletirmos sobre ele.

Fonte: DELACÔTE, G. *Savoir apprendre:* les nouvelles méthodes. Paris: Odile Jacob, 1996.

Essa revolução tecnológica constitui, evidentemente, um elemento essencial para a compreensão da nossa realidade atual, na medida em que cria novas formas de socialização e, até mesmo, novas definições de identidade individual e coletiva. A extensão das tecnologias e das redes de informática favorece a comunicação com o outro, por vezes, até em escala mundial, mas ao mesmo tempo reforça as tendências de cada um a se fechar em si mesmo e se isolar. Assim, o desenvolvimento do trabalho a distância pode perturbar os laços de solidariedade criados no seio das empresas, da mesma forma que se assiste à proliferação de atividades de lazer que isolam o indivíduo diante do computador. A perspectiva de uma evolução desse tipo faz surgirem alguns receios: o acesso ao mundo virtual pode, segundo alguns, levar a uma perda do sentido da realidade, e é de se esperar uma certa perturbação da aprendizagem e do acesso ao conhecimento fora dos sistemas educacionais formais, com sérias consequências para os processos de socialização das crianças e dos adolescentes. A Comissão não pretende, no estágio atual do conhecimento, realizar uma análise exaustiva das influências do mundo virtual nos comportamentos pessoais e interpessoais, ou ainda nas relações sociais. No entanto, a questão existe e adquire cada vez mais importância.

Voltando ao domínio da educação e da cultura, parece que o maior risco reside essencialmente no surgimento de novas rupturas e de novos desequilíbrios. Esses novos desequilíbrios podem aparecer entre as diversas sociedades, isto é, entre as que souberam se adaptar às novas tecnologias e as que não o fizeram por falta de recursos financeiros ou de vontade política. Contudo, o mais grave não é necessariamente o aumento da diferença entre países desenvolvidos e países em desenvolvimento, na medida em que existem iniciativas destinadas a prover os países em desenvolvimento de infraestruturas básicas.

Em outras palavras, podemos apostar nas reais possibilidades dos "saltos tecnológicos", que permitem que os países em desenvolvimento se beneficiem, de um dia para o outro, de tecnologias de ponta. O desenvolvimento das tecnologias pode até abrir novas perspectivas para o desenvolvimento, ao auxiliar numerosas regiões a se libertarem das suas dificuldades e ao permitir que as pessoas se comuniquem com o mundo em geral. No domínio vital da pesquisa científica, o desenvolvimento pode especificamente permitir o acesso a bases de dados internacionais, assim como a criação de "laboratórios virtuais", o que permitiria aos pesquisadores oriundos de países em desenvolvimento prosseguirem os seus trabalhos nos países de origem, limitando ao mesmo tempo o êxodo de cérebros. Verifica-se, por outro lado, que as dificuldades ligadas ao custo das infraestruturas tendem a reduzir-se devido à queda geral do preço dos materiais.

A título de conclusão provisória, somos levados a pensar que as diferenças se estabelecerão sobretudo entre as sociedades capazes de produzir conteúdos e as que se limitarão a receber informações, sem participar realmente das trocas recíprocas.

É em especial no interior de cada uma das sociedades que as divisões ameaçam ser mais profundas. São as divisões entre os que dominam os novos meios de informação e os que não têm essa possibilidade: o perigo está em que sejam constituídas sociedades que progridem em diferentes velocidades, de acordo com o acesso de cada uma às novas tecnologias. É por isso que a Comissão considera que o surgimento de sociedades da informação corresponde a um duplo desafio para a democracia e para a educação, e que esses dois aspectos estão estreitamente ligados. A responsabilidade dos sistemas educacionais coloca-se assim em primeiro plano: cabe-lhes fornecer, a todos, os meios para dominar a proliferação de informações, de selecioná-las e hierarquizá-las, ao mesmo tempo em que se desenvolve o espírito crítico. Esses sistemas são ainda responsáveis por preparar as pessoas para manterem a devida distância em relação à sociedade dos meios de comunicação e de informação, que tende a ser uma sociedade voltada apenas para o efêmero e para o instantâneo. À tirania do "tempo real" opõe-se o tempo diferido, o tempo do amadurecimento, que é o tempo da cultura e da apropriação dos saberes. É claro que a utilização das tecnologias na escola pode assumir diferentes formas, que serão tratadas no oitavo capítulo. Contudo, deve-se manter sempre o princípio da igualdade de oportunidades. Trata-se de fazer que os que têm mais necessidades, por serem desfavorecidos, possam beneficiar-se desses novos instrumentos de compreensão do mundo. Desse modo, os sistemas educacionais, ao mesmo tempo em que fornecem os meios indispensáveis para a socialização, produzem também as bases de uma cidadania adaptada às sociedades de informação. As tecnologias da informação e da comunicação poderão constituir, de imediato e para todos, um verdadeiro meio de abertura aos campos da educação não formal, tornando-se um dos vetores privilegiados de uma sociedade educativa, na qual os diferentes tempos de aprendizagem serão repensados radicalmente. Em particular, o desenvolvimento dessas tecnologias, cujo domínio permite um enriquecimento contínuo dos saberes, deveria levar à reconsideração do lugar e da função dos sistemas educacionais, na perspectiva de uma educação ao longo da vida. A comunicação e a troca de conhecimentos já não serão apenas um dos polos principais do crescimento das atividades humanas, mas um fator de desenvolvimento pessoal no contexto de novas formas de vida social.

Consequentemente, a Comissão recomenda que todas as potencialidades contidas nas novas tecnologias da informação e da comunicação sejam colocadas a serviço da educação e da formação. A maior parte dos especialistas consultados estão otimistas quanto às perspectivas que essas tecnologias abrem aos países em desenvolvimento, e pensam que será lamentável não poder aproveitar a oportunidade que lhes é oferecida, de reduzir a distância que os separa dos países desenvolvidos. A Comissão observa também que a configuração das sociedades da informação se modifica em ritmo muito rápido, devido aos progressos tecnológicos e à concorrência entre as grandes empresas. Por isso, e esperando que a UNESCO possa tomar tal iniciativa, sugere a criação de um grupo de trabalho de alto nível e com ampla representatividade internacional, cuja tarefa seria relatar as evoluções em curso, propondo medidas de normalização (conforme o nono capítulo). De fato, se não é de se estranhar o fato de que, no domínio do lazer e da cultura os poderes públicos não tenham grande responsabilidade, o mesmo não ocorre com o da educação, em que é necessário estar atento para que todos os produtos educacionais correspondam a precisas exigências de qualidade.

Pistas e recomendações

- A política educacional deve ser suficientemente diversificada e concebida de modo a não se tornar um fator suplementar de exclusão social.
- A socialização de cada indivíduo e o seu desenvolvimento pessoal não devem ser processos antagônicos. Deve-se objetivar um sistema que combine as vantagens da integração e o respeito pelos direitos individuais.
- A educação não pode, por si só, resolver os problemas criados pela ruptura (onde for o caso) dos laços sociais. Espera-se, no entanto, que contribua para o desenvolvimento do querer viver juntos, elemento básico da coesão social e da identidade nacional.
- A escola só pode ter êxito nessa tarefa se contribuir para a promoção e a integração dos grupos minoritários, mobilizando os próprios interessados no respeito a sua personalidade.
- A democracia parece progredir segundo formas e fases adaptadas à situação de cada país. Sua vitalidade é, no entanto, constantemente ameaçada. É na escola que deve começar a educação para uma cidadania consciente e ativa.
- A participação democrática depende, de certo modo, das virtudes cívicas. Contudo, ela pode ser encorajada ou estimulada pela instrução e por práticas adaptadas à sociedade dos meios de comunicação social e da informação. Trata-se de fornecer referências e grades de leitura, a fim de reforçar as capacidades de compreensão e de discernimento.

- Cabe à educação fornecer às crianças e aos adultos as bases culturais que lhes permitam decifrar, na medida do possível, as mudanças em curso. Isso pressupõe a capacidade de realizar uma triagem na massa de informações, a fim de melhor interpretá-las e de reconstituir os acontecimentos, inseridos em uma história de conjunto.
- Os sistemas educacionais devem responder os múltiplos desafios das sociedades da informação, na perspectiva de um enriquecimento contínuo dos saberes e do exercício de uma cidadania adaptada às exigências do nosso tempo.

CAPÍTULO 3

DO CRESCIMENTO ECONÔMICO AO DESENVOLVIMENTO HUMANO

O mundo conheceu, durante o último meio século, um desenvolvimento econômico sem precedentes. Sem a intenção de fazer um balanço exaustivo desse período, o que ultrapassa o quadro de seu mandato, a Comissão gostaria de recordar que, em sua perspectiva, esses avanços se devem, antes de mais nada, à capacidade dos seres humanos de dominar e organizar o meio ambiente em função das suas necessidades, isto é, os avanços se devem à ciência e à educação, motores principais do progresso econômico. Contudo, tendo consciência de que o modelo de crescimento atual depara-se com limites evidentes, devido às desigualdades que produz e aos custos humanos e ecológicos que comporta, a Comissão julga necessário definir a educação não apenas na perspectiva dos seus efeitos sobre o crescimento econômico, mas de acordo com uma visão mais ampla: a do desenvolvimento humano.

Um crescimento econômico mundial profundamente desigual

A riqueza mundial cresceu consideravelmente a partir de 1950, sob os efeitos conjugados da Segunda Revolução Industrial, do aumento da produtividade e do progresso tecnológico. O PIB mundial passou de quatro trilhões para 23 trilhões de dólares, enquanto o rendimento médio por habitante mais do que triplicou durante esse período. O progresso técnico difundiu-se muito rapidamente: para citar apenas um exemplo, deve-se recordar que a informática teve mais do que quatro fases de desenvolvimento sucessivas no espaço de uma vida humana e que, em 1993, as vendas mundiais de terminais informáticos ultrapassaram 12 milhões de unidades.[1] Os modos de vida e os estilos de consumo sofreram profundas transformações, e o projeto de melhoria do bem-estar da humanidade, pela modernização da economia, começou a ganhar forma quase universalmente.

Contudo, o modelo de desenvolvimento baseado apenas no crescimento econômico revelou-se profundamente desigual, e os ritmos de progresso mostraram-se muito diferentes segundo os países e as regiões do mundo. Calcula-se, assim, que mais de três quartos da população mundial vivem em países em desenvolvimento e detêm apenas 16% da riqueza mundial. Mais grave ainda, de acordo com estudos da Conferência das Nações

---

1. Ver para o conjunto destes dados: PNUD. *Rapport sur le développement humain, 1995*. Paris: Econômica, 1995.

Unidas sobre Comércio e Desenvolvimento (CNUCED), o rendimento médio dos países menos avançados, que englobam ao todo 560 milhões de habitantes, atualmente está diminuindo. Seriam, por habitante, 300 dólares por ano, contra 906 dólares nos outros países em desenvolvimento, e 21.598 dólares nos países industrializados.

Por outro lado, as disparidades foram acentuadas pela competição entre as nações e os diferentes grupos humanos: a desigualdade na distribuição dos excedentes de produtividade entre os países – até no interior de alguns países considerados ricos – revela que o crescimento aumenta a separação entre os mais dinâmicos e os demais. Dessa forma, certos países parecem esquecidos na corrida pela competitividade. As disparidades explicam-se, em parte, pela disfunção dos mercados e pela natureza, intrinsecamente desigual, do sistema político mundial. Elas também estão estreitamente relacionadas ao tipo de desenvolvimento atual, que atribui um valor preponderante ao pensamento e à inovação.

A procura de educação para fins econômicos

Observa-se, de fato, que, no decurso do período considerado e sob a pressão do progresso técnico e da modernização, a procura pela educação com fins econômicos não parou de crescer na maior parte dos países. As comparações internacionais realçam a importância do capital humano e, consequentemente, do investimento educacional com vistas à produtividade.[2] A relação entre o ritmo do progresso técnico e a qualidade da intervenção humana torna-se, assim, cada vez mais evidente, bem como a necessidade de formar agentes econômicos aptos a utilizar as novas tecnologias e que mostrem comportamento inovador. Requerem-se novas aptidões, e os sistemas educativos devem responder essa necessidade, não só assegurando os anos de escolarização ou de formação profissional estritamente necessários, mas formando cientistas inovadores e quadros técnicos de alto nível.

Da mesma forma, pode-se situar nessa perspectiva atual o desenvolvimento em que a formação permanente é concebida, antes de mais nada, como um acelerador do crescimento econômico. A rapidez das mudanças tecnológicas fez, de fato, surgir, no âmbito das empresas e dos países, a necessidade de flexibilidade qualitativa da mão de obra. Acompanhar, e até mesmo antecipar-se às transformações tecnológicas que afetam permanentemente a natureza e a organização do trabalho, tornou-se primordial. Em todos os setores, mesmo na agricultura, sente-se a necessidade de competências evolutivas articuladas com o saber e com o saber-fazer mais atualizado. Essa evolução irreversível não mais aceita as rotinas nem as qualificações obtidas por imitação ou por repetição, e verifica-se que se dá importância cada vez maior aos investimentos denominados imateriais (como a formação), à medida que a "revolução da inteligência" produz os seus efeitos.[3] A formação

---

2. DENISON, Edward F. *Why growth rates differ*: postwar experience in nine western countries. Washington, D.C.: Brookings Institution, 1967.
3. BERTRAND, Olivier. *Éducation et travail:* estudo realizado para a Comissão. Paris: UNESCO, 1994.

permanente de mão de obra adquire, então, a dimensão de um investimento estratégico e que implica a mobilização de vários tipos de atores: além dos sistemas educacionais, formadores privados, empregadores e representantes dos trabalhadores têm especial importância. Observa-se, assim, em muitos países industrializados, o aumento sensível dos meios financeiros dedicados à formação permanente.

Tudo leva a pensar que essa tendência se fortalecerá, devido à evolução do trabalho nas sociedades modernas. De fato, a natureza do trabalho alterou-se profundamente no decorrer dos últimos anos. Ocorreu, em particular, nítido aumento do setor terciário, que emprega hoje um quarto da população ativa dos países em desenvolvimento e mais de dois terços da população dos países industrializados. O surgimento e o desenvolvimento de "sociedades da informação", assim como a busca pelo progresso tecnológico que constitui, de certo modo, uma forte tendência no final do século XX, sublinham a dimensão cada vez mais imaterial do trabalho e acentuam o papel desempenhado pelas aptidões intelectuais e cognitivas. Com isso, não é possível solicitar aos sistemas educacionais que formem mão de obra para empregos industriais estáveis. Trata-se, primordialmente, de formar para a inovação pessoas capazes de evoluir, de se adaptar a um mundo em rápida mudança e capazes de dominar essas transformações.

Desigualdade na distribuição dos recursos cognitivos

No alvorecer do século XXI, a atividade educativa e formativa, em todos os seus componentes, tornou-se um dos principais motores do desenvolvimento. Por outro lado, ela contribui para o progresso científico e tecnológico, assim como para o avanço geral dos conhecimentos, que constituem o fator decisivo do crescimento econômico.

Ora, verifica-se que muitos países em desenvolvimento se encontram particularmente carentes a esse respeito, sofrendo de um grave *deficit* de conhecimentos. É certo que a alfabetização e a escolarização progridem entre as populações dos países do Sul, o que talvez permitirá, no futuro, um reequilíbrio das relações econômicas mundiais (ver sexto capítulo). No entanto, as desigualdades continuam a ser muito grandes no que diz respeito às atividades científicas e de pesquisa e desenvolvimento: em 1990, 42,8% das despesas nesse setor efetuaram-se na América do Norte e 23,2% na Europa, contra 0,2% na África Subsaariana e 0,7% nos Estados árabes.[4] A fuga de cérebros para os países ricos acentua ainda mais esse fenômeno.

A fuga de cérebros para os países ricos

Os países em desenvolvimento perdem todos os anos milhares de especialistas, engenheiros, médicos, cientistas e técnicos. Frustrados pelo baixo nível de salários e pelas possibilidades

---

4. UNESCO. *Rapport mondial sur l'éducation, 1993*. Paris: UNESCO, 1993.

limitadas que se lhes oferecem nos países de origem, emigram para os países ricos onde as suas competências podem ser mais bem utilizadas e remuneradas.
Trata-se, em parte, de um problema de superprodução. Os sistemas de ensino dos países em desenvolvimento estão, muitas vezes, organizados em função de necessidades próprias de países industrializados e formam, assim, um número excessivo de diplomados de alto nível. A Somália forma cerca de cinco vezes mais diplomados universitários do que os que pode empregar. Na Costa do Marfim, a taxa de desemprego de diplomados atinge 50%.

Os países industrializados tiram proveito das aptidões dos imigrados. De 1960 a 1990, os Estados Unidos e o Canadá acolheram mais de um milhão de quadros e de técnicos vindos de países em desenvolvimento. O ensino nos Estados Unidos está assentado, em grande parte, neles – nas escolas de engenharia, em 1985, calcula-se que metade dos professores assistentes com menos de 35 anos eram estrangeiros. O Japão e a Austrália esforçam-se também por atrair imigrantes altamente especializados.

Essa perda de mão de obra especializada constitui uma grave hemorragia de capitais. O serviço de pesquisas do Congresso dos Estados Unidos calcula que em 1971-72 os países em desenvolvimento perderam 20 mil dólares de investimento por emigrante especializado, ou seja, um total de 646 milhões de dólares. Essa perda é compensada, em parte, mas apenas em parte, pelas remessas de fundos por parte dos trabalhadores emigrantes.

Pode acontecer que alguns países tenham mais habitantes instruídos do que aqueles a que podem dar emprego, mas outros perdem especialistas de que têm necessidade urgente. Em Gana, 60% dos médicos formados nos anos 1980 exercem a profissão atualmente no estrangeiro, provocando carências aflitivas de pessoal nos serviços de saúde. Calcula-se que a África, no seu conjunto, tenha perdido 60 mil quadros médios e superiores, de 1985 a 1990.

É aos países em desenvolvimento que incumbe, em primeiro lugar, reverter esse fenômeno. Devem adotar sistemas de ensino adaptados às suas reais necessidades e melhorar a gestão da sua economia. No entanto, para isso deverão ter mais amplo acesso aos mercados internacionais.

Fonte: PNUD. *Rapport mondial sur le développement humain, 1992*. Paris: Econômica, 1992. p. 63.

De fato, os países em desenvolvimento não dispõem, em geral, dos fundos necessários para investir de maneira eficaz na pesquisa, e a ausência de uma comunidade científica própria e suficientemente vasta constitui para eles uma pesada limitação. Gerador de fortes economias de escala na fase da pesquisa fundamental, o conhecimento só se torna eficaz, nesse domínio, após se atingir um nível crítico de investimento. O mesmo acontece com a área de pesquisa e desenvolvimento, que necessita de investimentos vultosos e arriscados e que pressupõe a existência de um meio já suficientemente provido de recursos científicos. Esse meio envolvente é necessário para multiplicar, de maneira significativa, o rendimento dos investimentos consagrados à pesquisa e para ensejar economias externas, a curto e a longo prazo. Reside aqui, sem dúvida, uma das razões do insucesso das transferências de tecnologia dos países industrializados para os países em desenvolvimento: tais transferências necessitam, evidentemente, de um ambiente propício que mobilize e valorize os recursos cognitivos locais e que permita uma real apropriação das tecnologias, no quadro de um desenvolvimento endógeno. Dentro desse espírito, é importante que os países mais pobres possam prover-se de capacidades de pesquisa e de especialistas próprios, sobretudo pela constituição de polos de excelência em nível regional. Já nos países ditos emergentes, especialmente da Ásia, a situação é diferente, pois neles verifica-se forte crescimento dos investimentos de tipo privado. Esses investimentos, geralmente combinados com transferências de tecnologia, podem constituir a base de um rápido desenvolvimento econômico, se forem acompanhados de uma verdadeira política de formação de mão de obra local, o que acontece habitualmente.

Uma primeira conclusão parece impor-se: os países em desenvolvimento não devem negligenciar nada que lhes possa facilitar a indispensável entrada no universo da ciência e da tecnologia, e o que isso abrange em matéria de adaptação de culturas e de modernização de mentalidades. Considerados nessa perspectiva, os investimentos em matéria de educação e de pesquisa constituem uma necessidade, e uma das principais preocupações da comunidade internacional deve ser o risco de total marginalização dos excluídos do progresso, em uma economia mundial em rápida transformação. Se não se fizer um grande esforço para afastar esse risco, alguns países, incapazes de participar na competição tecnológica internacional, poderão chegar a constituir bolsões de miséria, de desespero e de violência impossíveis de serem reabsorvidos por meio da assistência e de ações humanitárias. Mesmo no interior dos países desenvolvidos, há grupos sociais inteiros em risco de serem excluídos do processo de socialização constituído, até há pouco tempo, por uma organização do trabalho de tipo industrial. Em ambos os casos, o problema essencial continua a ser o da partilha desigual de conhecimentos e de competências.

Convém recordar aqui um fato bem conhecido, mas pouco considerado nas suas implicações educativas: a saber, que a oposição entre os países do Norte e os países do Sul é muito menos profunda do que era há alguns anos. Por um lado, os antigos países comunistas, atualmente em transição política e econômica, conhecem problemas específicos que se traduzem, em diversos graus, em dificuldades de reconstrução profunda dos seus sistemas educativos. Por outro lado, os países "emergentes" saíram do subdesenvolvimento e foram os que, de modo geral, mais investiram no desenvolvimento da educação, segundo formas adaptadas à sua particular situação cultural, social e econômica. Não existe um modelo único nesse âmbito, mas o caso dos novos países industrializados da Ásia deve ser levado em consideração quando da formulação de reformas educativas nas outras partes do mundo.

Contudo, não se pode conceber a educação como motor de um desenvolvimento verdadeiramente equitativo sem nos interrogarmos, em primeiro lugar, sobre os meios para se evitar a rápida perda de rumo de alguns países, arrastados por uma espiral de empobrecimento. O exemplo mais preocupante dessa situação é o dos países da África Subsaariana, em que o PIB encontra-se estagnado, enquanto a população cresce rapidamente. Ao reduzir o nível médio de vida, esses países de população muito jovem atualmente não podem mais aplicar na educação uma parcela do PIB tão considerável como a que lhe dedicavam no início dos anos 1980. Tal situação, que compromete gravemente o desenvolvimento futuro dessa região do mundo, requer maior atenção por parte da comunidade internacional e, sobretudo, a mobilização de recursos em nível local.

A África às vésperas do século XXI

- O rendimento real por habitante na África Subsaariana diminuiu de 563 dólares em 1980 para 485 dólares em 1992.
- Mais de 215 milhões de africanos viviam, em 1990, abaixo do limite da pobreza.
- A pobreza atinge em primeiro lugar as mulheres, tanto nas cidades como no meio rural.
- O número de africanos cuja ração alimentar diária é inferior ao mínimo de 1.600 ou 1.700 calorias passou de 99 milhões em 1980 para 168 milhões em 1990-91.
- A pandemia da AIDS apresenta na África proporções catastróficas.
- Um milhão e meio de crianças morrem, por ano, de diarreia.
- Só em 1989, o paludismo (malária) matou um milhão e meio de crianças com menos de cinco anos.
- A África conta, atualmente, com mais de 20 milhões de refugiados e deslocados por várias razões: impossibilidade de subsistir, guerras civis, conflitos étnicos ou religiosos, perseguição política, violação dos direitos humanos, clima de insegurança.
- Na África Subsaariana, só dois homens em três, e uma mulher em três sabem ler e escrever.
- No início dos anos 1990, o crescimento dos efetivos escolares em todos os níveis havia se reduzido pela metade em relação aos anos 1970, sendo o ensino primário o setor em que mais se notou essa queda.
- Numa época em que um rápido desenvolvimento socioeconômico, cultural e tecnológico depende, cada vez mais, da presença de recursos humanos de alto nível, o ensino superior, em toda a África, sofre um rápido retrocesso, tanto no aspecto qualitativo como no aspecto quantitativo.
- Na África, milhões de crianças, mulheres e homens têm, atualmente, necessidade de ser protegidos contra as doenças, as violações dos direitos humanos, as violências interétnicas e as perseguições políticas. Essas pessoas desejam adquirir conhecimentos e competências, e assumir as suas responsabilidades de cidadãos e agentes econômicos. Querem participar da tomada de decisões que se relacionam com a sua vida quotidiana e o seu bem-estar, assim como na condução dos assuntos públicos. Recusam-se a ser, simplesmente, tributários da ajuda e do auxílio estrangeiros. É nessa perspectiva que devem ser formuladas as prioridades para a África, em matéria de desenvolvimento humano, e as estratégias que as tornarão eficazes.

Fonte: UNESCO. *Les Assises de l'Afrique*: note de présentation par le directeur général de l'UNESCO, 6-10 février, 1995. Paris: UNESCO, 1995. p. 3-4.

Participação das mulheres na educação, alavanca essencial do desenvolvimento

A Comissão não pode silenciar, neste esboço das principais disparidades do acesso ao conhecimento e ao saber, quanto a um fato preocupante que se observa em todo o mundo, especialmente nos países em desenvolvimento: a desigualdade entre homens e mulheres na educação. É certo que houve progressos no decurso dos últimos anos: os dados estatísticos da UNESCO indicam, por exemplo, que a taxa de alfabetização das mulheres aumentou em quase todos os países de que se têm informações. No entanto, as disparidades continuam enormes: dois terços dos adultos analfabetos do mundo, ou seja, 565 milhões de pessoas, são mulheres, a maior parte das quais vivendo em regiões em desenvolvimento da África, da Ásia e da América Latina.[5] Em escala mundial, o índice de escolarização das jovens é mais baixo do que o dos rapazes: uma jovem em quatro não frequenta a escola, enquanto, para os rapazes, essa proporção é de apenas um em seis (24,5%, ou seja, 85 milhões, contra 16,4%, ou seja, 60 milhões, do grupo etário correspondente ao do ensino primário escolarizado). Essas disparidades explicam-se, essencialmente, pelas diferenças observadas nas regiões menos desenvolvidas. Na África Subsaariana, por exemplo, menos da metade das jovens com idades compreendidas entre 6 e 11 anos frequentam a escola, e os índices diminuem rapidamente, se forem considerados grupos etários mais avançados.

Estimativa das taxas líquidas de escolarização por grupo etário (de 6-11, 12-17 e 18-23 anos)* e por sexo, por região, 1995

	6-11		12-17		18-23	
	M	F	M	F	M	F
África Subsaariana	55,2	47,4	46,0	35,3	9,7	4,9
Estados árabes	83,9	71,6	59,2	47,1	24,5	16,3
América Latina/Caribe	88,5	87,5	68,4	67,4	26,1	26,3
Leste Asiático/Oceania	88,6	85,5	54,7	51,4	19,5	13,6
Sul da Ásia	84,3	65,6	50,5	32,2	12,4	6,6
Países desenvolvidos	92,3	91,7	87,1	88,5	40,8	42,7

* Porcentagem de alunos e estudantes universitários do grupo etário em questão, relativamente ao total da população desse mesmo escalão.

Fonte: UNESCO. *Rapport mondial sur l'éducation, 1995*. Paris: UNESCO, 1995. p. 36.

O princípio da equidade torna necessário um esforço particular para suprimir todas as desigualdades entre sexos em matéria de educação. Elas estão, de fato, na origem de situações permanentes de inferioridade por que passam as mulheres ao longo de toda a sua vida. Por outro lado, na atualidade, os peritos são unânimes em reconhecer o papel

5. UNESCO. *Rapport mondial sur l'éducation, 1995*. Paris: UNESCO, 1995.

estratégico da educação das mulheres no desenvolvimento. Concretamente, estabeleceu-se uma correlação muito clara entre o nível de educação das mulheres, por um lado e, por outro, a melhoria geral da saúde e da nutrição da população, bem como a redução da taxa de fecundidade. O Relatório Mundial sobre Educação da UNESCO para o ano de 1995 analisa os diferentes aspectos dessa questão e observa que, nas regiões mais pobres do mundo,

> as mulheres e as jovens são prisioneiras de um ciclo que faz com que as mães analfabetas tenham filhas que, permanecendo também analfabetas, se casam muito jovens e ficam condenadas, por sua vez, à pobreza, ao analfabetismo, a uma elevada taxa de fecundidade e a uma mortalidade precoce.[6]

Trata-se, pois, de romper esse círculo vicioso que relaciona a pobreza à desigualdade entre homens e mulheres. A necessidade da educação para jovens e mulheres surge, então, tendo em vista o que uma minoria delas já conseguiu, como condição de uma participação ativa da população nas iniciativas em matéria de desenvolvimento.

Disparidade entre sexos

Nas economias de subsistência, as mulheres realizam a maior parte dos trabalhos e, em relação aos homens, trabalham durante mais tempo por dia e contribuem mais para o rendimento familiar. Essa disparidade de condições entre sexos é uma das primeiras causas da pobreza, pois, sob diversas formas, impede que centenas de milhões de mulheres tenham acesso à educação, à formação, aos serviços de saúde, às creches e a um estatuto jurídico que lhes permita escapar desse flagelo. Nos países em desenvolvimento, contra oito a 12 horas para os homens, as mulheres trabalham em média de 12 a 18 horas por dia – encarregando-se da produção de alimentos, da gestão dos recursos e das colheitas, assim como de diversas outras atividades remuneradas ou não. Segundo as estimativas, as mulheres são a única fonte de rendimentos de um quarto a um terço das economias domésticas do mundo. Além disso, a sua contribuição representa mais de 50% dos recursos em, pelo menos, um quarto das economias restantes. As famílias cuja chefia cabe a uma mulher vivem, muitas vezes, abaixo do limite da pobreza. Certos indicadores levam a pensar que a situação das mulheres é cada vez mais precária nas economias de subsistência. As dificuldades de tempo cada vez maiores que lhes são impostas, por terem de trabalhar mais horas para conseguirem o pão de cada dia, têm o duplo efeito de desvalorizar o seu estatuto social e de manter elevada a taxa de natalidade. Dado que não lhes é possível aumentar, ainda mais, a sua carga de trabalho, as mulheres recorrem, em grande parte, a seus filhos – em especial às filhas – para se libertarem de uma parte de suas tarefas. De fato, a crescente tendência em muitas regiões de as mães não mandarem as filhas à escola para que possam ajudá-las no trabalho fará, com certeza, que toda uma nova geração de jovens tenha perspectivas de futuro muito limitadas e se sinta em desvantagem em relação aos irmãos.

Fonte: JACOBSON, Jodi L. *Gender Bias:* roadblock to sustainable development. Washington, D. C.: Worldwatch Institute, 1992.

---

6. UNESCO. *World education report, 1995*. Paris: UNESCO, 1995. (World education report; 3).

Uma reflexão necessária: os prejuízos do progresso

O objetivo de crescimento econômico puro e simples revela-se insuficiente para garantir o desenvolvimento humano. Essa ideia é colocada em questão por duas razões: não só devido ao seu caráter desigual, mas também por causa dos elevados custos que acarreta, especialmente no que diz respeito ao meio ambiente e ao emprego.

No ritmo atual de produção, os chamados recursos não renováveis correm o risco real de se tornarem cada vez mais escassos, quer se trate de recursos energéticos ou de terras aráveis. Por outro lado, as próprias indústrias ligadas às ciências físicas, químicas e biológicas estão na origem de poluições destruidoras ou perturbadoras da natureza. Finalmente, e de modo geral, as condições de vida sobre a Terra estão ameaçadas: a escassez de água potável, o desmatamento, o efeito estufa, a transformação dos oceanos em lixeiras gigantescas são manifestações inquietantes de uma irresponsabilidade geral das gerações atuais em relação ao futuro, para cuja gravidade alertou a Conferência das Nações Unidas sobre Ambiente e Desenvolvimento, realizada no Rio de Janeiro em 1992.

Por outro lado, o rápido aumento do desemprego nos últimos anos em vários países constitui, em muitos aspectos, um fenômeno estrutural ligado ao progresso tecnológico. Ao se substituir sistematicamente a mão de obra por um capital técnico inovador que aumenta constantemente a produtividade do trabalho, está-se contribuindo para o subemprego de parte dessa mão de obra.

Esse fenômeno afetou, em primeiro lugar, os trabalhos de execução; no entanto, ele começa a atingir, a partir de agora, tarefas de concepção e de cálculo. A generalização da inteligência artificial ameaça fazer que o fenômeno alcance os níveis superiores da cadeia de qualificação. Não se trata, apenas, da exclusão de grupos de indivíduos mal-preparados do emprego ou até da sociedade, mas de uma evolução que poderá modificar o lugar e até a própria natureza do trabalho nas sociedades de amanhã. No estado atual das coisas, é difícil realizar um diagnóstico seguro, mas a questão é muito pertinente.

Note-se que, nas sociedades industriais, alicerçadas no valor integrador do trabalho, esse problema já constitui uma fonte de desigualdade: alguns têm trabalho, enquanto outros são dele excluídos e ficam dependentes da assistência, ou são ainda abandonados à própria sorte. Na falta de um novo modelo de estruturação da vida humana, essas sociedades estão em crise: para elas, o trabalho torna-se um bem raro que os países disputam, recorrendo a toda a espécie de protecionismo e de *dumping* social. O problema do desemprego também ameaça profundamente a estabilidade dos países em desenvolvimento. O perigo está em toda a parte: muitos jovens desempregados, entregues a si mesmos nos grandes centros urbanos, correm todos os perigos relacionados à exclusão social. Essa situação traz grandes custos sociais e, levada ao extremo, constitui uma ameaça para a solidariedade nacional. Dessa forma, pode-se dizer, de uma forma razoavelmente prudente, que o progresso técnico avança mais depressa do que a nossa capacidade de imaginar soluções para os novos problemas que ele apresenta às pessoas e às sociedades contemporâneas. É preciso repensar a sociedade em função dessa evolução inevitável.

Crescimento econômico e desenvolvimento humano

Sem dúvida, foram impasses como esses aos quais nos conduziu inevitavelmente um modelo produtivista, impasses que levaram, ao longo dos anos, as competentes instâncias das Nações Unidas a atribuir ao conceito de desenvolvimento um significado mais amplo, que ultrapassa a ordem econômica para considerar também as dimensões ética, cultural e ecológica.

Assim, o PNUD propôs, desde o seu primeiro Relatório sobre o Desenvolvimento Humano, em 1990, que o bem-estar humano fosse considerado como a finalidade do desenvolvimento, sublinhando a gravidade e a amplitude dos fenômenos de pobreza no mundo. Os indicadores do desenvolvimento não deveriam limitar-se apenas ao rendimento por habitante, mas compreender também dados relativos à saúde (incluindo as taxas de mortalidade infantil), à alimentação e à nutrição, ao acesso à água potável, à educação e ao ambiente. É preciso considerar ainda a equidade e a igualdade entre os diferentes grupos sociais e entre os sexos, bem como o grau de participação democrática. Por outro lado, a noção de "sustentabilidade" vem complementar a de desenvolvimento humano, ao colocar em relevo a viabilidade, a longo prazo, do processo de desenvolvimento, a melhoria das condições de existência das futuras gerações, assim como o respeito aos meios naturais de que depende a vida na Terra. É colocada em discussão a tendência ao aumento das despesas militares, tanto nos países em desenvolvimento como nos países desenvolvidos, na medida em que esse aumento é realizado em detrimento de outros investimentos destinados ao bem-estar humano.

O desenvolvimento humano atual

O desenvolvimento humano é um processo que visa a ampliar as possibilidades oferecidas às pessoas. Em princípio, estas possibilidades podem ser infinitas e evoluir com o tempo. Entretanto, em qualquer nível de desenvolvimento, as três principais, do ponto de vista das pessoas, são: ter uma vida longa e com saúde, adquirir conhecimentos e ter acesso aos recursos necessários a um nível de vida decente. Na falta dessas possibilidades fundamentais, muitas outras oportunidades permanecerão inacessíveis.

(...)

Contudo, o desenvolvimento humano não para aqui. Há outras potencialidades às quais as pessoas atribuem grande valor e que vão desde as liberdades política, econômica e social à possibilidade de exprimir a sua criatividade ou a sua capacidade de produzir, passando pela dignidade pessoal e o respeito pelos direitos humanos.

O conceito de desenvolvimento humano é, pois, muito mais vasto do que as teorias clássicas do desenvolvimento econômico. Os modelos de crescimento econômico relacionam-se mais com o aumento do PNB do que com a melhoria das condições de vida. O desenvolvimento dos recursos humanos, por si só, considera os seres humanos como simples fatores do processo de produção – isto é, como um meio e não como um fim. As políticas de bem-estar social, por seu lado, encaram as pessoas como beneficiárias do processo de desenvolvimento e não como participantes desse mesmo processo. Finalmente, essa perspectiva da satisfação das necessidades essenciais orienta-se para o fornecimento de bens e serviços econômicos a grupos desfavorecidos, e não para a ampliação das potencialidades humanas.

O desenvolvimento humano, pelo contrário, acrescenta à produção e distribuição de bens e serviços, a amplificação e a utilização das potencialidades humanas. O conceito de desenvolvimento humano engloba e ultrapassa as preocupações citadas anteriormente. Analisa todas as questões relativas à sociedade – crescimento econômico, trocas, emprego, liberdades políticas, valores culturais etc. – na perspectiva da pessoa humana. Concentra-se, pois, na ampliação das possibilidades de escolha – e aplica-se tanto aos países em desenvolvimento como aos países industrializados.

Fonte: PNUD. *Rapport mondial sur le développement humain, 1995*. Paris: Econômica, 1995. p. 13-14.

Foi de acordo com essa concepção ampliada de desenvolvimento que a Comissão orientou a sua reflexão sobre a educação para o século XXI. A educação deve, no futuro, ser encarada no âmbito de uma nova problemática em que não apareça apenas como um meio de desenvolvimento, entre outros, mas como um dos elementos constitutivos e uma das finalidades essenciais desse desenvolvimento.

Educar para o desenvolvimento humano

Uma das principais funções reservadas à educação consiste, antes de mais nada, em prover a humanidade da capacidade de dominar o seu próprio desenvolvimento. Ela deve, de fato, fazer que cada um tome nas mãos o seu destino e contribua para o progresso da sociedade em que vive, baseando o desenvolvimento na participação responsável dos indivíduos e das comunidades.

Considerando o ponto de vista aqui adotado, é em todos os seus componentes que a educação contribui para o desenvolvimento humano. Contudo, esse desenvolvimento responsável não pode mobilizar todas as energias sem um pressuposto: fornecer a todos, o mais cedo possível, o "passaporte para a vida", que os leve a compreender melhor a si mesmos e aos outros e, assim, a participar da obra coletiva e da vida em sociedade. A educação básica para todos é, pois, absolutamente vital (conforme o sexto capítulo). Na medida em que o desenvolvimento visa à realização do ser humano como tal, e não como meio de produção, é claro que essa educação básica deve englobar todos os conhecimentos necessários para se poder ter acesso, eventualmente, a outros níveis de formação. A esse propósito, convém insistir no papel formador do ensino das ciências e, nessa perspectiva, definir uma educação que, desde a mais tenra idade e por meios às vezes muito simples como a tradicional "lição das coisas", desperte a curiosidade das crianças, que desenvolva o seu sentido de observação e que as inicie nas atitudes de tipo experimental. No entanto, a educação básica deve, também e sobretudo, na perspectiva da educação permanente, fornecer a todos os meios de modelar livremente a sua vida, e de participar da evolução da sociedade. Quanto a esse ponto, a Comissão segue a orientação dos trabalhos e as resoluções da Conferência Mundial sobre Educação para Todos, realizada em Jomtien (Tailândia), em 1990. Com iso, pretende-se atribuir à noção de educação básica ou "educação fundamental"[7], a acepção mais ampla possível, incluindo nela um conjunto de conhecimentos e de competências indispensáveis para o desenvolvimento humano. Deverá ser incluída, em especial, uma educação em assuntos como o meio ambiente, a saúde e a nutrição.

O princípio geral de ação que deve presidir essa perspectiva do desenvolvimento baseado na participação responsável de todos os membros da sociedade é o estímulo à iniciativa, ao trabalho em equipe, às sinergias, mas também ao autoemprego e ao espírito empreendedor: é preciso ativar os recursos de cada país, mobilizar os saberes e os agentes locais, objetivando a criação de novas atividades que afastem os malefícios do desemprego tecnológico. Nos países em desenvolvimento, esse é o melhor caminho para se obter e para alimentar os processos de desenvolvimento endógeno. Os elementos da estratégia educativa devem, pois, ser concebidos de uma forma coordenada e complementar, tendo como base comum a busca de um tipo de ensino que também se adapte às circunstâncias locais.

Recomendações de Dacar

- Diversificar as ofertas educativas diferenciando: I) os seus conteúdos, a fim de escapar do modelo único, fonte de competição e, muitas vezes, de frustração (o desenvolvimento do ensino artístico e artesanal pode ser uma maneira útil de tornar a escola atrativa); II) os tipos e percursos educativos, em nível de sistemas e estruturas, preservando sempre a coerência do conjunto (utilização dos meios de comunicação social; participação da educação informal; parcerias educativas; organização de percursos escolares distribuídos ao longo da vida de cada um); III) os métodos e locais de aprendizagem, especialmente no que se refere ao saber-fazer (escolaridade mais ou menos prolongada; aprendizagem em serviço; alternância com o local de trabalho).
- Criar capacidades de pesquisa e peritos em nível regional: ensinar ciências segundo uma problemática sistêmica, recorrendo à "lição das coisas", o que permite retirar conhecimentos da observação do meio envolvente natural ou artificial; mobilizar os conhecimentos tácitos de todos, incluindo os das gerações mais velhas (processos de rodízio dos campos, problemas de erosão dos solos, riscos naturais etc.); mobilizar os conhecimentos científicos internacionais para projetos pluridisciplinares fazendo, por exemplo, intervir as ciências sociais – história, sociologia, etnologia, geografia econômica – sem deixar de tratar da

7. O texto da Declaração de Jomtien define as necessidades educativas fundamentais e a expressão "educação fundamental" é usada para designar a educação básica, no sentido que lhe é dado neste relatório (conforme sexto capítulo).

especificidade local (há muitos exemplos de projetos agrícolas abortados não por falta de preparação dos agrônomos implicados, mas por estes desconhecerem as condições sociais e culturais de aplicação).

- Estimular o desenvolvimento da criatividade e das capacidades de empreendimento endógenas. A observação da economia informal nos países em desenvolvimento e da inovação tecnológica nos países desenvolvidos prova que os mais criadores não são, necessariamente, os que obtêm sucesso na escola formal. Criar é, em si, um processo educativo orientado para resolver problemas. Sem matar as faculdades de iniciativa e de originalidade, é preciso proceder de modo que o potencial de desenvolvimento da personalidade não seja malbaratado – em atividades ilícitas por exemplo – ou desencorajado.

Fonte: COMMISSION INTERNATIONALE SUR L'ÉDUCATION POUR LE VINGT ET UNIÈME SIÈCLE. *Rapport de la deuxième session de la Comission*. Dacar, 18-21 de setembro de 1993.

A Comissão pretende, sobretudo, sublinhar que essa perspectiva de desenvolvimento humano que acaba de ser definida ultrapassa qualquer concepção de educação estritamente utilitária.

A educação não serve apenas para fornecer pessoas qualificadas para o mundo da economia: não se destina ao ser humano como agente econômico, mas como fim último do desenvolvimento. Desenvolver os talentos e as aptidões de cada um corresponde, ao mesmo tempo, à missão fundamentalmente humanista da educação, à exigência de equidade que deve orientar qualquer política educativa e às verdadeiras necessidades de um desenvolvimento endógeno, respeitador do meio ambiente humano e natural e da diversidade de tradições e de culturas. Mais especialmente, se é verdade que a formação permanente é uma ideia essencial da atualidade, é preciso inscrevê-la, para além de uma simples adaptação ao emprego, na concepção mais ampla de uma educação ao longo de toda a vida, concebida como condição de desenvolvimento harmonioso e contínuo da pessoa humana.

As reflexões da Comissão a esse respeito são eco das propostas apresentadas pelo diretor-geral da UNESCO, Federico Mayor, por ocasião do colóquio internacional E o Desenvolvimento (UNESCO, Paris 18-19 de junho de 1994). O processo de desenvolvimento, sublinhou ele, "deve, antes de mais nada, fazer despertar todo o potencial daquele que é, ao mesmo tempo, o seu principal protagonista e último destinatário: o ser humano, o que vive hoje aqui na Terra, mas também o que nela viverá no dia de amanhã."

Pistas e recomendações

- Prosseguir a reflexão sobre a ideia de um novo modelo de desenvolvimento, mais respeitador da natureza e do ritmo das pessoas.
- Uma prospectiva do lugar ocupado pelo trabalho na sociedade do futuro, tendo em vista as consequências do progresso técnico e as alterações nas formas de vida, privada e coletiva.

- Uma avaliação mais exaustiva do desenvolvimento humano, tendo em vista todas as suas dimensões, segundo o espírito dos trabalhos do PNUD.
- Estabelecer novas relações entre política educativa e política de desenvolvimento, a fim de reforçar as bases do saber e do saber-fazer nos países em questão: estimular a iniciativa, o trabalho em equipe, as sinergias realistas, levando em conta os recursos locais, o autoemprego e o espírito empreendedor.
- Enriquecimento e generalização indispensáveis da educação básica (importância da Declaração de Jomtien[8]).

---

8. UNESCO. *Declaração Mundial sobre Educação para Todos*: Satisfação das Necessidades Básicas de Aprendizagem, Jomtien, 1990. Paris: UNESCO, 1990.

SEGUNDA PARTE

Princípios

CAPÍTULO 4

OS QUATRO PILARES DA EDUCAÇÃO

Considerando que oferecerá meios nunca antes disponíveis para a circulação, o armazenamento de informações e a comunicação, o próximo século submeterá a educação a uma dura obrigação que pode parecer, à primeira vista, quase contraditória. De fato, a educação deve transmitir, de forma maciça e eficaz, cada vez mais saberes e saber-fazer evolutivos, adaptados à civilização cognitiva, pois essas são as bases das competências do futuro. Simultaneamente, compete-lhe encontrar e ressaltar as referências que impeçam as pessoas de ficar submersas nas ondas das informações, mais ou menos efêmeras, que invadem os espaços públicos e privados e as levem a orientar-se para projetos de desenvolvimento individuais e coletivos. À educação cabe fornecer, de alguma forma, os mapas de um mundo complexo e em movimento constante e, ao mesmo tempo, a bússola que permita navegar nele.

Nessa visão prospectiva, uma resposta puramente quantitativa à necessidade insaciável de educação – uma bagagem escolar cada vez mais pesada – já não é possível nem mesmo adequada. Não basta, de fato, que cada um acumule, no começo da vida, determinada quantidade de conhecimentos de que se possa abastecer indefinidamente. Antes disso, é necessário estar à altura para aproveitar e explorar, do começo ao fim da vida, todas as ocasiões de atualizar, aprofundar e enriquecer esses primeiros conhecimentos, e de se adaptar a um mundo em mudança.

Para poder dar resposta ao conjunto das suas missões, a educação deve organizar-se em torno de quatro aprendizagens fundamentais que, ao longo de toda a vida de cada indivíduo, serão de algum modo os pilares do conhecimento: *aprender a conhecer*, isto é, adquirir os instrumentos da compreensão; *aprender a fazer*, para poder agir sobre o meio envolvente; *aprender a viver juntos*, a fim de participar e cooperar com os outros em todas as atividades humanas; e finalmente *aprender a ser*, conceito essencial que integra os três precedentes. É claro que essas quatro vias do saber constituem apenas uma, dado que existem entre elas múltiplos pontos de contato, de relacionamento e de permuta.

Em regra, entretanto, o ensino formal orienta-se, essencialmente – se não exclusivamente –, para o *aprender a conhecer* e, em menor escala, para o *aprender a fazer*. As duas outras aprendizagens dependem, a maior parte das vezes, de circunstâncias aleatórias, quando não são consideradas, de algum modo, como prolongamento natural das duas primeiras. Ora, a Comissão entende que cada um dos "quatro pilares do conhecimento" deve ser objeto de atenção igual por parte do ensino estruturado, a fim de que a educação surja como uma experiência global a ser concretizada ao longo de toda a vida, tanto no plano cognitivo quanto no prático, para o indivíduo como pessoa e membro da sociedade.

Desde o início dos seus trabalhos, os membros da Comissão compreenderam que seria indispensável, para enfrentar os desafios do próximo século, atribuir novos objetivos à educação e, consequentemente, mudar a ideia que se tem da sua utilidade. Uma nova e mais ampla concepção de educação deveria fazer que todos pudessem descobrir, reanimar e fortalecer o seu potencial criativo – revelar o tesouro escondido em cada um de nós. Isso pressupõe que se ultrapasse a visão puramente instrumental da educação, considerada como a via obrigatória para se obter certos resultados (saber-fazer, aquisição de capacidades diversas, fins de ordem econômica), e se passe a considerá-la em toda a sua plenitude: a realização da pessoa que, na sua totalidade, aprende a ser.

Aprender a conhecer

Esse tipo de aprendizagem, que visa não tanto à aquisição de um repertório de saberes codificados, mas antes ao domínio dos próprios instrumentos do conhecimento, pode ser considerado, simultaneamente, como um meio e como uma finalidade da vida humana. Meio, porque se pretende que cada um aprenda a compreender o mundo que o cerca, pelo menos na medida em que isso lhe é necessário para viver dignamente, para desenvolver as suas capacidades profissionais e para comunicar-se. Finalidade, porque seu fundamento é o prazer de compreender, de conhecer, de descobrir. Apesar de os estudos sem utilidade imediata estarem desaparecendo, tal a importância dada atualmente aos saberes utilitários, a tendência para prolongar a escolaridade e o tempo livre deveria levar os adultos a apreciar, cada vez mais, as alegrias do conhecimento e da pesquisa individual. O aumento dos saberes, que permite compreender melhor o ambiente sob os seus diversos aspectos, favorece o despertar da curiosidade intelectual, estimula o sentido crítico e permite compreender o real, mediante a aquisição de autonomia na capacidade de discernir. Desse ponto de vista, deve-se repetir, é essencial que cada criança, esteja onde estiver, possa ter acesso, de forma adequada, às metodologias científicas, de modo a tornar-se, para toda a vida, "amiga da ciência".[1] No nível do ensino secundário e superior, a formação inicial deve fornecer a todos os alunos instrumentos, conceitos e referências resultantes dos avanços das ciências e dos paradigmas do nosso tempo.

Contudo, como o conhecimento é múltiplo e evolui infinitamente, torna-se cada vez mais inútil tentar conhecer tudo e, depois do ensino básico, a omnidisciplinaridade é um engodo. A especialização, porém, mesmo para futuros pesquisadores, não deve excluir a cultura geral, conforme Laurent Schwartz:

---

1. INTERNATIONAL COMMISSION ON EDUCATION FOR THE TWENTY-FIRST CENTURY. *Working group on the process of education and 4th Session of the Commission*: report. Paris: UNESCO, 1994. Disponível em: <http://unesdoc.unesco.org/images/0009/000986/098675eb.pdf>.

> Um espírito verdadeiramente formado, hoje em dia, tem necessidade de uma cultura geral vasta e da possibilidade de trabalhar em profundidade determinado número de assuntos. Deve-se, do princípio ao fim do ensino, cultivar, simultaneamente, essas duas tendências.[2]

A cultura geral, como abertura a outras linguagens e a outros conhecimentos, permite, antes de tudo, comunicar-se. Fechado na sua própria ciência, o especialista corre o risco de se desinteressar pelo que fazem os outros. Ele sentirá dificuldade em cooperar, quaisquer sejam as circunstâncias. Por outro lado, a formação cultural, cimento das sociedades no tempo e no espaço, implica a abertura a outros campos do conhecimento e, assim, podem operar-se fecundas sinergias entre as disciplinas. Especialmente em matéria de pesquisa, determinados avanços do conhecimento ocorrem nos pontos de interseção das diversas áreas disciplinares.

Aprender para conhecer pressupõe, antes de tudo, aprender a aprender, exercitando-se a atenção, a memória e o pensamento. Desde a infância, sobretudo nas sociedades dominadas pela imagem televisiva, o jovem deve aprender a prestar atenção às coisas e às pessoas. A rápida sucessão de informações mediatizadas, bem como o *zapping* tão frequente, prejudicam efetivamente o processo de descoberta, que implica duração e aprofundamento da apreensão. Essa aprendizagem da atenção pode revestir formas diversas e aproveitar várias ocasiões da vida (jogos, estágios em empresas, viagens, trabalhos práticos de ciências...).

Por outro lado, o exercício da memória é um antídoto necessário contra a submersão pelas informações instantâneas difundidas pelos meios de comunicação social. Seria perigoso imaginar que a memória pode vi9r a tornar-se inútil, devido à enorme capacidade de armazenamento e de difusão das informações de que dispomos daqui em diante. Sem dúvida, é preciso ser seletivo na escolha dos dados a aprender "de cor"; apesar disso, a faculdade humana de memorização associativa, que não é propriamente redutível a um automatismo, deve ser cultivada com cuidado. Todos os especialistas concordam em que a memória deve ser treinada desde a infância, e que é errado suprimir da prática escolar certos exercícios tradicionais, considerados fastidiosos.

Finalmente, o exercício do pensamento ao qual a criança é iniciada, em primeiro lugar pelos pais, e depois pelos professores, deve comportar avanços e recuos entre o concreto e o abstrato. Também se devem combinar, tanto no ensino como na pesquisa, dois métodos muitas vezes apresentados como antagônicos: o método dedutivo, por um lado, e o indutivo, por outro. De acordo com as disciplinas ensinadas, um pode ser mais pertinente do que outro, embora na maior parte das vezes o encadeamento do pensamento necessite da combinação dos dois.

---

2. SCHWARTZ, L. L'enseignement scientifique. In: INSTITUTE DE FRANCE. *Reflexions sur l'enseignement*. Paris: Flammarion, 1993.

O processo de aprendizagem do conhecimento nunca está acabado, e pode enriquecer-se com qualquer experiência. Nesse sentido, relaciona-se cada vez mais com a experiência do trabalho, à medida que este se torna menos rotineiro. A educação primária pode ser considerada bem-sucedida se conseguir transmitir às pessoas o impulso e as bases que façam que continuem a aprender ao longo de toda a vida, no trabalho e também fora dele.

Aprender a fazer

Aprender a conhecer e aprender a fazer são, em larga medida, indissociáveis. No entanto, a segunda aprendizagem está mais estreitamente ligada à questão da formação profissional: como ensinar o aluno a colocar em prática os seus conhecimentos e também como adaptar a educação ao trabalho futuro, quando não se pode prever qual será a sua evolução? É a essa última questão que a Comissão tentará responder mais particularmente.

Convém distinguir, a esse propósito, o caso das economias industriais, nas quais predomina o trabalho assalariado, do das outras economias, nas quais predomina, ainda em grande escala, o trabalho independente ou informal. De fato, nas sociedades assalariadas que se desenvolveram a partir do modelo industrial ao longo do século XX, a substituição do trabalho humano pelas máquinas tornou-o cada vez mais imaterial e acentuou o caráter cognitivo das tarefas, mesmo na indústria, assim como a importância dos serviços na atividade econômica. O futuro dessas economias depende, aliás, da sua capacidade de transformar o progresso dos conhecimentos em inovações geradoras de novas empresas e de novos empregos. Aprender a fazer não pode, pois, continuar a significar simplesmente preparar alguém para uma tarefa material bem determinada, para fazê-lo participar do fabrico de alguma coisa. Como consequência, as aprendizagens devem evoluir e não podem mais ser consideradas como simples transmissão de práticas mais ou menos rotineiras, embora estas continuem a ter um valor formativo que não pode ser desprezado.

Da noção de qualificação à noção de competência

Na indústria, especialmente para os operadores e os técnicos, o domínio do cognitivo e do informativo nos sistemas de produção torna de certo modo obsoleta a noção de qualificação profissional e leva a que se dê mais importância à competência pessoal. O progresso técnico modifica, inevitavelmente, as qualificações exigidas pelos novos processos de produção. As tarefas puramente físicas são substituídas por tarefas de produção mais intelectuais ou mentais, como o comando de máquinas, a sua manutenção e sua vigilância, ou por tarefas de concepção, de estudo e de organização, à medida que as máquinas também se tornam mais "inteligentes", e que o trabalho se "desmaterializa".

Esse aumento de exigências em matéria de qualificação, em todos os níveis, tem várias origens. No que diz respeito ao pessoal de execução, a justaposição de trabalhos prescritos e fracionados deu lugar à organização em "coletivos de trabalho" ou "grupos de projeto", a exemplo do que acontece nas empresas japonesas: uma espécie de taylorismo ao contrário. Por outro lado, à indiferenciação entre trabalhadores sucede a personalização das tarefas. Os empregadores substituem, cada vez mais, a exigência de uma qualificação, a seu ver ainda muito ligada à ideia de competência material, pela exigência de uma competência que se apresenta como uma espécie de "coquetel individual", combinando a qualificação em sentido estrito (adquirida pela formação técnica e profissional), o comportamento social, a aptidão para o trabalho em equipe, a capacidade de iniciativa e o gosto pelo risco.

Se juntarmos a essas novas exigências a busca por um compromisso pessoal do trabalhador, considerado como agente de mudança, torna-se evidente que as qualidades mais subjetivas, inatas ou adquiridas, muitas vezes denominadas "saber-ser" pelos dirigentes empresariais, combinam-se ao saber e ao saber-fazer para compor a competência exigida. Isso demonstra a ligação que a educação deve manter – como aliás foi sublinhado pela Comissão – entre os diversos aspectos da aprendizagem. Qualidades como a capacidade de comunicar, de trabalhar com os outros, de gerenciar e de resolver conflitos, tornam-se cada vez mais importantes. E essa tendência torna-se ainda mais forte devido ao desenvolvimento do setor de serviços.

A "desmaterialização" do trabalho e a importância dos serviços entre as atividades assalariadas

As consequências sobre a aprendizagem da "desmaterialização" das economias avançadas são particularmente impressionantes se se observar a evolução quantitativa e qualitativa dos serviços. Esse setor altamente diversificado define-se sobretudo pela negativa: seus membros não são nem industriais nem produtores agrícolas e, apesar da sua diversidade, têm em comum o fato de não produzirem bens materiais. Muitos serviços definem-se principalmente em função das relações interpessoais a que dão origem. Encontram-se exemplos disso tanto no setor mercantil, que se expande alimentando-se da complexidade crescente das economias (especialidades muito variadas, serviços de acompanhamento e de aconselhamento tecnológico, serviços financeiros, contabilísticos ou de gestão), como no setor não comercial mais tradicional (serviços sociais, ensino, saúde etc.). Em ambos os casos, as atividades de informação e de comunicação são primordiais; dá-se prioridade à coleta e ao tratamento personalizado de informações específicas para determinados projetos. Nesses tipos de serviços, a qualidade da relação entre prestador e usuário também depende, e muito, deste último. Dessa forma, compreende-se que o trabalho em questão já não possa mais ser realizado da mesma maneira do que quando se tratava de trabalhar a terra ou de fabricar um tecido. A relação com a matéria e a técnica deve ser complementada com a aptidão para as relações interpessoais. O desenvolvimento dos serviços exige, pois, cultivar qualidades humanas que as formações tradicionais não transmitem, necessariamente, e que correspondem à capacidade de estabelecer relações estáveis e eficazes entre as pessoas.

Finalmente, é provável que nas organizações ultratecnicistas do futuro os *deficits* relacionais possam criar graves disfunções, exigindo qualificações de um novo tipo, com base mais comportamental do que intelectual, o que pode ser uma oportunidade para os não diplomados ou com preparação deficiente em nível superior. A intuição, o jeito, a capacidade de julgar, a capacidade de manter unida uma equipe, não são de fato qualidades reservadas necessariamente a pessoas com altos estudos. Como e onde ensinar essas qualidades mais ou menos inatas? Não se podem deduzir simplesmente os conteúdos de formação das capacidades ou aptidões requeridas. Nos países em desenvolvimento, o mesmo problema coloca-se também quanto à formação profissional.

O trabalho na economia informal

Nas economias em desenvolvimento, onde a atividade assalariada não é dominante, a natureza do trabalho é muito diferente. Em vários países da África Subsaariana e em alguns países da América Latina e da Ásia, só uma pequena parte da população efetivamente tem emprego e recebe salário, pois a grande maioria participa da economia tradicional de subsistência. Não existe nessas economias, rigorosamente falando, referencial de emprego; as competências são, muitas vezes, de tipo tradicional. Por outro lado, a aprendizagem não se destina apenas a um só trabalho, mas tem como objetivo mais amplo preparar para uma participação formal ou informal no processo de desenvolvimento. Trata-se, frequentemente, mais de uma qualificação social do que de uma qualificação profissional.

Em outros países em desenvolvimento existe, ao lado da agricultura e de um reduzido setor formal, um setor da economia ao mesmo tempo moderno e informal, por vezes bastante dinâmico, baseado no artesanato, no comércio e nas finanças, que revela a existência de uma capacidade empreendedora bem adaptada às condições locais.

Em ambos os casos, após numerosas pesquisas levadas a cabo em países em desenvolvimento, apercebemo-nos de que essas sociedades encaram o futuro como estreitamente ligado à aquisição da cultura científica que lhes dará acesso à tecnologia moderna, sem negligenciar com isso as capacidades específicas de inovação e de criação ligadas ao contexto local.

Existe uma questão comum aos países desenvolvidos e em desenvolvimento: como aprender a comportar-se eficazmente em uma situação de incerteza; como participar na criação do futuro?

Aprender a viver juntos, aprender a viver com os outros

Sem dúvida, essa aprendizagem representa, na atualidade, um dos maiores desafios da educação. O mundo atual é, muitas vezes, um mundo de violência, que se opõe à esperança que alguns têm no progresso da humanidade. A história humana sempre foi conflituosa, mas há elementos novos que acentuam o perigo e, especialmente, o extraordinário potencial de autodestruição criado pela humanidade no decorrer do século XX. A opinião pública, por intermédio dos meios de comunicação social, torna-se observadora impotente e até mesmo refém dos que criam ou mantêm os conflitos. Até agora, a educação não pôde fazer grande coisa para modificar essa situação real. Poderemos conceber uma educação capaz de evitar os conflitos ou de resolvê-los de maneira pacífica, desenvolvendo o conhecimento dos outros, das suas culturas, da sua espiritualidade?

É de se louvar a ideia de ensinar a não violência na escola, mesmo que apenas constitua um instrumento, entre outros, para se combater os preconceitos geradores de conflitos. A tarefa é árdua porque, naturalmente, os seres humanos têm a tendência de supervalorizar as suas qualidades e as do grupo a que pertencem, e a alimentar preconceitos em relação aos outros. Por outro lado, o clima geral de concorrência que atualmente caracteriza a atividade econômica no interior de cada país, e sobretudo no nível internacional, tende a dar prioridade ao espírito de competição e ao sucesso individual. De fato, essa competição resulta, na atualidade, em uma guerra econômica implacável e em uma tensão entre os mais e os menos favorecidos, que divide os países do mundo e exacerba as rivalidades históricas. É de se lamentar que a educação contribua, por vezes, para alimentar esse clima, devido a uma má interpretação da ideia de emulação.

O que fazer para melhorar essa situação? A experiência prova que, para reduzir o risco, não basta colocar em contato e em comunicação membros de grupos diferentes (por meio de escolas comuns a várias etnias ou religiões, por exemplo). Se, no seu espaço comum, esses diferentes grupos já entram em competição ou se o seu estatuto é desigual, um contato desse gênero pode, ao contrário, agravar ainda mais as tensões latentes e degenerar em conflitos. No entanto, se esse contato se fizer em um contexto igualitário, e se existirem objetivos e projetos comuns, os preconceitos e a hostilidade latente podem desaparecer e ceder lugar a uma cooperação mais serena e até à amizade.

Parece, pois, que a educação deve utilizar duas vias complementares. Em um primeiro nível, a descoberta progressiva do outro. Em um segundo nível, e ao longo de toda a vida, a participação em projetos comuns, que parece ser um método eficaz para evitar ou resolver conflitos latentes.

A descoberta do outro

A educação tem como missão, por um lado, transmitir conhecimentos sobre a diversidade da espécie humana e, por outro, levar as pessoas a tomar consciência das semelhanças e da interdependência que existe entre todos os seres humanos do planeta. Desde a mais tenra idade a escola deve, pois, aproveitar todas as ocasiões para essa dupla aprendizagem. Algumas disciplinas são mais adaptadas a esse fim: a geografia humana, em particular, a partir do ensino básico; e as línguas e literaturas estrangeiras, mais tarde.

Uma vez que a descoberta do outro passa, necessariamente, pela descoberta de si mesmo, e pelo fato de que deve dar à criança e ao adolescente uma visão ajustada do mundo, a educação, seja ela fornecida pela família, pela comunidade ou pela escola, deve, antes de mais nada, ajudá-los a descobrir-se a si mesmos. Só então esses sujeitos poderão, verdadeiramente, colocar-se no lugar dos outros e compreender as suas reações. Desenvolver essa atitude de empatia, na escola, é muito útil para os comportamentos sociais ao longo de toda a vida. Ensinando os jovens, por exemplo, a adotar a perspectiva de outros grupos étnicos ou religiosos, podem-se evitar incompreensões que produzem ódio e violência entre os adultos. Assim, o ensino da história das religiões ou dos costumes pode servir de referência vantajosa para futuros comportamentos.[3]

Por fim, os métodos de ensino não devem ir contra esse reconhecimento do outro. Os professores que, por dogmatismo, matam a curiosidade ou o espírito crítico dos seus alunos, ao invés de desenvolvê-los, podem estar agindo de forma mais prejudicial do que útil. Esquecendo que funcionam como modelos, com essa sua atitude arriscam-se a enfraquecer por toda a vida nos alunos a capacidade de abertura à alteridade e de enfrentar as inevitáveis tensões que existem entre as pessoas, os grupos e as nações. O confronto por meio do diálogo e da troca de argumentos é um dos instrumentos indispensáveis à educação do século XXI.

Tender para objetivos comuns

Quando se trabalha conjuntamente em projetos motivadores e fora do habitual, as diferenças e até mesmo os conflitos interindividuais tendem a reduzir-se, chegando a desaparecer em alguns casos. Uma nova forma de identificação nasce desses projetos que fazem que se ultrapassem as rotinas individuais, que valorizam aquilo que é comum, e não as diferenças. Graças à prática do desporto, por exemplo, quantas tensões entre classes sociais ou nacionalidades se transformaram, afinal, em solidariedade por meio da experiência e do prazer do esforço comum! Por outro lado, no setor laboral, quantas realizações teriam chegado a bom termo se os conflitos habituais em organizações hierarquizadas tivessem sido transcendidos por um projeto comum!

A educação formal deve, pois, reservar tempo e ocasiões suficientes em seus programas para iniciar os jovens em projetos de cooperação, desde a infância, no campo das atividades desportivas e culturais; evidentemente, deve também estimular a sua participação em atividades sociais: renovação de bairros, ajuda aos mais desfavorecidos, ações humanitárias, serviços de solidariedade entre gerações... As outras organizações educativas e associações devem, nesse âmbito, continuar o trabalho iniciado pela escola. Por outro lado, na prática letiva diária, a participação de professores e alunos em projetos comuns pode dar origem à aprendizagem de métodos de resolução de conflitos e constituir uma referência para a vida futura dos alunos, enriquecendo a relação professor/aluno.

---

3. CARNEGIE CORPORATION OF NEW YORK. Education for Conflict Resolution. In: HAMBURG, D. A. (Ed.). *Annual Report, 1994*. New York: Carnegie Corporation of New York, 1994.

Aprender a ser

Desde a sua primeira reunião, a Comissão reafirmou energicamente um princípio fundamental: a educação deve contribuir para o desenvolvimento total da pessoa – espírito, corpo, inteligência, sensibilidade, sentido estético, responsabilidade pessoal e espiritualidade. Todo ser humano deve ser preparado, em especial pela educação que recebe na juventude, para elaborar pensamentos autônomos e críticos, bem como para formular os seus próprios juízos de valor, de modo que possa decidir, por si mesmo, como agir nas diferentes circunstâncias da vida.

O relatório *Aprender a ser* (1972) expressa, em seu preâmbulo, o temor da desumanização do mundo relacionada com a evolução técnica.[4] A evolução das sociedades desde então, e sobretudo o enorme desenvolvimento do poder midiático, veio acentuar esse temor e tornar ainda mais legítima a injunção que lhe serve de fundamento. É possível que, no século XXI, esses fenômenos adquiram ainda mais amplitude. Mais do que preparar as crianças para uma determinada sociedade, o problema será, então, fornecer-lhes constantemente forças e referências intelectuais que lhes permitam compreender o mundo que as rodeia e comportar-se nele como atores responsáveis e justos. Mais do que nunca a educação parece ter, como papel essencial, conferir a todos os seres humanos a liberdade de pensamento, o discernimento, os sentimentos e a imaginação de que necessitam para desenvolver os seus talentos e permanecerem, tanto quanto possível, donos do seu próprio destino.

Esse imperativo não é apenas de natureza individualista: a experiência recente mostra que o que poderia aparecer apenas como uma forma de defesa do indivíduo perante um sistema alienante ou considerado como hostil, é também por vezes a melhor oportunidade de progresso para as sociedades. A diversidade das personalidades, a autonomia e o espírito de iniciativa, até mesmo o gosto pela provocação, são os suportes da criatividade e da inovação. Para reduzir a violência ou combater os diferentes flagelos que afetam a sociedade, os métodos inéditos retirados de experiências no terreno já deram prova da sua eficácia.

Num mundo em mudança, em que um dos principais motores parece ser a inovação, tanto social como econômica, deve ser dada especial importância à imaginação e à criatividade – claras manifestações da liberdade humana, elas podem vir a ser ameaçadas por uma certa estandardização dos comportamentos individuais. O século XXI necessita dessa diversidade de talentos e de personalidades, mais ainda de pessoas excepcionais, igualmente essenciais em qualquer civilização. Convém, pois, oferecer às crianças e aos

---

4. Risco de alienação da personalidade patente nas formas obsessivas de propaganda e publicidade, no conformismo dos comportamentos que podem ser impostos do exterior, em detrimento das necessidades autênticas e da identidade intelectual e afetiva de cada um.
Risco de expulsão, pelas máquinas, do mundo do trabalho, no qual a pessoa pelo menos tinha a impressão de se mover livremente e de decidir por si própria. (FAURE, Edgar et al. *Apprendre à être*. Paris: UNESCO, Fayard, 1972. Disponível em: <http://unesdoc.unesco.org/images/0013/001329/132982f.pdf>).

jovens todas as ocasiões possíveis para a descoberta e a experimentação – estética, artística, desportiva, científica, cultural e social –, que complementem a apresentação atraente daquilo que, nesses domínios, foram capazes de criar as gerações que os precederam, bem como as suas contemporâneas. Na escola, a arte e a poesia deveriam ocupar um lugar mais importante do que aquele que lhes é concedido, em muitos países, por uma espécie de ensino tornado mais utilitarista do que cultural. Além disso, a preocupação em desenvolver a imaginação e a criatividade deveria também revalorizar a cultura oral e os conhecimentos retirados da experiência da criança e do adulto.

Assim, a Comissão adere plenamente ao postulado do relatório *Aprender a ser*:

> O desenvolvimento tem por objeto a realização completa do homem, em toda a sua riqueza e na complexidade das suas expressões e dos seus compromissos: indivíduo, membro de uma família e de uma coletividade, cidadão e produtor, inventor de técnicas e criador de sonhos.[5]

Esse desenvolvimento do ser humano, que se realiza desde o nascimento até a morte, é um processo dialético que começa pelo conhecimento de si mesmo para se abrir, em seguida, à relação com o outro. Nesse sentido, a educação é, antes de mais nada, uma viagem interior, cujas etapas correspondem às da maturação contínua da personalidade. Na hipótese de uma experiência profissional de sucesso, a educação como meio para tal realização é, ao mesmo tempo, um processo individualizado e uma construção social interativa.

É escusado dizer que os quatro pilares da educação que foram descritos não se apoiam exclusivamente em uma fase da vida ou em um único lugar. Como se verá no capítulo seguinte, os tempos e as áreas da educação devem ser repensados, complementar-se e interpenetrar-se de maneira que cada pessoa, ao longo de toda a sua vida, possa tirar o melhor proveito de um ambiente educativo em constante ampliação.

Pistas e recomendações

- A educação ao longo de toda a vida baseia-se em quatro pilares: aprender a conhecer, aprender a fazer, aprender a viver juntos e aprender a ser.
- *Aprender a conhecer*, combinando uma cultura geral, suficientemente vasta, com a possibilidade de trabalhar em profundidade um pequeno número de matérias. Isso também significa: aprender a aprender, para beneficiar-se das oportunidades oferecidas pela educação ao longo de toda a vida.
- *Aprender a fazer*, a fim de adquirir não somente uma qualificação profissional, mas, de maneira mais ampla, competências que tornem a pessoa apta a enfrentar numerosas situações e a trabalhar em equipe. Também significa aprender a fazer, no âmbito das

---

5. FAURE, 1972. Op. cit., p. xvi.

diversas experiências sociais ou de trabalho que se oferecem aos jovens e aos adolescentes, quer espontaneamente (fruto do contexto local ou nacional), quer formalmente (graças ao desenvolvimento do ensino alternado com o trabalho).

- *Aprender a viver juntos*, desenvolvendo a compreensão do outro e a percepção das interdependências – realizar projetos comuns e preparar-se para gerenciar conflitos – e respeitando os valores do pluralismo, da compreensão mútua e da paz.
- *Aprender a ser*, para melhor desenvolver a personalidade e estar à altura de agir com maior capacidade de autonomia, de discernimento e de responsabilidade pessoal. Para isso, não se pode negligenciar, na educação, nenhuma das potencialidades de cada indivíduo: memória, raciocínio, sentido estético, capacidades físicas e aptidão para comunicar-se.
- Numa época em que os sistemas educativos formais tendem a privilegiar o acesso ao conhecimento, em detrimento de outras formas de aprendizagem, é importante conceber a educação como um todo. Essa perspectiva deve, no futuro, inspirar e orientar as reformas educativas, tanto no nível da elaboração de programas como no da definição de novas políticas pedagógicas.

CAPÍTULO 5

EDUCAÇÃO AO LONGO DE TODA A VIDA

A educação ocupa cada vez mais espaço na vida das pessoas à medida que aumenta o papel que desempenha na dinâmica das sociedades modernas. Esse fenômeno tem várias causas. A divisão tradicional da existência em períodos distintos – os tempos da infância e da juventude consagrados à educação escolar, o tempo da atividade profissional adulta e o tempo da aposentadoria – já não corresponde às realidades da vida contemporânea e, ainda menos, às exigências do futuro. Na atualidade, ninguém pode pensar que vai adquirir, na juventude, uma bagagem inicial de conhecimentos que lhe sejam suficientes para toda a vida, porque a rápida evolução do mundo exige uma atualização contínua dos saberes, mesmo que a educação inicial dos jovens tenda a prolongar-se. Além disso, a redução do período de atividade profissional, a diminuição do volume total de horas de trabalho remuneradas e o prolongamento da vida após a aposentadoria aumentam o tempo disponível para outras atividades.

Paralelamente, a própria educação está em plena mutação: as possibilidades de aprender oferecidas pela sociedade exterior à escola multiplicam-se em todos os domínios, enquanto a noção de qualificação, no sentido tradicional, é substituída em muitos setores modernos de atividade, pelas noções de competência evolutiva e de capacidade de adaptação (cf. quarto capítulo).

A distinção tradicional entre educação inicial e educação permanente também deve ser repensada. Uma educação permanente, realmente dirigida às necessidades das sociedades modernas, não pode continuar a definir-se em relação a um período particular da vida – educação de adultos, em oposição à dos jovens, por exemplo – ou a uma finalidade demasiado circunscrita – a formação profissional, distinta da formação geral. Doravante, temos de aprender ao longo de toda a vida, e que alguns saberes penetram e enriquecem os outros. Às vésperas do século XXI, as missões que cabem à educação e as múltiplas formas que pode revestir fazem que ela englobe todos os processos que levam as pessoas, desde a infância até o fim da vida, a um conhecimento dinâmico do mundo, dos outros e de si mesmas, combinando de maneira flexível as quatro aprendizagens fundamentais descritas no capítulo anterior. É esse *continuum* educativo, coextensivo à vida e ampliado às dimensões da sociedade, que a Comissão resolveu designar, no presente Relatório, pela expressão "educação ao longo de toda a vida". Em seu entender, essa é a chave que abre as portas do século XXI e, para além de uma adaptação necessária às exigências do mundo do trabalho, é a condição para um domínio mais perfeito dos ritmos e dos tempos do ser humano.

Uma exigência democrática

A educação ao longo de toda a vida não é um ideal longínquo, mas uma realidade que tende, cada vez mais, a inscrever-se nos fatos, no seio de um cenário educativo complexo, marcado por um conjunto de alterações que a tornam cada vez mais necessária. Para conseguir organizá-la, é preciso deixar de considerar as diferentes formas de ensino e aprendizagem como independentes umas das outras e, de alguma maneira, sobrepostas ou concorrentes entre si, e procurar, ao contrário, valorizar a complementaridade dos espaços e tempos da educação moderna.

Em primeiro lugar, como dissemos, o progresso científico e tecnológico, bem como a transformação dos processos de produção resultante da busca por maior competitividade, fazem que os saberes e as competências adquiridos, na formação inicial, tornem-se rapidamente obsoletos e exijam o desenvolvimento da formação profissional permanente. Esta responde, em larga medida, uma exigência de ordem econômica e faz que a empresa adquira as competências necessárias para manter o nível de emprego e reforçar sua competitividade. Por outro lado, fornece às pessoas uma ocasião de atualizarem os seus conhecimentos e possibilidades de promoção.

Entretanto, a educação ao longo de toda a vida, no sentido em que a entende a Comissão, vai ainda mais longe. Deve fazer que cada indivíduo saiba conduzir o seu destino, em um mundo no qual a rapidez das mudanças se conjuga com o fenômeno da globalização, para modificar a relação que homens e mulheres mantêm com o espaço e o tempo. As alterações que afetam a natureza do emprego, ainda circunscritas a uma parte do mundo, certamente vão se generalizar e levar a uma reorganização dos ritmos de vida. Para nós, a educação ao longo de toda a vida torna-se, assim, o meio de chegar a um equilíbrio mais perfeito entre trabalho e aprendizagem, bem como ao exercício de uma cidadania ativa.

A educação básica bem-sucedida suscita o desejo de continuar a aprender. Esse desejo leva à continuação dos estudos no seio do sistema formal de ensino, mas os que o desejarem também devem poder ir mais além. De fato, as pesquisas realizadas em diferentes países, sobre essa participação posterior dos adultos nas atividades educativas e culturais, mostram que ela está relacionada com o nível de escolaridade das pessoas. Ocorre aqui, muito claramente, um fenômeno cumulativo: quanto mais formado se é, mais desejo se tem de formação, e essa tendência é observada tanto nos países desenvolvidos como nos países em desenvolvimento. É por isso que o aumento de escolarização dos jovens, os progressos da alfabetização e o novo impulso dado à educação básica, deixam antever um aumento na procura pela educação de adultos nas sociedades de amanhã.

Essa problemática relaciona-se estreitamente à da igualdade de oportunidades. À medida que se generalize o desejo de aprender, como garantia de maior realização pessoal, corre-se o risco de que também aumente a desigualdade, porque a insuficiência ou a ausência da formação inicial podem comprometer gravemente a continuação da educação ao longo de toda a vida. Esse risco é confirmado pelo desnível existente entre países desenvolvidos e países em desenvolvimento, assim como no interior das sociedades, pelas desigualdades perante a educação. O analfabetismo nos países em desenvolvimento, o iletrismo nos países desenvolvidos, bem como as limitações da educação permanente, constituem obstáculos importantes à consolidação de verdadeiras sociedades educativas. Se soubermos ter em vista as desigualdades e nos empenharmos em corrigi-las, por meio de medidas enérgicas, a educação ao longo de toda a vida poderá dar novas oportunidades aos que não puderam, por razões várias, ter uma escolaridade completa ou que abandonaram o sistema educativo em situação de insucesso. De fato, a reprodução das desigualdades educativas não é nem total nem automática, desde que, por exemplo, se reforce a escolarização das populações mais desfavorecidas ou se desenvolva a educação não formal dos jovens que abandonaram precocemente a escola. Nesse sentido, foram desenvolvidas com sucesso várias estratégias para corrigir certas desigualdades: programas de educação popular na Suécia; campanhas ou missões de alfabetização de adultos na Nicarágua, no Equador e na Índia; política de pagamento de licenças para formação na Alemanha, na França e na Dinamarca; e serviços públicos descentralizados de educação básica não formal na Tailândia e no Vietnã.[1]

De modo geral, o princípio da igualdade de oportunidades constitui um critério essencial para todos os que se dedicam à progressiva concretização das diferentes vertentes da educação ao longo de toda a vida. Correspondendo a uma exigência democrática, seria justo que esse princípio estivesse presente, de maneira formal, em modalidades mais flexíveis de educação, por meio das quais a sociedade apareceria de imediato como responsável pela igualdade de possibilidades de escolarização e de formação posterior oferecidas a cada um no decurso de sua vida, sejam quais forem os desvios ou incertezas do seu percurso educativo. Podem encontrar-se diversas formas, e a Comissão terá ocasião de fazer uma proposta a esse respeito no oitavo capítulo, a propósito da questão do financiamento e da criação de um crédito de tempo para a educação.

Uma educação pluridimensional

A educação ao longo de toda a vida é uma construção contínua da pessoa humana, do seu saber e das suas aptidões, mas também da sua capacidade de discernir e de agir. Deve levar a pessoa a tomar consciência de si própria e do meio que a cerca, bem como a desempenhar o papel social que lhe cabe no mundo do trabalho e na comunidade.

---

1. Estudo realizado pela Comissão: BÉLANGER, P. *Des sociétés éducatives en gestation*. Paris: UNESCO, 1994.

O saber, o saber-fazer, o saber viver juntos e o saber-ser, constituem quatro aspectos intimamente ligados de uma mesma realidade. Experiência vivida no quotidiano e marcada por momentos de intenso esforço de compreensão de dados e de fatos complexos, a educação ao longo de toda a vida é o produto de uma dialética que tem várias dimensões. Se por um lado implica a repetição ou a imitação de gestos e de práticas, por outro é também um processo de apropriação singular e de criação pessoal. Reúne o conhecimento não formal e o conhecimento formal, assim como o desenvolvimento de aptidões inatas e a aquisição de novas competências. Implica esforço, mas também provoca a alegria da descoberta. Experiência singular de cada pessoa, ela é também a mais complexa das relações sociais, considerando que se inscreve ao mesmo tempo nos campos cultural, laboral e da cidadania.

Poderemos afirmar, pois, que se trata de uma experiência humana fundamentalmente nova? Nas sociedades tradicionais, a estabilidade da organização produtiva, social e política, garantia um ambiente educativo e social relativamente imutável e marcado por ritmos de iniciação programados. Os tempos modernos perturbaram os espaços educativos tradicionais: a igreja, a família e a comunidade de vizinhos. Além disso, uma certa ilusão racionalista segundo a qual a escola podia, por si só, prover todas as necessidades educativas da vida humana, acabou por ser destruída pelas mudanças da vida social e pelos progressos da ciência e da tecnologia, bem como por suas consequências sobre o trabalho e sobre o meio em que vivem as pessoas. As necessidades de adaptação e de reciclagem que se fizeram sentir no campo profissional das sociedades industriais invadiram, pouco a pouco, os outros países e as outras áreas de atividade. Contesta-se a pertinência dos sistemas educativos criados ao longo dos anos – tanto formais como informais –, e a sua capacidade de adaptação é colocada em dúvida. Esses sistemas, apesar do extraordinário desenvolvimento da escolarização, mostram-se pouco flexíveis por natureza e estão à mercê do mínimo erro de antecipação, sobretudo quando se trata de preparar competências para o futuro.

Se na atualidade existe a tendência para uma ideia de educação pluridimensional, desenvolvida ao longo de toda a vida e que reúna as intuições fundamentais que tiveram, no passado e nas diferentes culturas, os principais pensadores sobre educação, é porque a concretização dessa ideia nos parece cada vez mais necessária. No entanto, essa é uma ideia, ao mesmo tempo, muito complexa. O ambiente natural e humano em que as pessoas vivem tende a tornar-se planetário: como fazer dele um espaço de educação e de ação, e como formar simultaneamente para o universal e para o singular, fazendo que todos se beneficiem da diversidade do patrimônio cultural mundial e também das especificidades da sua própria história?

Novos tempos, novos campos

O aumento significativo da procura pela educação, por parte dos adultos, é um fato que já foi frequentemente sublinhado. É tal que nesse campo se fala, muitas vezes, em uma verdadeira explosão. A educação de adultos reveste-se de variadas formas: formação básica em um quadro educativo não formal, inscrição a tempo parcial em estabelecimentos universitários, cursos de línguas, de formação profissional e de reciclagem, formação no seio de diferentes associações ou sindicatos, sistemas de aprendizagem aberta e de formação a distância.[2] Em alguns países, como a Suécia e o Japão, as taxas de participação da população na educação de adultos já se situam em torno dos 50%, e tudo leva a crer que o desenvolvimento desses tipos de atividades corresponde, em todo o mundo, a uma forte e firme tendência, capaz de reorientar a educação em seu conjunto, para uma perspectiva de educação permanente.

Suécia: um país onde os adultos continuam a estudar

Na Suécia, a educação de adultos é uma prática generalizada, apoiada em uma longa tradição. É ministrada de muitas formas e em condições muito diversas. As atividades educativas, formais e não formais, têm grande sucesso: mais de 50% da população adulta recebe, no decurso do ano, uma formação organizada.

A educação de adultos (de tipo formal) organizada pelos municípios procura remediar as disparidades de nível de instrução no seio da sociedade, facultando aos participantes a satisfação do desejo pessoal de ampliar os seus horizontes, preparando-os para estudos mais avançados, para a vida ativa e para o exercício das suas responsabilidades cívicas. É gratuita e oferece aos adultos com fraco nível de estudos uma oportunidade de completarem a sua formação, para além dos nove anos de escolaridade obrigatória realizados na escola básica e, eventualmente, após o ensino secundário. Entre 1979 e 1991, um em cada três estudantes inscritos na universidade ou em uma escola superior frequentara antes esse ramo de ensino.

O ensino é fornecido por meio de módulos independentes, e cada aluno decide por si próprio o número e o conteúdo dos cursos que deseja seguir, bem como o seu ritmo de progressão. Tem, pois, a possibilidade de compatibilizar os estudos com a atividade profissional.

A educação popular (de tipo não formal) de adultos tem por objeto promover os valores democráticos fundamentais na sociedade sueca, oferecendo a todos os cidadãos a possibilidade de enriquecer a sua cultura geral e as suas competências básicas, adquirir segurança e aprender a compreender e a melhor respeitar a opinião alheia. O ensino baseia-se na participação ativa dos alunos e na planificação e execução de tarefas. A aptidão para cooperar com os outros é considerada essencial. As atividades educativas desse tipo são, em grande parte, subvencionadas pelo Estado, mas os seus organizadores (movimentos políticos, sindicatos, populares e autoridades locais) têm toda a liberdade para fixarem o seu conteúdo.

2. BÉLANGER, 1994. Op. cit.

A educação popular dos adultos é ministrada, em regime de internato, em estabelecimentos para adultos (*escolas populares*), ou em *círculos de estudos*, sob a égide de associações educativas sem fins lucrativos. São pequenos grupos de pessoas que se reúnem para, em conjunto, levarem a cabo estudos ou atividades culturais organizadas durante determinado período. Não é necessário nenhum diploma para alguém se inscrever ou dirigir um círculo de estudos. Esses círculos abrangem mais de 25% da população adulta do país.

Fontes:

SWEDEN. Ministry of Education. *Coherence between compulsory education, initial and continuing training and adult education in Sweden*. Stockholm: Ministry of Education, 1994.

THE SWEDISH ADULT EDUCATION ASSOCIATION. *Non-formal adult education in Sweden*. Stockholm: Folkbildningsförbundet, 1995.

A esses diferentes fatores vem juntar-se, nos países industrializados, uma profunda mudança que afeta o lugar ocupado pelo trabalho na sociedade. E se amanhã o trabalho deixasse de ser a referência principal em relação à qual se define a maior parte das pessoas? É-se levado a colocar essa questão, quando se observa a diminuição do tempo dedicado ao trabalho (entrada mais tardia dos jovens no mercado de trabalho, redução da idade de aposentadoria, férias anuais mais longas, redução da semana de trabalho, desenvolvimento do trabalho em tempo parcial). Além disso, é possível que, por não se conseguir o pleno emprego, comece-se a caminhar em direção a uma multiplicidade de estatutos e de contratos de trabalho: trabalho em tempo parcial, trabalho com duração limitada ou precária, trabalho com duração indeterminada e desenvolvimento do autoemprego.

Em qualquer dos casos, o aumento do tempo livre deve ser acompanhado por um aumento do tempo consagrado à educação, quer se trate da educação inicial ou da educação de adultos. Desse modo, a responsabilidade da sociedade no âmbito da educação é tanto maior quanto esta constitui, a partir de agora, um processo pluridimensional que não se limita à aquisição de conhecimentos nem depende unicamente de sistemas educativos.

À medida que o tempo dedicado à educação se confunde com o tempo da vida de cada um, os espaços educativos, assim como as ocasiões de aprender, tendem a multiplicar-se. O ambiente educativo diversifica-se e a educação abandona os sistemas formais para se enriquecer com a contribuição de outros atores sociais. É claro que as diferentes sociedades podem conceber de diferentes maneiras a distribuição de papéis e de funções entre os vários atores sociais, mas parece que, por toda parte, as dimensões educativas da sociedade se organizam em torno dos mesmos polos principais.

Para uma política da escolha do tempo de trabalho

No futuro, é preciso imaginar concepções inovadoras em matéria de tempo de trabalho que levem mais em conta as preferências individuais dos trabalhadores, por um lado, e as necessidades de flexibilidade das empresas, por outro. Tais inovações devem ir além da simples redução da semana de trabalho e incidir sobre a totalidade da duração da vida ativa, o que também diz respeito à idade da aposentadoria. Por que razão os trabalhadores deverão dar por encerrada a sua vida ativa entre os 60 e os 65 anos, quando muitas vezes desejam continuar a exercer uma atividade depois dessa idade? Simultaneamente, com o direito ao pagamento de uma aposentadoria, por exemplo, a partir dos 60 anos seria preciso prever a possibilidade de uma entrada flexível na aposentadoria que permita exercer uma atividade profissional ainda depois dessa idade. Por outro lado, por que os trabalhadores entre os 25 e os 35 anos têm, necessariamente, de trabalhar em tempo integral, quando é precisamente durante esse período da sua vida que são confrontados com múltiplas obrigações, e que seriam particularmente bem-vindas soluções como o trabalho por tempo reduzido, licenças por paternidade, licenças sabáticas ou licenças para formação? Uma política do tempo de trabalho que levasse em conta essas necessidades poderia contribuir muito para se conciliar a vida familiar e a vida profissional, bem como para ultrapassar a tradicional divisão de papéis entre homens e mulheres. Desde o começo dos anos 1980, André Gorz lutou por uma redução substancial da duração da vida ativa. A proposta do antigo presidente da Comissão Europeia, Jacques Delors – chegarmos a uma duração da vida ativa de 40.000 horas até ao ano 2010 –, sublinha a atualidade e a pertinência desse ponto de vista.

Fonte: INSTITUT SYNDICAL EUROPÉEN. Pour une politique novatrice du temps de travail en vie de sauvegarder l'emploi et d'améliorer la qualité de la vie. In: HOFFMANN, R.; LAPEYRE, J. (Dirs.). *Le temps de travail en Europe:* organisation et réduction. Paris: Syros, 1995. p. 285-286.

A educação no coração da sociedade

A família constitui o primeiro lugar de toda e qualquer educação e assegura, por isso, a ligação entre o afetivo e o cognitivo, assim como a transmissão dos valores e das normas. As suas relações com o sistema educativo são, por vezes, consideradas como relações de antagonismo: em alguns países em desenvolvimento, os saberes transmitidos pela escola podem opor-se aos valores tradicionais da família; acontece também de as famílias mais desfavorecidas muitas vezes encararem a instituição escolar como um mundo estranho, do qual não compreendem nem os códigos nem as práticas. Um diálogo verdadeiro entre pais e professores é, pois, indispensável, porque o desenvolvimento harmonioso das crianças implica uma complementaridade entre educação escolar e educação familiar. Diga-se, a propósito, que as experiências de educação pré-escolar dirigidas a populações desfavorecidas mostraram que a sua eficácia deveu-se muito ao fato de as famílias terem passado a conhecer melhor e a respeitar mais o sistema escolar.

Por outro lado, cada um aprende ao longo de toda a sua vida no seio do espaço social constituído pela comunidade a que pertence. Por definição, esta varia não só de um indivíduo para outro, mas também no decurso da vida de cada um. A educação deriva da vontade de viver juntos e de basear a coesão do grupo em um conjunto de projetos comuns: a vida associativa, a participação em uma comunidade religiosa, bem como os vínculos políticos, concorrem para essa forma de educação. A instituição escolar não se confunde com a comunidade mas, guardando a sua especificidade, deve evitar desligar-se do ambiente social. A comunidade a que pertence constitui um poderoso vetor de educação, quanto mais não seja pela aprendizagem da cooperação e da solidariedade ou ainda, de maneira mais profunda, pela aprendizagem ativa da cidadania. É a coletividade, em seu conjunto, que deve sentir-se responsável pela educação de seus membros, seja por meio do diálogo constante com a instituição escolar, seja, onde esta não existir, tomando a seu cargo uma parte dessa educação em um contexto de práticas não formais. A educação das jovens e das mulheres representa, nessa perspectiva, a condição de uma verdadeira participação na vida da comunidade.

A ação comunitária a serviço da melhoria da qualidade de vida na Jordânia

Em sua ação junto às populações de baixa renda, a Fundação Noor Al-Hussein (NHF), importante organização não governamental da Jordânia, adotou o princípio de um desenvolvimento socioeconômico global, em uma perspectiva interdisciplinar, dedicando particular atenção às mulheres. O projeto Qualidade de Vida abrange todas as necessidades de desenvolvimento das comunidades, especialmente as relacionadas à saúde, à nutrição, ao meio ambiente e à educação. Considerado no seu conjunto, o projeto traduz-se em programas de desenvolvimento de recursos humanos que trazem às comunidades os conhecimentos, a educação e as competências de que elas têm necessidade e aos quais estão associados, como parceiros da educação formal e não formal, os pais e os dirigentes da comunidade.

O projeto Qualidade de Vida foi lançado em regiões rurais e aplica uma estratégia específica orientada, antes de mais nada, para a formação dos aldeões em múltiplos aspectos: eles são ensinados a assumir maior responsabilidade nos mecanismos de consulta, na busca por consensos e na tomada de decisões comuns (responsabilidade antes entregue, em grande parte, a funcionários); a utilizar tecnologias locais apropriadas; a identificar problemas, planejar ações e determinar tipos de apoio necessários; a concretizar e avaliar os próprios projetos de desenvolvimento, entre os quais é dada prioridade aos que incluam maior participação de mulheres; a colocar em ordem e verificar a própria contabilidade; finalmente, a recolher, analisar e avaliar, continuamente, informações úteis à tomada de decisões.

Para atingir os objetivos do projeto Qualidade de Vida, encorajam-se as comunidades locais, por meio de formação adequada, a organizar o próprio "conselho de desenvolvimento da aldeia", a fim de se tornarem mais autônomas e a constituírem o próprio "fundo de desenvolvimento da aldeia", encarregado de favorecer o autofinanciamento.

A participação da comunidade nesses organismos fez que os aldeões se afirmassem como uma comunidade educada e produtiva, podendo contar com os próprios recursos humanos e as próprias atividades geradoras de rendimento, e capazes de enfrentar, de maneira autônoma, as suas necessidades de desenvolvimento e os seus deveres sociais. Tornam-se, assim, cada vez mais conscientes do próprio valor e orgulhosos do sucesso alcançado. Cultivar estes sentimentos de pertencimento à comunidade e de coesão social é um elemento intrínseco da estratégia aplicada, orientada para a participação ativa do conjunto da comunidade no próprio desenvolvimento, assim como para a formação permanente e para a educação formal e não formal de todos os seus membros.

In'am Al-Mufti

O mundo do trabalho constitui, igualmente, um espaço privilegiado de educação. Trata-se, antes de mais nada, da aprendizagem de um conjunto de habilidades e, a esse respeito, é importante que, na maior parte das sociedades, seja mais reconhecido o valor formativo do trabalho, em particular quando inserido no sistema educativo. Esse reconhecimento implica que se leve em conta, em especial por parte da universidade, a experiência adquirida no exercício de uma profissão. O estabelecimento sistemático de pontes entre a universidade e a vida profissional deveria, nessa perspectiva, ajudar os que assim o desejassem a completar a sua formação. Devem multiplicar-se as parcerias entre o sistema educativo e as empresas, de modo a favorecer a aproximação necessária entre formação inicial e formação contínua. As formações em alternância para os jovens podem completar ou corrigir a formação inicial e, conciliando saber com saber-fazer, facilitar a inserção na vida economicamente ativa. Podem também facilitar em muito a tomada de consciência, pelos adolescentes, das dificuldades e das oportunidades da vida profissional, ajudando-os a adquirir conhecimento mais perfeito de si mesmos para saberem orientar-se. Por fim, favorecem o acesso à maturidade e são, ao mesmo tempo, importante fator de inserção social.

Aprender na empresa e na escola: a formação em alternância na Alemanha

O sistema alemão de formação profissional chamado "sistema dual", ou formação em alternância, suscitou, nos últimos anos, enorme interesse em todo o mundo. Esse sistema de formação é, muitas vezes, considerado como um dos fatores graças aos quais o desemprego dos jovens na Alemanha é relativamente baixo, em comparação com o dos outros países. Pensa-se que ele permite uma transição, com sucesso, entre a escola e o mundo do trabalho, e que reforça a capacidade de adaptação das empresas.

Ao completar os diferentes cursos do ensino geral, mais de dois terços dos jovens optam por uma formação profissional no sistema dual. A maior parte inicia essa formação após nove ou dez anos de escolaridade, aos 16 ou 17 anos. Não lhes é exigida nenhuma condição particular, além da idade mínima (15 anos). Nesse sistema "duplo", os dois locais de aprendizagem se completam: a empresa e a escola. Os jovens aprendem um ofício na fábrica, na oficina, no laboratório, no escritório ou no comércio, e frequentam paralelamente uma escola profissional, um ou dois dias por semana. A empresa tem aqui um papel determinante. É ela que decide o número de aprendizes que pode tomar a seu cargo (com os quais estabelece um contrato), e é nela que os jovens passam a maior parte do seu tempo de formação. Os dois tipos de ensino são coordenados, de modo a assegurar a complementaridade das formações teórica e prática.

No plano institucional, o sistema dual apoia-se em um organismo de coordenação, o Instituto Federal de Formação Profissional, que define as formações em colaboração com as organizações patronais e sindicais. O sistema foi concebido de maneira evolutiva, de modo a adaptar-se às necessidades de mudança na economia.

A formação em alternância permite que os jovens tenham acesso, ao fim de dois a três anos e meio, a uma qualificação correspondente ao nível de operário (ou de empregado) qualificado. Atualmente, essa formação abrange cerca de 380 profissões homologadas. Muitos jovens obtêm emprego na empresa em que receberam formação.

Fontes:

ALLEMAGNE. Ministère fédéral de l'éducation et des sciences. *La formation professionnelle en Allemagne.* Bonn: Ministère fédéral de l'éducation et des sciences, 1994. BILDUNG und Wissenschaft (Educação e Ciência). Bonn, n. 5-6, 1992.

É nos tempos livres que as pessoas podem dedicar-se aos seus lazeres e ao desenvolvimento pessoal. Verificam-se, a esse respeito, dois movimentos simétricos. Por um lado, as instituições culturais como os museus e as bibliotecas tendem a reforçar suas funções educativas, já não se limitando apenas a tarefas científicas ou de conservação do patrimônio; por outro lado, o sistema escolar tende a cooperar mais com essas instituições. A esse propósito, pode-se referir ao êxito das "aulas sobre patrimônio" que, em vários países, levam os alunos a familiarizar-se com determinados monumentos ou locais, graças a uma verdadeira cooperação entre professores e responsáveis culturais. A escola deve, em colaboração com a televisão, cultivar a abertura a museus, teatros, bibliotecas, cinemas e, de modo geral, ao conjunto dos espaços culturais próprios de cada país, a fim de dar aos futuros adultos o sentido da emoção estética e o desejo de uma constante familiaridade com as diversas criações do espírito humano.

Finalmente, é importante superar o antagonismo entre educação e meios de comunicação social, muitas vezes apresentado como intransponível. O fundo da questão, assim como os principais argumentos evocados, são bem conhecidos. Por um lado, os educadores criticam frequentemente os meios de comunicação – em especial a televisão – por imporem uma espécie de mínimo denominador comum cultural, reduzirem o tempo dedicado à reflexão e à leitura, imporem imagens de violência e, de maneira geral, especularem com as emoções. Por outro lado, os defensores dos meios de comunicação acusam o sistema escolar de imobilismo e passadismo, bem como de recorrer a métodos antiquados para transmitir saberes ultrapassados, provocando assim, nos alunos, aborrecimento e até aversão à aprendizagem.

Ora, os meios de comunicação social, seja qual for o juízo que se faça sobre a qualidade dos seus produtos, são parte integrante do nosso espaço cultural, no sentido mais amplo do termo. Os seus objetivos não são necessariamente de ordem educativa, mas eles têm um poder de sedução real, e é importante levar isso em conta. Assim, o sistema escolar e universitário tem toda a vantagem em servir-se deles para os próprios fins, elaborando programas educativos destinados a ser difundidos pela rádio e pela televisão nas escolas: No Japão, 90% das escolas utilizam a televisão como instrumento pedagógico. O sistema escolar tem uma responsabilidade específica em relação aos meios de comunicação e, sobretudo, em relação à televisão, quanto mais não seja pelo fato de ela ocupar um lugar cada vez mais importante na vida dos alunos, a julgar pelo tempo que lhe consagram: 1.200 horas por ano na Europa Ocidental, cerca do dobro nos Estados Unidos, ao passo que essas mesmas crianças passam na escola apenas cerca de 1.000 horas. É importante, desde já, que os professores formem os alunos para uma "leitura crítica" que os leve, por si mesmos, a usar a televisão como instrumento de aprendizagem, fazendo a triagem e hierarquizando as múltiplas informações transmitidas. É preciso sempre insistir nesta finalidade essencial da educação: levar cada um a cultivar as suas aptidões, a formular juízos e, a partir daí, adotar comportamentos livres.

Por outro lado, e sobre isto existe amplo acordo, os meios de comunicação social constituem um vetor eficaz da educação não formal e da educação de adultos: por exemplo, as experiências de universidade aberta e de educação a distância demonstram o interesse que existe em definir uma estratégia educativa para o futuro, que integre as tecnologias da informação e da comunicação (ver, sobre esse ponto, o oitavo capítulo).

Para um aproveitamento das sinergias educativas

De acordo com os momentos da vida, damos prioridade a um ou a outro dos diferentes espaços educativos, mas convém valorizar as relações de complementaridade que existem entre eles, facilitar as transições complexas de uns para os outros, a fim de se recriar uma verdadeira coerência educativa que existe, sob outras formas, em muitas sociedades tradicionais.

Nesse sentido, deve-se explorar, por exemplo, as sinergias possíveis entre o saber e o saber-fazer, ou entre o saber-ser e o saber-viver juntos, por consequência, a complementaridade das formas e dos espaços educativos correspondentes. Por outro lado, a oferta educativa, ao expandir-se fora do sistema formal, vem dar respostas à busca por diversidade manifestada em todas as sociedades e enseja percursos educativos variados. Deve existir, desde o início, uma determinada dinâmica entre a instituição escolar ou universitária e as diferentes "alternativas" educativas: uma dinâmica de complementaridade e de parceria, mas também um processo de transformação e um questionamento de práticas educativas tradicionais.

Assim, a educação passa a ser um assunto que diz respeito a todos os cidadãos, que passam a ser atores e não mais simples consumidores passivos de uma educação fornecida pelas instituições.

Todos podem experimentar diversas situações educativas, e até desempenhar, alternadamente, o papel de aluno e de professor dentro da sociedade educativa. Integrando deliberadamente o informal no formal, a educação passa dessa forma a corresponder a uma produção constante da sociedade, que se torna inteiramente responsável por ela e se transforma por meio dela.

A ampliação do conceito inicial de educação permanente, para além das necessidades imediatas de reciclagem profissional, corresponde, atualmente, não só a uma necessidade de renovação cultural, mas também e sobretudo, a uma exigência nova e capital, de autonomia dinâmica dos indivíduos numa sociedade em rápida transformação. Tendo perdido muitas das referências que outrora lhes eram dadas pela tradição, as pessoas precisam recorrer constantemente a seus conhecimentos e à sua capacidade de discernimento para poderem orientar-se, pensar e agir. Todas as ocasiões e todos os campos da atividade humana devem contribuir para tal, a fim de fazer coincidir a realização pessoal com a participação na vida em sociedade. A educação descompartimentada no tempo e no espaço torna-se, então, uma dimensão da própria vida.

Pistas e recomendações

- O conceito de educação ao longo de toda a vida é a chave que abre as portas do século XXI. Ultrapassa a distinção tradicional entre educação inicial e educação permanente. Aproxima-se de um outro conceito proposto com frequência: o de sociedade educativa, onde tudo pode ser ocasião para aprender e desenvolver os próprios talentos.
- Nessa nova perspectiva, a educação permanente é concebida como um passo muito mais além do que já se pratica, especialmente nos países desenvolvidos: atualização, reciclagem, conversão e promoção profissionais dos adultos. Deve ampliar a todos as possibilidades de educação, tendo em mente vários objetivos, quer se trate de oferecer uma segunda ou uma terceira oportunidade, de dar respostas à sede de conhecimento, de beleza ou de superação de si mesmo, ou ainda ao desejo de aperfeiçoar e de ampliar as formações estritamente ligadas às exigências da vida profissional, incluindo as formações práticas.
- Em suma, a "educação ao longo de toda a vida" deve aproveitar todas as oportunidades oferecidas pela sociedade.

TERCEIRA PARTE

Orientações

CAPÍTULO 6

DA EDUCAÇÃO BÁSICA À UNIVERSIDADE

O conceito de uma educação que se desenrola ao longo de toda a vida não leva a Comissão a negligenciar a importância da educação formal, em proveito da não formal ou informal. A Comissão pensa, ao contrário, que é no seio dos sistemas educativos que se forjam as competências e aptidões que farão com que cada um possa continuar a aprender. Longe de se oporem, educação formal e informal devem fecundar-se mutuamente. Por isso, é necessário que os sistemas educativos se adaptem a essas novas exigências: trata-se, antes de mais nada, de repensar e ligar entre si as diferentes sequências educativas, de ordená-las de formas diferentes, de organizar as transições e de diversificar os percursos educativos. Assim, escapar-se-á do dilema que marcou profundamente as políticas de educação: selecionar, multiplicando o insucesso escolar e o risco de exclusão, ou nivelar por baixo, uniformizando os cursos em detrimento da promoção dos talentos individuais.

É no seio da família, mas também e sobretudo, no nível da educação básica (que inclui, em especial, os ensinos pré-primário e primário), que se forjam as atitudes perante a aprendizagem que permanecerão ao longo de toda a vida: a chama da criatividade pode começar a brilhar ou, ao contrário, extinguir-se; o acesso ao saber pode tornar-se ou não uma realidade. É então que cada um de nós adquire os instrumentos para o futuro desenvolvimento da capacidade de raciocinar e de imaginar, da capacidade de discernir, do senso das responsabilidades; é então que aprendemos a exercer a curiosidade em relação ao mundo que nos rodeia. A Comissão está consciente das disparidades intoleráveis que subsistem entre grupos sociais, países e diferentes regiões do mundo: generalizar o acesso a uma educação básica de qualidade continua a ser um dos grandes desafios do final do século XX. De fato, é esse o sentido do compromisso que a comunidade internacional subscreveu por ocasião da Conferência de Jomtien[1]: porque a questão não diz respeito apenas aos países em desenvolvimento, é necessário que todos dominem os conhecimentos indispensáveis à compreensão do mundo em que vivem. Esse empenho deve ser renovado, prosseguindo-se com os esforços já empreendidos.

A Comissão entende, porém, que deve constar na agenda das grandes conferências internacionais do próximo século um empenho semelhante a favor do ensino secundário.

---

1. CONFERÊNCIA MUNDIAL SOBRE EDUCAÇÃO PARA TODOS: SATISFAÇÃO DAS NECESSIDADES BÁSICAS DE APRENDIZAGEM. Jomtien, Tailândia, 5-9 mar. 1990.

Este deve ser concebido como uma "plataforma giratória" na vida de cada um: é nesse momento que os jovens devem poder decidir em função dos seus gostos e aptidões; é também nessa fase que eles podem adquirir as capacidades que os levem a ter pleno sucesso na vida de adultos.

Esse ensino deve, pois, estar adaptado aos diferentes processos de acesso à maturidade por parte dos adolescentes, que variam conforme as pessoas e os países, assim como às necessidades da vida econômica e social. Nesse sentido, convém diversificar os percursos dos alunos, a fim de corresponder à diversidade dos talentos, de multiplicar as fases sucessivas de orientação, com possibilidades de recuperação e de reorientação. Finalmente, a Comissão defende vigorosamente o desenvolvimento do sistema de alternância. Não se trata apenas de aproximar a escola do mundo do trabalho, mas também de fornecer aos adolescentes os meios para enfrentar as realidades sociais e profissionais e, desse modo, tomar consciência das suas fraquezas e das suas potencialidades: com certeza, tal sistema será para eles um fator de amadurecimento.

É preciso, enfim, que o ensino superior continue a desempenhar o papel que lhe cabe, criando, preservando e transmitindo o saber em níveis mais elevados. No entanto, as instituições de ensino superior desempenham também uma função determinante na perspectiva de uma educação repensada no espaço e no tempo. Devem combinar a equidade à excelência, abrindo-se plenamente aos membros de todos os grupos sociais e econômicos, sejam quais forem os seus estudos anteriores. As universidades, em especial, devem dar o exemplo, inovando com métodos que permitam atingir novos grupos de estudantes, reconhecendo as competências e os conhecimentos adquiridos fora dos sistemas formais, e dando particular atenção, por meio da formação de professores e de formadores de professores, a novas perspectivas de aprendizagem.

Para instaurar uma sociedade em que cada um possa aprender e continuar a aprender ao longo de toda a vida, é preciso repensar as relações entre os estabelecimentos de ensino e a sociedade, assim como a sequência dos diferentes níveis de ensino. No ensino, como na vida ativa, no futuro os percursos serão necessariamente menos lineares, com períodos de estudo alternados com períodos de trabalho. Esses avanços e recuos devem ocupar um lugar cada vez mais importante na sociedade, devido às novas formas de certificação, a uma passagem mais fácil de um tipo ou de um nível de ensino para outro, e às separações menos estritas entre educação e trabalho.

Um passaporte para a vida: a educação básica

O balanço dos esforços realizados no decorrer do século XX para aumentar as possibilidades de educação é profundamente contrastante. O número de alunos inscritos nas escolas primárias e secundárias de todo o mundo passou de cerca de 250 milhões em 1960 para mais de um bilhão na atualidade. Durante esse mesmo período, quase triplicou o número de adultos que sabem ler e escrever, passando de cerca de um bilhão em 1960 para mais de 2,7 bilhões atualmente. Apesar disso, ainda existem no mundo 885 milhões de analfabetos, atingindo o analfabetismo as seguintes proporções: em cinco mulheres, duas são analfabetas, e em cinco homens, um é analfabeto. O acesso à educação básica, sem considerar a esperança de poder completar o primeiro ciclo de escolaridade, está longe de se ter generalizado: 130 milhões de crianças não têm acesso ao ensino primário e 100 milhões das crianças matriculadas nas escolas não concluem os quatro anos de estudos considerados como o mínimo para que não se esqueça o que foi aprendido, por exemplo, a leitura e a escrita. Embora tenha diminuído a diferença entre os sexos, ela ainda continua escandalosamente elevada, e isso apesar das provas irrefutáveis das vantagens que a educação das jovens e das mulheres traz à sociedade no seu conjunto.[2] Atingir os que continuam excluídos da educação não exige apenas o desenvolvimento dos sistemas educativos existentes; também é necessário conceber e aperfeiçoar novos modelos e sistemas destinados expressamente a este ou àquele grupo, no quadro de um esforço coordenado que tenha em vista dar a cada criança e a cada adulto uma educação básica pertinente e de qualidade.

O trabalho infantil no mundo de hoje

Segundo as estimativas oficiais, atualmente, o número de crianças trabalhando, com idades entre 5 e 14 anos, seria de 78,5 milhões. Essas estimativas, feitas pelo Secretariado da Organização Internacional do Trabalho (BIT), baseiam-se nas respostas a um questionário ao qual não responderam 40% dos países. Os números reais são, com certeza, muito mais elevados. Por outro lado, é de se supor que uma importante proporção dos 128 milhões de crianças do mundo com idade para frequentar a escola primária, mas que não estão escolarizadas, e dos 50% das crianças com idade para frequentar um estabelecimento de ensino secundário, mas que não recebem qualquer formação, estejam de fato, de uma maneira ou de outra, ligadas a alguma atividade econômica.

Existem no mundo, além disso, diversas formas de escravidão infantil, seja por meio da relação que se estabelece entre o contrato de trabalho de um adulto e a possibilidade de dispor de uma criança, seja trocando a criança por determinada quantia em dinheiro. O BIT calcula que existam dezenas de milhões de crianças escravas na agricultura, nos trabalhos domésticos, nas indústrias de tapetes e de têxteis, nas pedreiras e no fabrico de tijolos, assim como na "indústria" do sexo.

Em números absolutos, é a Ásia, a região mais povoada do mundo, que conta com maior número de crianças trabalhadoras (contaria com mais da metade do total). No entanto, em números relativos, é a África que surge em primeiro lugar, com uma criança em cada três a

2. Ver além da declaração e do programa de ação adotados pela quarta Conferência Mundial sobre as Mulheres, realizada em 15 de setembro de 1995, em Beijing (China) publicado sob a direção de Elizabeth M. King e de M. Anne Hill:. KING, E. M.; HILL, M. A. *Women's education in developing countries*. Washington, D.C.: The World Bank, 1993.

exercer alguma atividade econômica. Nos países industrializados, embora o trabalho das crianças esteja muito menos generalizado do que nos países do Terceiro Mundo[3], observa-se um ressurgimento do fenômeno.

O risco mais comum que correm as crianças sujeitas a um número excessivo de horas de trabalho é não poderem beneficiar-se de uma educação. O esgotamento é a maior causa de acidentes e pode impedir o desenvolvimento intelectual. As jovens estão particularmente ameaçadas: por quase toda parte, elas trabalham um número de horas ainda maior do que os rapazes, tendo muitas vezes que desempenhar, ao mesmo tempo, as tarefas econômicas e as domésticas.

As crianças trabalhadoras estão expostas a riscos muito graves de doenças ou de malefícios, muitos deles duradouros, como ferimentos, infecções e deformações do esqueleto, por estarem sujeitas a ambientes de trabalho perigosos e que escapam a toda regulamentação. Os problemas psicológicos são frequentes nas crianças que trabalham como empregadas domésticas, sujeitas a longas horas de trabalho e à ausência de contato com a família e os amigos.

Fonte: BIT. *Le travail des enfants*. Genève: Bureau International du Travail, Commission de l'Emploi et de la Politique Social, 1995.

A educação básica para as crianças pode ser definida como uma educação inicial (formal ou não formal) que vai, em princípio, desde cerca dos 3 anos de idade até aos 12 ou um pouco menos. A educação básica é um indispensável "passaporte para a vida", que possibilita a escolha do que se pretende fazer, a participação na construção do futuro coletivo e a continuação da aprendizagem. A educação básica é essencial, se quisermos ter êxito no combate às desigualdades, quer entre os sexos[4], quer no interior ou entre os países. É a primeira etapa a ultrapassar para atenuar as enormes disparidades que afligem muitos grupos humanos: as mulheres, as populações rurais, os desfavorecidos das cidades, as minorias étnicas marginalizadas e milhões de crianças não escolarizadas que trabalham.

A educação é, ao mesmo tempo, universal e específica. Deve fornecer os elementos unificadores comuns a toda a humanidade, abordando simultaneamente as questões

3. N.T.: A expressão "Terceiro Mundo", adotada pelo autor, é atualmente utilizada como "países em desenvolvimento".

4. A educação é um direito do homem e um meio essencial para atingir os objetivos da igualdade do desenvolvimento e da paz. Jovens de ambos os sexos só têm a ganhar com um ensino não discriminatório que, no fim de contas, contribua para instaurar relações mais igualitárias entre homens e mulheres. As mulheres só poderão tomar parte mais ativa na mudança se lhes forem asseguradas a igualdade de acesso à educação e a obtenção de qualificações nesse domínio. A alfabetização das mulheres é um importante meio de melhorar a saúde, a nutrição e a educação da família e de levar as mulheres a participar nas decisões que interessam à sociedade. Revelou-se externamente rentável, tanto no plano social como no econômico investir na educação e na formação – de tipo clássico ou não – das jovens e das mulheres: é um dos melhores meios de se obter um desenvolvimento sustentável e um crescimento econômico, ao mesmo tempo duradouro e viável. (parágrafo 69 do Programa de Ação de Beijing, 1995).

particulares que se colocam em situações muito diversas. Para escapar à segregação educativa que na atualidade divide o mundo, com uma educação e com conhecimentos e competências de alto nível, colocados à disposição da maioria nos países industrializados e de uma pequena minoria nos países não industrializados, deve-se tentar preencher o "*deficit* de conhecimentos", que está intimamente ligado ao subdesenvolvimento. Definindo as competências cognitivas e afetivas que devem ser desenvolvidas, assim como o corpo de conhecimentos essenciais que devem ser transmitidos pela educação básica, os especialistas em educação podem fazer que todas as crianças, tanto nos países em desenvolvimento como nos países industrializados, adquiram um mínimo de competências sobre os principais domínios das aptidões cognitivas. É essa a concepção adotada na Conferência de Jomtien:

> Toda pessoa – criança, adolescente ou adulto – deve poder se beneficiar de uma formação concebida para responder a suas necessidades educativas fundamentais. Essas necessidades dizem respeito tanto aos instrumentos essenciais de aprendizagem (leitura, escrita, expressão oral, cálculo, resolução de problemas), como aos conteúdos educativos fundamentais (conhecimentos, aptidões, valores e atitudes) de que o ser humano tem necessidade para sobreviver, desenvolver todas as suas faculdades, viver e trabalhar com dignidade, participar plenamente do desenvolvimento, melhorar a qualidade de sua existência, tomar decisões esclarecidas e continuar a aprender. (Artigo I – 1) (UNESCO. *Declaração Mundial sobre Educação para Todos: Satisfação das Necessidades Básicas de Aprendizagem*. Jomtien, 1990).

As necessidades educativas fundamentais, mencionadas nessa declaração, dizem respeito a "toda pessoa – criança, adolescente ou adulto". Qualquer tendência para considerar a educação básica como uma espécie de bagagem educativa mínima reservada às populações mais desfavorecidas seria, de fato, um erro. A definição ampliada do que deve ser a educação básica não só se aplica a todas as sociedades, como deve também levar à revisão das práticas e das políticas educativas em uso, nessa fase inicial, em todos os países. O que a comunidade mundial subscreveu em Jomtien foi a oferta universal de uma educação digna para todos e que forneça, ao mesmo tempo, uma base sólida para as aprendizagens futuras e as competências essenciais que permitam uma participação ativa na vida da sociedade. O fato de grande parte da educação – tanto nos países industrializados como nos países em desenvolvimento – não atingir esse nível não deve nos contentar; antes, devemos nos esforçar para fazer mais.

Fixar como objetivos o direito à educação e a igualdade de acesso para todos, exige a implicação de diferentes categorias de atores, em vários níveis. Os poderes públicos não devem apenas diligenciar para que a educação básica seja uma realidade; devem também esforçar-se na eliminação dos obstáculos à frequência escolar, em particular para as jovens, colocando em prática algumas das seguintes medidas:

- elaborar cuidadosamente o mapa escolar, de modo que, na medida do possível, as crianças e especialmente as jovens não tenham de percorrer distâncias muito grandes;
- criar escolas ou instalações especiais reservadas às jovens, nas culturas em que os pais não as enviam à escola, para que não fiquem em contato com os rapazes;
- recrutar um maior número de professoras, nos casos em que a maioria dos docentes são homens;
- organizar programas de alimentação escolar;
- adaptar os horários escolares às tarefas que as crianças têm de executar em casa;
- manter programas não formais com a participação dos pais e de organizações locais;
- melhorar as infraestruturas básicas e, em particular, o acesso à água potável, para evitar certas tarefas domésticas às jovens e dar-lhes tempo livre para a educação.

Por outro lado, em todos os países, mesmo naqueles em que todas as crianças estão inscritas no ensino básico, é preciso prestar atenção particular à qualidade do ensino. A educação básica é, ao mesmo tempo, uma preparação para a vida e o melhor momento para se aprender a aprender. Quando os professores profissionalizados e o pessoal auxiliar são ainda em número reduzido, a educação básica é a chave da autodidaxia. Nos países que oferecem aos alunos vários cursos à sua escolha, ela consolida as bases do saber e constitui, ao mesmo tempo, a primeira fase de orientação.

Esperança de vida escolar (em anos) de rapazes e moças, nos diversos países

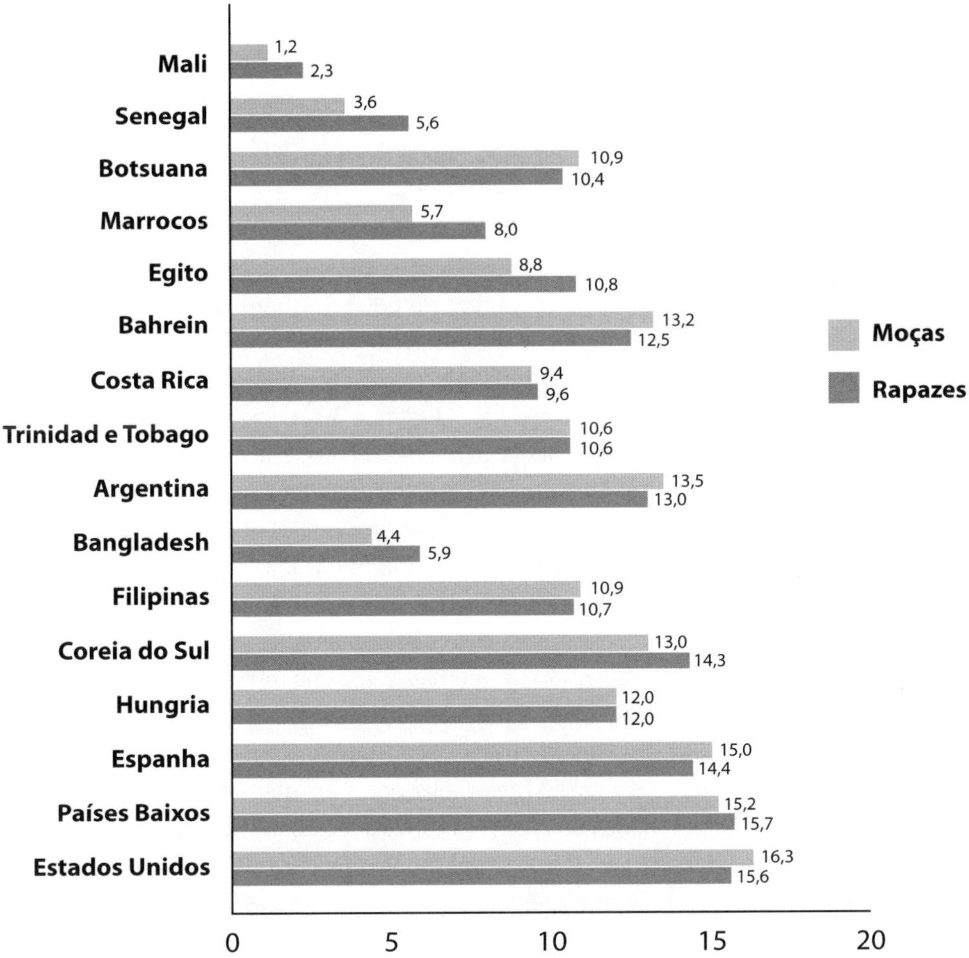

Nota: Nesse quadro, a esperança de vida escolar corresponde ao número de anos de educação formal de que uma criança de 5 anos, escolarizada em 1992, pode esperar beneficiar-se. Os países foram escolhidos a título de exemplo, nas diferentes regiões, sem que nenhuma razão particular tenha presidido a essa escolha. Para mais pormenores, ver o Quadro 2.2 e o Apêndice I do *Rapport mondial sur l'éducation, 1995* da UNESCO.

Logo após a possibilidade de se dispor de manuais escolares, um dos fatores mais importantes da aprendizagem em todos os níveis e, por consequência, no nível da educação básica, é o tempo que se passa em um ambiente de aprendizagem. Cada interrupção, cada incidente que reduza o tempo de aprender, compromete a qualidade dos resultados: os responsáveis pelas políticas educativas devem preocupar-se, cada vez mais, em fazer que o ano escolar oficialmente previsto corresponda, na maior parte dos casos, ao ano escolar efetivo. Como muitas vezes o ensino confere grande importância ao sucesso nos exames, cabe às autoridades assegurar que aqueles controlem adequadamente os conhecimentos e as aptidões que se pretende que os alunos adquiram. Por outro lado, é necessário rever cuidadosamente o conteúdo dos programas e os métodos de ensino, se se quiser ampliar o campo da educação, de modo que ela não trate apenas de conhecimentos e do saber-fazer, mas englobe também a aptidão para viver juntos e a realização individual.

Educação pré-escolar

A Comissão deseja sublinhar a importância da educação pré-escolar. Além da iniciação à socialização que os centros e os programas de educação pré-escolar facultam, verifica-se que as crianças que se beneficiam desse tipo de educação têm uma disposição mais favorável em relação à escola, e correm menos riscos de abandoná-la prematuramente do que as que não tiveram essa oportunidade. Uma escolarização iniciada cedo pode contribuir para a igualdade de oportunidades, ajudando a superar as dificuldades iniciais de pobreza, ou de um meio social ou cultural deficiente. Isso pode facilitar consideravelmente a integração escolar de crianças vindas de famílias de imigrantes, ou de minorias culturais ou linguísticas. Além disso, a existência de estruturas educativas que acolham as crianças em idade pré-escolar facilita a participação das mulheres na vida social e econômica.

Infelizmente, a educação pré-escolar ainda se encontra muito pouco desenvolvida na maior parte dos países do mundo, e embora nos países altamente industrializados a maior parte das crianças frequentem o ensino pré-primário, ainda há muito progresso a ser feito nesse campo. O fato de um serviço comunitário polivalente se encarregar das necessidades ligadas ao desenvolvimento da criança permite colocar em prática programas muito pouco dispendiosos. Dessa forma, a educação pré-escolar pode ser integrada em programas de educação comunitária destinados aos pais, em especial nos países em desenvolvimento, nos quais os estabelecimentos de educação pré-escolar, muito caros, são acessíveis apenas a privilegiados. Esperemos que se iniciem – ou continuem – os esforços para multiplicar, por todo o mundo, as possibilidades de aprendizagem oferecidas à primeira infância, dentro de um movimento que pretende fazer da educação básica universal uma realidade.

Crianças com necessidades específicas

A família é a primeira escola da criança, mas quando o meio familiar falha ou é deficiente, incumbe à escola manter vivas – ou mesmo fornecer – as potencialidades de aprendizagem. É preciso dar atenção particular a todos os aspectos da educação destinada a crianças vindas de meios desfavorecidos; as crianças de rua, os órfãos, as vítimas de guerras ou de outras catástrofes devem poder se beneficiar de esforços concertados por parte dos educadores. Quando as crianças têm necessidades específicas que não podem ser diagnosticadas ou satisfeitas no seio da família, compete à escola fornecer ajuda e orientação especializadas, de modo que possam desenvolver os seus talentos, apesar das dificuldades de aprendizagem e das deficiências físicas.

Educação básica e alfabetização de adultos

Para os adultos, os programas de educação básica e de alfabetização em geral são mais atraentes se estiverem associados à aquisição de competências úteis à agricultura, ao artesanato ou a outras atividades econômicas. A educação de adultos é também uma excelente ocasião para se abordar as questões do meio ambiente e da saúde, a educação em matéria de população e a educação para a compreensão de valores e de culturas diferentes. A utilização dos meios de comunicação social para fins educativos pode contribuir para que o adulto conheça um mundo que ultrapassa o quadro da sua reduzida experiência individual e, em especial, a ciência e a tecnologia, temas onipresentes no mundo moderno, mas aos quais os cidadãos dos países em desenvolvimento têm ainda acesso muito limitado.

Estimativa por região da população de adultos analfabetos (em milhões), 1980-2010

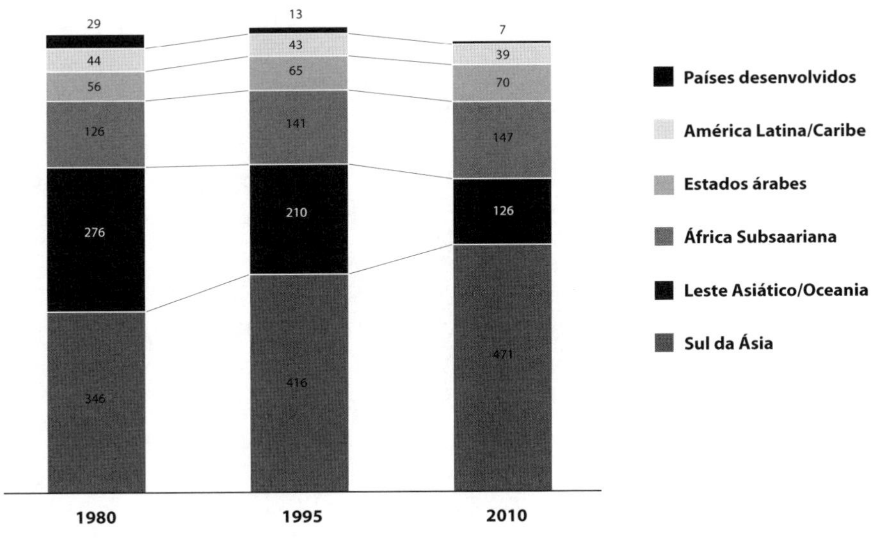

Nota: Dados numéricos recolhidos pela Divisão de Estatísticas da UNESCO. As regiões correspondem à nomenclatura da UNESCO. Os países da antiga União Soviética estão incluídos na categoria de países desenvolvidos, inclusive os situados na Ásia.

Participação e responsabilidade da coletividade

O sucesso da escolarização depende, em larga medida, do valor que a coletividade atribui à educação. Quando esta é muito apreciada e procurada ativamente, a missão e os objetivos da escola são compartilhados e apoiados pela comunidade envolvente. É por isso que, nessa área, deve-se encorajar e sustentar a tendência a conferir um papel cada vez mais importante às comunidades de base. É preciso também que a coletividade veja a educação como algo pertinente às situações da vida real e que corresponde às suas necessidades e aspirações. É preciso levar em conta as especificidades da vida nos meios rural e urbano, decidindo qual a língua de ensino e analisando cuidadosamente as adaptações a serem feitas nos programas, nos conteúdos, na formação de professores e nos materiais. Quando os pais não querem enviar os filhos à escola, convém associar a comunidade local à avaliação das necessidades, encetando um diálogo com as autoridades e outros grupos interessados da sociedade, e prosseguindo esse diálogo em diversos contextos (meios de comunicação social, debates comunitários, educação e formação dos pais, formação contínua de professores). Assim, a comunidade pode tomar consciência das condições necessárias para o seu bem-estar e para o seu desenvolvimento. A outorga, por parte do Estado, de subsídios às comunidades locais que se esforçam em resolver os seus próprios problemas, aperfeiçoar-se e organizar-se, revelou-se uma solução mais eficaz do que as ações vindas de cima, visando à imposição do progresso.

É necessário encorajar as iniciativas dos dirigentes locais e aperfeiçoar as suas competências de gestão e seus conhecimentos técnicos, sobretudo em matéria de controle financeiro. O papel dos grupos femininos, em especial daqueles de que participam mães de família, pode ser determinante para assegurar o sucesso e a continuidade dos programas de educação básica.

Uma das formas de participação da comunidade é a utilização ou a criação de centros comunitários nos quais pode ser organizado um vasto leque de ações: educação dos pais; educação para o desenvolvimento social que trate, por exemplo, de cuidados de saúde primários ou de planejamento familiar; educação com vistas a melhorar as capacidades econômicas, por meio de contribuições técnicas ou financeiras etc. Podemos mencionar algumas experiências que se beneficiam do apoio de instituições das Nações Unidas ou de ONGs, e que associam, com êxito, a alfabetização e a educação para o acesso ao crédito, com programas destinados expressamente às mulheres.[5] Os programas desses centros comunitários podem vir a dar respostas a necessidades muito diversas, por exemplo: programas alimentares, programas para a terceira idade ou para a juventude, programas de manifestações sociais e culturais, ou ainda de atividades geradoras de rendimentos. Em última análise, o aumento da participação da comunidade deveria traduzir-se tanto em uma maior procura por serviços como em uma melhor compreensão do que esses serviços podem oferecer.

---

5. Para a descrição de uma experiência inovadora de crédito destinado aos desfavorecidos, ver, por exemplo, Rahnuma Shehabuddin *The Impact of Grameen Bank in Bangladesh*, Grameen Bank, 1992. Um dos fatos marcantes da Conferência sobre as Mulheres, realizada em Pequim (Beijing) em 1995, foi a ligação estabelecida entre atividade bancária e alfabetização, nos termos de um acordo assinado por Mohammed Yunis, fundador do Grameen Bank e Federico Mayor, diretor-geral da UNESCO.

Confiar a membros da comunidade as funções de auxiliares ou de paraprofissionais no seio do sistema escolar, também pode ser considerado uma forma de participação. Assim, a associação de um professor oriundo da própria comunidade com um professor nomeado pelo Estado revelou-se extremamente útil no contexto da recente reforma da educação na Guiné. Programas de formação destinados a aumentar o nível teórico e pedagógico do pessoal oriundo da comunidade local foram muito bem recebidos pela própria comunidade, que lhes deu grande apoio no caso dos programas educativos destinados aos refugiados de Moçambique no Zimbábue. Esses professores oriundos da comunidade passaram com sucesso em todas as provas destinadas a obter o certificado normal de aptidão para o ensino, ao fim de dez anos de exercício, alternados com períodos de estudo em tempo integral.

Por maiores que sejam as vantagens, a participação das comunidades e os poderes que lhes são outorgados comportam também inconvenientes. É, entretanto, muito difícil generalizar as experiências. Quando a tomada de decisões é descentralizada, pode acontecer que o poder se concentre nas mãos de dirigentes locais que não representam o conjunto da comunidade. Pode tornar-se então mais difícil manter o nível e impor um controle de qualidade. No entanto, quando as condições são favoráveis e o Estado fornece o apoio desejado, os métodos participativos podem dar resultados positivos.[6]

É por isso que a participação da comunidade na educação, sobretudo no nível da educação básica, deve ser acompanhada pela responsabilidade e pela ação vigorosa do Estado. Este tem um papel importante a desempenhar, se se pretender que todas as comunidades tenham oportunidades iguais de ver os seus filhos se beneficiarem de uma boa educação, e ainda que os adultos tenham acesso às possibilidades de aprender para melhorar a sua atividade profissional e a qualidade de suas vidas.

Ensino secundário: plataforma giratória de toda uma vida

O ensino secundário parece cristalizar muitas das esperanças e das críticas que suscitam os sistemas formais. Por um lado, famílias e alunos muitas vezes consideram-no como a via de acesso à promoção social e econômica. Por outro, é acusado de ser desigual, de estar pouco aberto ao mundo exterior e, de modo geral, de fracassar na preparação dos jovens, tanto para o ensino superior como para o mundo do trabalho. Argumenta-se, ainda, tomando como base a pouca pertinência das matérias ensinadas e a pouca importância dada à aquisição de atitudes e de valores. De modo geral, admite-se atualmente que, para haver desenvolvimento[7], é preciso que uma proporção elevada da população possua estudos secundários. Será, pois, útil especificar o que o ensino secundário deve fazer para preparar os jovens para a vida adulta.

---

6. Ver SHAEFFER, Sheldon. *Collaborating for educational change:* the role of teachers parents and the community in school improvement; increasing and improving the quality of basic education. Paris: UNESCO-IIPE, 1992. Disponível em: <http://unesdoc.unesco.org/images/0009/000923/092321eo.pdf>.
7. CROUCH, Luis; VEGAS, Emiliana; JOHNSON, Ronald. *Policy dialogue and reform in the education sector:* necessary steps and conditions. Washington D.C.: Research Triangle Institute, USAID, 1993.

Desde que encaremos a educação como um processo a ser continuado ao longo de toda a vida, devemos reconsiderar tanto os conteúdos como a organização do ensino secundário. Sob a pressão das exigências do mercado de trabalho, a duração da escolaridade tende a aumentar. Se analisarmos a progressão das taxas de escolarização no mundo inteiro, o ensino secundário é, de todos os setores do ensino formal, o que no presente tem um desenvolvimento mais rápido.

Contudo, em muitos países o aumento dos efetivos é acompanhado pelo aumento do insucesso escolar, como se verifica pelas elevadas taxas de repetência e de abandono. Assim, na América Latina, a proporção de repetência todos os anos atinge 30% do efetivo total, o que provoca um desperdício de preciosos recursos humanos e financeiros. A Comissão entende que, onde existem elevadas taxas de repetência e de abandono, devem ser acionados os meios necessários para analisar as causas e tentar encontrar soluções para o problema. As medidas a serem tomadas podem consistir, por exemplo, em reformas na formação de professores, em uma ajuda financeira, em experiências inovadoras de trabalhos em grupo, na introdução do ensino em equipe ou no recurso a tecnologias que permitam a utilização de materiais didáticos modernos.

Ao mesmo tempo, o princípio da educação permanente deve abrir possibilidades mais vastas de realização pessoal e de formação após a educação básica, permitindo em particular que os adultos possam retornar ao sistema formal. É claro que não podemos questionar, de maneira válida, o ensino secundário, sem também levar em conta as possibilidades de educação a serem oferecidas aos adultos. A ideia de um "crédito de tempo de educação", utilizável durante toda a vida, poderá facilitar a elaboração de uma política centrada nas modalidades práticas de retorno à formação, por aqueles que tenham interrompido a sua escolarização na juventude. Entre as questões a serem examinadas, mencionemos as licenças para formação, o reconhecimento de competências, a certificação de experiências de aprendizagem não formais e as transferências entre os diversos ramos educativos.

É, pois, possível, em um contexto de educação permanente, relacionar o ensino secundário com os três grandes princípios, que são: a diversidade das formações, a alternância entre o estudo e uma atividade profissional ou social, e a busca por melhorias qualitativas.

A diversidade no ensino secundário

Enquanto a educação básica, seja qual for a sua duração, deve ter como objeto responder as necessidades comuns ao conjunto da população, o ensino secundário deveria ser o período em que os talentos mais variados se revelam e se desenvolvem. Os elementos do tronco comum (línguas, ciências e cultura geral) deveriam ser enriquecidos e atualizados, de modo a refletir a mundialização crescente dos fenômenos, a necessidade de compreensão intercultural e a utilização da ciência a serviço do desenvolvimento humano sustentável. Em outras palavras, é preciso preocupar-se mais com a qualidade e com a preparação para a vida, num mundo em rápida transformação, frequentemente submetido ao império da tecnologia. Em todos os lugares em que teve ocasião de se reunir, a Comissão manifestou a esperança de ver o ensino formal – especialmente o secundário – desempenhar junto aos alunos um papel cada vez mais importante na formação das qualidades de caráter, das quais necessitarão mais tarde para se anteciparem às transformações e se adaptarem a elas. Os alunos devem poder adquirir na escola instrumentos que os habilitem a dominar as novas tecnologias e a enfrentar os conflitos e a violência. Por isso, é preciso cultivar neles a criatividade e a empatia de que terão necessidade para serem, na sociedade de amanhã, cidadãos ao mesmo tempo atores e criadores.

Atualmente, em muitos casos os ensinamentos teóricos transmitidos no nível secundário servem, sobretudo, para preparar os jovens para os estudos superiores, deixando à margem e mal equipados para o trabalho e para a vida os que não têm sucesso, que o abandonam ou que não encontram lugar no ensino superior. Qualquer reforma deveria ter como objetivo diversificar a estrutura do ensino e preocupar-se não só com os conteúdos, mas também com a preparação para a vida ativa. A dedicação e a competência do corpo docente, assim como o conteúdo dos programas, determinam a qualidade e a pertinência da educação; por isso, a reforma dos programas será estéril sem a participação e o apoio integral dos professores.

O ensino e a formação técnicos e profissionais, que preparam técnicos e trabalhadores de nível médio, são particularmente importantes para os países em desenvolvimento. Contudo, a falta de recursos e o custo relativamente elevado de uma formação técnica de qualidade, tornam muito difícil o desenvolvimento desse setor, exatamente nos países em que ele é mais necessário. A formação profissional deve conciliar dois objetivos divergentes: a preparação para os empregos existentes atualmente e a capacidade de adaptação a empregos que ainda nem sequer podemos imaginar. Observamos em alguns países em desenvolvimento soluções pragmáticas para colocar em prática sistemas de ensino e de formação técnica e profissional: vários países do Sudeste Asiático, como Cingapura, Tailândia e Hong Kong, deram provas de imaginação para encontrar soluções válidas. Algumas das formações desenvolvidas implicam relativamente poucos custos e estão bem adaptadas à aplicação de tecnologias de nível intermediário, adequadas à melhoria da produtividade econômica. Por exemplo, melhorar as competências na área da agricultura não acarreta grandes despesas e pode ser feito tanto no nível da educação básica como no do ensino secundário. Para ser pertinente, o ensino secundário relacionado com o setor industrial deve desenvolver-se em estreita relação com o setor do emprego.

Os prazos necessários para o lançamento dos programas educativos são muito longos, sobretudo se incluírem a formação de professores, e podem decorrer dez anos até que sejam sentidos os impactos do novo programa no mercado de trabalho. Com isso, seria interessante dar mais atenção ao reforço das soluções informais existentes e à formação em serviço, desenvolvendo acordos de parceria com os empregadores, em todos os setores, e recorrendo mais às novas técnicas de ensino.[8] Como nos outros tipos de educação, aqui as políticas também deveriam tentar reduzir as disparidades entre os sexos, assim como estimular a participação das jovens em todos os programas de formação técnica.

A duração da aprendizagem deveria também ser diversificada, na perspectiva de uma educação ao longo de toda a vida. Em muitos casos, uma alternância de períodos de escolaridade com períodos de atividade profissional seria mais adequada, provavelmente, ao modo como os jovens aprendem. Contudo, cabe às autoridades estar atentas para que as portas se mantenham abertas aos jovens, para o prosseguimento de seus estudos e para que o ensino técnico e profissional frequentado, bem como os períodos de aprendizagem, sejam reconhecidos oficialmente. A organização de formações profissionais em alternância, de maior ou menor duração, combinando o trabalho com os estudos de nível secundário, só tem valor duradouro se der aos interessados a possibilidade de retomarem uma formação geral depois de terem consagrado vários meses ou anos a uma atividade profissional. Será, pois, necessário o apoio financeiro das autoridades para levar os empregadores a, por um lado, oferecer formação durante o emprego a todo o seu pessoal – em especial aos jovens –, e por outro, para que concedam licenças para formação aos trabalhadores que queiram prosseguir nos estudos pós-escolares. De maneira geral, os princípios orientadores de uma "educação ao longo de toda a vida" devem levar à determinação de novos percursos educativos (comportando em particular a concessão de um crédito em tempo e em dinheiro) que permitam alternar períodos de atividade profissional com períodos de estudo.

Nas sociedades pluriétnicas, a preocupação atual é ministrar o ensino na língua materna, e as políticas tendem cada vez mais a ministrar, sempre que possível, pelo menos a educação básica na primeira língua da criança. Contudo, não se está prestando atenção suficiente ao ensino generalizado de uma segunda ou terceira língua. A Comissão entende que se deve insistir no ensino das línguas para que o maior número possível de jovens aprenda uma língua nacional e outra de grande difusão. O conhecimento de uma língua internacional será indispensável na aldeia global e no mercado mundial do século XXI. O domínio de duas línguas por todos não é um objetivo inacessível; aliás, historicamente, a capacidade de falar várias línguas é uma regra comum em várias partes do mundo. Em muitos casos, o conhecimento de uma língua internacional pode ser indispensável à aquisição de conhecimentos científicos e tecnológicos mais recentes, que ajudarão um país a atingir níveis mais altos de desenvolvimento econômico. Encorajar as crianças e os jovens a aprender várias línguas é provê-los de trunfos indispensáveis para que tenham sucesso no mundo de amanhã.

Na futura aldeia global, a impossibilidade de acessar as tecnologias informáticas mais recentes pode ter repercussões negativas em todos os níveis de ensino científico e tecnológico,

---

8. Ver estudo realizado para a Comissão: PAIR, Claude. *La formation professionelle hier, aujourd'hui, demain.* Paris: UNESCO, 1994.

tanto na formação de professores, como no sistema educativo propriamente dito, mesmo no nível do ensino superior. Para integrar a aprendizagem da ciência e da técnica na educação para todos, como preconiza a Comissão, é preciso acabar com o desnível, em matéria de ensino científico e tecnológico, entre países industrializados e países em desenvolvimento. Acima de tudo, é preciso descobrir meios inovadores de utilizar as tecnologias informáticas e industriais para fins educativos, mas também e principalmente, como garantia de qualidade da formação pedagógica e como meio de levar os professores de todo o mundo a se comunicarem entre si. O primeiro passo, mesmo nos países de poucos recursos, será prover as escolas "centrais" de equipamento e de pessoal necessários à constituição de uma capacidade informática e de comunicação para que, por sua vez, estejam à altura de apoiar todas as escolas "satélites". A criação de museus científicos, o apelo à participação do setor do emprego e a constituição de unidades móveis de ensino, por exemplo, são outros meios de fazer que os conhecimentos mais recentes em matéria de ciência e tecnologia atinjam o maior número de pessoas que desejam aprender. Nos países onde não há um ensino científico de qualidade, em nível secundário, o desenvolvimento da capacidade científica nacional fica comprometido; logo, é preciso urgência para se resolver esse problema, recorrendo-se a meios do próprio país ou à cooperação regional.

Orientação profissional

Normalmente, é durante o ensino secundário que os jovens escolhem o caminho de entrada na vida adulta e no mundo do trabalho. A orientação profissional, que permite que os alunos escolham cursos variados, não deveria fechar as portas de outras opções posteriores. Os sistemas educativos deveriam ser suficientemente flexíveis e respeitar as diferenças individuais, organizando módulos de estudo, construindo pontes entre os diversos setores de ensino e, como se disse antes, possibilitando a retomada da educação formal após períodos de atividade profissional.

A escolha de determinada via de ensino profissional ou geral deveria basear-se em uma avaliação séria que determinasse os pontos fortes e os pontos fracos dos alunos. A avaliação pedagógica, que faz parte dessa avaliação geral, não deveria ter como resultado a seleção obtida por meio do insucesso ou de acordo com estereótipos que orientam sistematicamente os maus alunos para o trabalho manual e afastam as jovens das áreas de tecnologia e das ciências.

Em outras palavras, a orientação pressupõe uma avaliação baseada em um conjunto sutil de critérios educativos e de previsão da futura personalidade do adolescente. A escola deve chegar a uma ideia correta das potencialidades de cada aluno e, sempre que possível, os jovens devem poder recorrer a orientadores profissionais que os ajudem na escolha dos estudos a seguir (tendo em vista as necessidades do mercado de trabalho), no diagnóstico das dificuldades de aprendizagem e que os apoiem na resolução de eventuais problemas sociais. A responsabilidade do ensino secundário é, pois, imensa, porque é muitas vezes durante essa fase da vida escolar que o futuro do aluno ganha forma. Deve, pois, abrir-se mais ao mundo exterior, permitindo que cada aluno corrija o seu percurso em função da sua evolução cultural e escolar.

As tradicionais e as novas missões do ensino superior

O ensino superior é, em qualquer sociedade, um dos motores do desenvolvimento econômico e também um dos polos da educação ao longo de toda a vida. Ao mesmo tempo, é depositário e criador de conhecimentos. Por outro lado, é o instrumento principal de transmissão da experiência cultural e científica acumulada pela humanidade. Num mundo em que os recursos cognitivos, como fatores de desenvolvimento, tornam-se mais importantes do que os recursos materiais, a importância do ensino superior e das suas instituições será cada vez maior. Além disso, devido à inovação e ao progresso tecnológico, as economias exigirão cada vez mais profissionais competentes, habilitados nos estudos de nível superior.

Por toda parte, os estabelecimentos de ensino superior são pressionados a abrir as portas para um maior número de candidatos. Em escala mundial, as inscrições mais do que duplicaram em 20 anos, passando de 28 milhões de estudantes em 1970, para mais de 60 milhões atualmente. Contudo, subsistem desigualdades consideráveis, tanto no acesso como na qualidade do ensino e da pesquisa. Na África Subsaariana, em particular, a proporção de matriculados no ensino superior é de um estudante para mil habitantes, enquanto que na América do Norte essa proporção é de um para 50. A despesa real por estudante é dez vezes mais elevada nos países industrializados do que nos países menos desenvolvidos. Porém, mesmo representando uma despesa relativamente pequena, o ensino superior constitui um fardo muito pesado para certos países mais pobres, frequentemente com dificuldades orçamentárias.

Há cerca de dez anos, em uma grande parte do mundo em desenvolvimento, o ensino superior está em crise. As políticas de ajustamento estrutural e a instabilidade política oneraram o orçamento dos estabelecimentos de ensino. O desemprego de diplomados e o êxodo de cérebros arruinaram a confiança depositada no ensino superior. A demasiada atração exercida pelas ciências sociais conduziu a desequilíbrios nas categorias de diplomados disponíveis no mercado de trabalho, provocando a desilusão destes e dos empregadores quanto à qualidade do saber ministrado pelos estabelecimentos de ensino superior.

As pressões sociais e as exigências específicas do mercado de trabalho traduziram-se em uma extraordinária diversificação de espécies de estabelecimentos de ensino e de cursos. O ensino superior não escapou à "força e urgência com que, em nível político, afirma-se a necessidade de uma reforma da educação, como resposta aos imperativos econômicos".[9] As universidades já não têm o monopólio do ensino superior. De fato, os sistemas nacionais de ensino superior são tão variados e complexos, no que diz respeito às estruturas, aos programas, ao público que os frequenta e ao seu financiamento, que se torna difícil classificá-los em categorias distintas.[10]

O aumento dos efetivos e do número de estabelecimentos teve como resultado um aumento das despesas com o ensino superior que, portanto, encontra-se envolvido nos temíveis problemas trazidos pela massificação. Esse desafio ainda não foi definitivamente vencido, o que nos leva a rever as missões do ensino superior. São as universidades, antes de mais nada, que reúnem um conjunto de funções tradicionais, associadas ao progresso e à transmissão do saber: pesquisa, inovação, ensino e formação, e educação permanente. A estas podemos acrescentar uma outra, que tem cada vez mais importância: a cooperação internacional.

Todas essas funções podem contribuir para o desenvolvimento sustentável. Na qualidade de centros autônomos de pesquisa e de criação do saber, as universidades podem ajudar a resolver certos problemas de desenvolvimento que se colocam à sociedade. São elas que formam os dirigentes intelectuais e políticos, os futuros diretores empresariais, assim como grande parte do corpo docente. No âmbito do seu papel social, as universidades podem colocar a sua autonomia a serviço do debate das grandes questões éticas e científicas, com as quais se confrontará a sociedade de amanhã, assim como fazer a ligação com o resto do sistema educativo, oferecendo aos adultos a possibilidade de retomar os estudos e desempenhando a função de centros de estudo, de enriquecimento e de preservação da cultura. Agora que o ensino superior é cada vez mais pressionado a preocupar-se com os aspectos sociais, dá-se também mais valor a outros atributos preciosos e indispensáveis das universidades, quais sejam: a liberdade acadêmica e a autonomia institucional. Embora não ofereçam uma garantia de excelência, tais atributos constituem sem dúvida uma condição para tal.

A responsabilidade das universidades no desenvolvimento da sociedade como um todo é mais evidente nos países em desenvolvimento, nos quais os trabalhos de pesquisa dos estabelecimentos de ensino superior fornecem a base essencial dos programas de desenvolvimento, da formulação de políticas e da formação dos recursos humanos de nível médio e superior. Nunca será bastante insistir na importância do papel que as instituições de ensino superior locais e nacionais podem desempenhar na elevação do nível de desenvolvimento do seu próprio país. É a elas que compete, em grande parte, construir pontes entre países industrializados desenvolvidos e países não industrializados em desenvolvimento. Além disso, podem ser instrumentos de reforma e de renovação da educação.

---

9. Ver estudo realizado para a Comissão: PAPADOPOULOS, George. *Learning for the Twenty-first Century.* Paris: UNESCO, 1994.
10. UNESCO. *Changement et développement dans l'enseignement supérieur:* document d'orientation. Paris: UNESCO, 1995.

Lugar onde se aprende e fonte de saber

Considerando o crescente papel desempenhado pelos saberes científico e tecnológico na sociedade, na indústria, nas trocas econômicas e na aplicação da pesquisa aos problemas do desenvolvimento humano, é extremamente importante que as instituições de ensino superior mantenham um potencial de pesquisa de alto nível nas suas áreas de competência. Para obter fundos destinados à pesquisa, atualmente os estabelecimentos de ensino superior entram em concorrência com uma série de agentes, alguns do setor privado. Em compensação, essas instituições estão em melhores condições de desempenhar as missões tradicionais e necessárias para o progresso dos saberes, pois oferecem aos pesquisadores liberdade intelectual, liberdade de debate e a garantia de uma avaliação rigorosa.

Nas ciências sociais, assim como nas ciências exatas e naturais, a pesquisa científica deve, sem dúvida, ser independente e estar ao abrigo de pressões políticas e ideológicas, mas deve também contribuir para o desenvolvimento, no longo prazo, da sociedade. Sobretudo nos países que têm especial necessidade de progredir no domínio da tecnologia, deve-se evitar que o ensino das ciências dê lugar a um academicismo estéril e se feche em uma torre de marfim. Também, ao contrário, a qualidade da ciência não deve ser sacrificada por uma preocupação imediata pela produtividade, pois se trata de um valor universal – a própria ciência – e de longo alcance.

Numa época em que o volume de conhecimentos e de informações passa por um crescimento exponencial, e em que se espera das instituições de ensino superior que satisfaçam as necessidades educativas de um público cada vez mais numeroso e variado, adquire cada vez mais importância a qualidade da formação oferecida aos professores e a qualidade do ensino prestado pelas instituições de ensino superior. Estas têm um papel decisivo a desempenhar na formação de professores, na instauração de estreitas relações com os estabelecimentos de formação pedagógica que não pertencem ao ensino superior, bem como na preparação de professores de formação pedagógica. Devem também abrir as portas a professores oriundos do setor econômico e de outros setores da sociedade, de modo a facilitar as trocas entre esses setores e o da educação.

Assim, todos devem poder contar, direta ou indiretamente, com o ensino superior para ter acesso ao patrimônio cognitivo comum e se beneficiar das mais recentes pesquisas. Isso pressupõe que a universidade estabeleça com a sociedade uma espécie de contrato moral, em troca dos recursos que esta lhe concede.

O ensino superior e a evolução do mercado de trabalho

As estruturas de emprego evoluem à medida que as sociedades progridem e a máquina substitui o homem: diminui o número de trabalhadores, enquanto aumentam as tarefas de supervisão, de enquadramento e de organização e, desse modo, aumentam também as necessidades de capacidades intelectuais em todos os níveis.

Em matéria de qualificação, as exigências são cada vez maiores. Na indústria e na agricultura, a pressão das modernas tecnologias confere vantagens aos que são capazes de compreendê-las e dominá-las. Cada vez mais, os empregadores exigem do seu pessoal a capacidade de resolver novos problemas e de tomar iniciativas. Quanto ao setor dos serviços, que desde longa data vem ocupando lugar predominante nos países industrializados, requer muitas vezes cultura geral e conhecimento das possibilidades oferecidas pelo meio humano envolvente, que colocam novas exigências à educação.

As universidades tiveram de conceder mais espaço à formação científica e tecnológica para corresponder à procura por especialistas que estejam atualizados quanto às tecnologias mais recentes e sejam capazes de gerenciar sistemas cada vez mais complexos. Como nada leva a crer que essa tendência irá se inverter, é preciso que as universidades continuem à altura de responder a essa procura, constantemente adaptando os novos cursos às necessidades da sociedade.

Contudo, não se deve subestimar a dificuldade da tarefa. A pesquisa e o ensino por vezes concorrem entre si, no que diz respeito às missões que lhes competem. A divisão por disciplinas pode não corresponder às necessidades do mercado de trabalho, e as instituições que obtêm melhores resultados são as que souberam incrementar, com flexibilidade e espírito de cooperação, aprendizagens que transcendem os limites entre as disciplinas. Em muitas universidades científicas, coloca-se a questão de saber se convém orientar os melhores estudantes para a pesquisa ou para a indústria. A preocupação com a flexibilidade obriga a preservar, sempre que possível, o caráter pluridimensional do ensino superior, a fim de assegurar aos diplomados uma preparação adequada para a sua entrada no mercado de trabalho.

A universidade, lugar de cultura e de estudo aberto a todos

Além da tarefa de preparar uma grande quantidade de jovens para a pesquisa ou para empregos qualificados, a universidade deve continuar a ser a fonte capaz de saciar a sede de conhecimento dos que, cada vez em maior número, encontram na própria curiosidade de espírito o meio de dar sentido à vida. A cultura, tal como a entendemos, inclui todos os domínios do espírito e da imaginação, das ciências exatas à poesia.

As universidades têm certas particularidades que as tornam locais privilegiados para desempenhar essas funções. Constituem o conservatório vivo do patrimônio da humanidade, patrimônio renovado sem cessar pelo uso que dele fazem professores e pesquisadores. As universidades são geralmente multidisciplinares, o que permite a cada aluno ultrapassar os limites do seu meio cultural inicial. Em geral, as universidades têm ainda mais contatos com o mundo internacional do que as outras estruturas educativas.

Todas as universidades deveriam tornar-se "abertas" e oferecer a possibilidade de aprender a distância e em vários momentos da vida. A experiência do ensino a distância demonstra que, no ensino superior, a utilização de uma dose sensata dos meios de comunicação social, de cursos por correspondência, de tecnologias de comunicação informatizadas e de contatos pessoais, pode ampliar as possibilidades oferecidas, a um custo relativamente baixo. Essas possibilidades devem incluir, ao mesmo tempo, a formação profissional e os ensinamentos de enriquecimento pessoal. Além disso, de acordo com a ideia de que cada um deve simultaneamente aprender e ensinar, a universidade deve, além de contar com os professores de ensino superior, apelar também à colaboração de especialistas: o trabalho em grupo, a cooperação com a comunidade circunvizinha e o trabalho de estudantes a serviço da comunidade, são algumas das formas que podem enriquecer o papel cultural das instituições de ensino superior, e como tal merecem ser encorajadas.

Encarando a universidade como um local de cultura e de estudo aberto a todos, a Comissão não busca apenas concretizar a sua orientação central: educação ao longo de toda a vida. Procura também que seja reconhecida a missão da universidade, e até mesmo as suas responsabilidades, na participação em grandes debates relacionados à concepção e ao processo de transformação da sociedade.

Ensino superior e cooperação internacional

As instituições de ensino superior estão extraordinariamente bem colocadas para, explorando o fenômeno da mundialização, sanarem o "*deficit* de conhecimentos" e enriquecerem o diálogo entre povos e entre culturas. A cooperação entre cientistas da mesma disciplina transcende as fronteiras nacionais e constitui um instrumento poderoso para a internacionalização da pesquisa, da tecnologia, das concepções, das atitudes e das atividades. Porém, a concentração da pesquisa e dos meios a ela ligados nos países da Organização para Cooperação e Desenvolvimento Econômico (OCDE) constitui um desafio ao desenvolvimento sustentável dos países menos avançados economicamente.

As redes estabelecidas entre os países mais ricos, membros da União Europeia e da OCDE, revelaram-se extremamente vantajosas no plano científico e cultural. Contudo, por mais úteis e poderosas que sejam, tais redes correm o risco de contribuir para exacerbar as diferenças entre os países que as integram e os que permanecem de fora se, simultaneamente, não houver um reforço da cooperação Norte-Sul e entre os próprios países do Sul. No médio prazo, porém, o êxodo de pessoal altamente qualificado em busca de tarefas de pesquisa nos grandes centros, continuará a empobrecer as regiões mais pobres do mundo. Por outro lado, é reconfortante ver que, havendo possibilidades, por mais modestas que sejam, alguns diplomados e pesquisadores regressam aos seus países de origem. Uma das tarefas urgentes, à qual deve se entregar a comunidade universitária nas regiões mais ricas, é desenvolver os meios para acelerar a cooperação e reforçar as capacidades de pesquisa dos países menos desenvolvidos.

A geminação de instituições de pesquisa de países industrializados com instituições homólogas de países em desenvolvimento é proveitosa para ambas as partes, pois é urgente alcançar melhor compreensão dos problemas de desenvolvimento para resolver os problemas da aldeia global. Da mesma forma, a cooperação Sul-Sul oferece muitas possibilidades: os trabalhos realizados na Ásia ou na América Latina têm muito interesse para a África, verificando-se também o inverso.

O setor econômico também tem necessidade de estabelecer parcerias de pesquisa com as universidades, tanto no mundo desenvolvido como no mundo em desenvolvimento, para estudar os problemas de desenvolvimento nas diferentes regiões. Com isso, os doadores internacionais podem dar um novo impulso a todas essas parcerias.

A livre circulação de pessoas e o compartilhamento de conhecimentos científicos são princípios importantes que a Comissão assume como seus. Respeitando devidamente as normas de propriedade intelectual, as universidades e os governos dos países "ricos em saber" deveriam esforçar-se, por todos os meios, para aumentar o potencial e a capacidade de acesso à informação das regiões mais pobres do mundo. Podemos mencionar, entre esses meios, as trocas de estudantes e de professores, o auxílio ao lançamento de sistemas de comunicação (especialmente sistemas de comunicação telemáticos), o compartilhamento dos resultados de pesquisas, a formação de redes interuniversitárias e a criação de centros regionais de excelência.

Um imperativo: a luta contra o insucesso escolar

A aversão da Comissão ao insucesso escolar e à sua proliferação é patente ao longo desta reflexão. O insucesso atinge todas as categorias sociais, embora os jovens oriundos de meios desfavorecidos sofram suas consequências de maneira especial. São múltiplas as suas formas: repetência sucessiva, abandono durante os estudos, marginalização para cursos que não oferecem perspectivas reais e, no fim de contas, abandono da escola, sem qualificações nem competências reconhecidas. O insucesso escolar constitui, em qualquer um dos casos, uma pecha profundamente inquietante no plano moral, humano e social; é, muitas vezes, gerador de situações de exclusão que marcam os jovens para toda a vida.

O primeiro objetivo dos sistemas educativos deve ser reduzir a vulnerabilidade social dos jovens oriundos de meios marginais e desfavorecidos, a fim de romper o círculo vicioso da pobreza e da exclusão. As medidas a serem tomadas passam pelo diagnóstico das dificuldades dos alunos mais novos, muitas vezes ligadas à sua situação familiar, e pela adoção de políticas de discriminação positiva em relação aos que apresentam maior número delas. Deve-se recorrer a meios suplementares e a métodos pedagógicos especiais a favor de determinados públicos-alvo e de estabelecimentos situados em zonas urbanas ou suburbanas desfavorecidas, como já se faz em vários países. É preciso ter cuidado para não se criar guetos educativos e, consequentemente, qualquer forma de segregação em relação aos alunos que seguem a escolaridade tradicional. Pode-se pensar na organização de sistemas de apoio em todos os estabelecimentos de ensino: criar percursos de aprendizagem mais suaves e flexíveis para os alunos que estiverem menos adaptados ao sistema escolar, mas que se revelem dotados de talentos para outros tipos de atividades, o que pressupõe, em particular, ritmos especiais de ensino e turmas reduzidas. As possibilidades de alternância entre escola e empresa permitem, por outro lado, melhor inserção no mundo do trabalho. O conjunto dessas medidas deveria, se não suprimir, pelo menos limitar significativamente o abandono da escola e as saídas, sem qualificações, do sistema escolar.

Deve-se recorrer também a medidas de reinserção e de recuperação, para que os jovens que chegam ao mercado de trabalho sem qualificações possam adquirir as competências necessárias à sua vida profissional. A seguir, devem ser sistematicamente desenvolvidos dispositivos que ofereçam novas oportunidades aos jovens e adultos marginalizados, por meio do acesso a novos ciclos de formação. Pode-se dizer, de modo geral, que o desenvolvimento da educação e da aprendizagem ao longo de toda a vida constitui meio privilegiado de aquisição de novas qualificações, adaptadas à evolução de cada sociedade.

A experiência das *accelerated schools* nos Estados Unidos

Experimentadas com sucesso nos Estados Unidos, as *accelerated schools*, ou "escolas intensivas", constituem uma das melhores respostas dos norte-americanos à crise do seu sistema educativo, confrontado com um insucesso de cerca de um terço dos alunos nos ensinos primário e secundário.

Esses alunos em situação de insucesso, os chamados "alunos em risco", têm, em geral, dois anos de atraso na sua escolaridade; mais da metade abandona a escola sem diploma. São, na maior parte, oriundos de meios desfavorecidos, pobres, pertencentes a minorias étnicas e que não falam inglês; muitos também vivem em famílias monoparentais. O princípio das escolas intensivas assenta-se na convicção de que se pode conseguir que todos os alunos da mesma faixa etária alcancem o mesmo nível de sucesso escolar no fim da sua escolaridade. Isso implica que os alunos em situação de insucesso tenham de trabalhar em ritmo mais acelerado do que os alunos de meios privilegiados. Trata-se de oferecer escolas de excelência a alunos com dificuldades. A concepção dessas escolas baseia-se na ideia de que o ensino utilizado para os alunos "dotados" é igualmente bom para todas as outras crianças. Implica não considerar os alunos com dificuldades como alunos lentos, incapazes de aprender dentro dos períodos normais mas, ao contrário, fixar-lhes objetivos ambiciosos a serem atingidos no fim de períodos obrigatoriamente determinados.

Alunos, pais e professores devem convencer-se de que o insucesso não é uma fatalidade. São todos convidados a formar, juntamente com o pessoal do estabelecimento escolar, uma comunidade responsável com todos os poderes. Depois de formada uma ideia do que deve ser a escola, essa comunidade escolar empenha-se na construção de uma escola intensiva, que aprenda a resolver, por si mesma e pouco a pouco, os problemas que se apresentarem. Essa comunidade deve apoiar-se nos talentos de cada um, geralmente subutilizados. O processo de transformação da escola conduz assim a uma mudança de atitudes e à criação de uma nova cultura.

Fonte: COMMISSION EUROPÉENNE. *Enseigner et apprendre:* vers la société cognitive. Luxembourg: Office de publications officielles de la Commission Européenne, 1995. p. 95.

Reconhecer as competências adquiridas graças a novas formas de certificação

A fim de que todos possam construir, de maneira contínua, as próprias qualificações, a Comissão entende que é indispensável proceder, de acordo com as condições específicas de cada região e de cada país, a um reexame profundo dos processos de certificação, a fim de que sejam levadas em conta as competências adquiridas após a educação inicial.

De fato, o diploma adquirido no fim da escolaridade ainda constitui, muitas vezes, a única via de acesso a empregos qualificados, e os jovens não diplomados, como não têm nenhuma competência reconhecida, não só se encontram em situação de insucesso no plano pessoal, como estão também em situação de inferioridade prolongada perante o mercado de trabalho. É, pois, importante que as competências adquiridas, especialmente durante a vida profissional, possam ser reconhecidas não só pelas empresas, mas também pelo sistema educativo formal, incluindo o universitário. Atualmente, há projetos desse tipo em estudo em diversas regiões do mundo: assim, a Comissão Europeia, em um recente Livro Branco[11], prevê a criação de "certificados pessoais de competências", que façam que cada indivíduo possa ver reconhecidos os seus conhecimentos e aptidões à medida que os adquira. Existe a convicção de que a concretização generalizada, sob diversas formas, desse sistema de certificados, ao lado dos diplomas obtidos na formação inicial, terá como consequência a valorização do conjunto das competências e a facilitação da transição entre educação e mundo do trabalho. Essas propostas são válidas tanto para diplomados como para não diplomados.

Pistas e recomendações

- Uma exigência válida para todos os países, mas de acordo com modalidades e conteúdos diferentes: *reforço da educação básica*. Daí a importância dada ao ensino primário e suas aprendizagens básicas clássicas (ler – escrever – calcular), mas também poder exprimir-se em uma linguagem que facilite o diálogo e a compreensão.
- A necessidade – mais forte ainda no futuro – de uma abertura para o universo da ciência, chave de entrada no século XXI e suas transformações científicas e tecnológicas.
- Adaptar a *educação básica* aos contextos particulares, aos países e populações mais desfavorecidos. Partir de dados da vida cotidiana, que oferecem oportunidades de compreender os fenômenos naturais, bem como de ter acesso às diferentes formas de sociabilidade.
- Recordar as exigências da alfabetização e da educação básica de adultos.
- Privilegiar sempre a relação professor/aluno, sabendo que as tecnologias mais avançadas só poderão contribuir para a relação (transmissão, diálogo e confrontação) entre quem ensina e quem é ensinado.

---

11. COMMISSION EUROPÉENNE. *Enseigner et apprendre:* vers la société cognitive. Luxembourg: Office des publications officielles des Communautés Européennes, 1995.

- O ensino secundário deve ser repensado nessa perspectiva geral de educação ao longo de toda a vida. O princípio essencial é organizar a diversidade de percursos educativos sem nunca impedir a possibilidade de retorno ulterior ao sistema.
- Os debates sobre seletividade e orientação tornar-se-iam muito mais claros se esse princípio fosse plenamente aplicado. Todos sentiriam que, sejam quais forem as opções tomadas e os cursos frequentados na adolescência, nenhuma porta será fechada no futuro, nem sequer a da própria escola. A igualdade de oportunidades adquiriria, então, todo o seu sentido.
- A *universidade* deve ocupar o centro do sistema educativo mesmo que, como acontece em vários países, existam, além dela, outros estabelecimentos de ensino superior.
- Cabem-lhe quatro funções essenciais:
  1. preparar para a pesquisa e para o ensino;
  2. fornecer formação altamente especializada e adaptada às necessidades da vida econômica e social;
  3. estar aberta a todos para responder aos múltiplos aspectos da chamada educação permanente, em sentido lato;
  4. cooperar no plano internacional.
- Deve, também, poder exprimir-se com toda independência e responsabilidade acerca de problemas éticos e sociais – como uma espécie de poder intelectual necessário para auxiliar a sociedade a refletir, a compreender e a agir.
- A diversidade do ensino secundário e as possibilidades oferecidas pela universidade deveriam dar respostas válidas aos desafios da massificação, acabando com a obsessão pela "via principal e única". Combinadas com a generalização da alternância estudo/trabalho, deveriam também proporcionar o combate eficaz ao insucesso escolar.
- O desenvolvimento da educação ao longo de toda a vida implica que se estudem novas formas de certificação, que levem em conta o conjunto das competências adquiridas.

CAPÍTULO 7

OS PROFESSORES EM BUSCA DE NOVAS PERSPECTIVAS

Os capítulos anteriores mostraram que a Comissão atribui à educação um papel ambicioso no desenvolvimento dos indivíduos e das sociedades. Encaramos o próximo século[1] como um tempo em que, por toda parte, indivíduos e poderes públicos considerarão a busca pelo conhecimento não apenas como meio para se alcançar um fim, mas como um fim em si mesmo. Todos serão encorajados a aproveitar as ocasiões de aprender que se lhes oferecerem ao longo da vida e terão possibilidades de fazê-lo. Isso significa que se espera muito dos professores, que muito lhes será exigido, pois deles depende, em grande parte, a concretização dessa aspiração. A contribuição dos professores é crucial para preparar os jovens, não só para encarar o futuro com confiança, mas para construí-lo eles mesmos de maneira determinada e responsável. É desde os ensinos primário e secundário que a educação deve procurar superar estes novos desafios: contribuir para o desenvolvimento, ajudar a compreender e, de algum modo, a dominar o fenômeno da globalização, e ainda favorecer a coesão social. Os professores têm um papel determinante na formação de atitudes – positivas ou negativas – perante o estudo. Devem despertar a curiosidade, desenvolver a autonomia, estimular o rigor intelectual e criar as condições necessárias para o sucesso da educação formal e da educação permanente.

A importância do papel do professor como agente de mudança, que favorece a compreensão mútua e a tolerância, nunca foi tão patente como na atualidade. Esse papel será ainda mais decisivo no século XXI: os nacionalismos mesquinhos deverão dar lugar ao universalismo; os preconceitos étnicos e culturais, à tolerância, à compreensão e ao pluralismo; o totalitarismo deverá ser substituído pela democracia em suas variadas manifestações; e um mundo dividido, em que a alta tecnologia é apanágio de alguns, dará lugar a um mundo tecnologicamente unido. Por isso, são enormes as responsabilidades dos professores, a quem cabe formar o caráter e o espírito das novas gerações. A aposta é alta e coloca em primeiro plano os valores morais adquiridos na infância e ao longo de toda a vida.

Para melhorar a qualidade da educação, é preciso, antes de mais nada, melhorar o recrutamento, a formação, o estatuto social e as condições de trabalho dos professores, pois estes só poderão corresponder ao que se espera deles se possuírem os conhecimentos

---

1 . N.T.: o autor faz referência ao século XXI.

e as competências, as qualidades pessoais, as possibilidades profissionais e a motivação requeridas.[2] Neste capítulo, examinaremos mais detalhadamente as questões que se colocam a esse respeito nos ensinos primário e secundário, bem como as medidas que podem ser tomadas nesses níveis para melhorar a qualidade do ensino.

Dentro de parâmetros razoáveis, o que pode a sociedade esperar dos professores? Em termos realistas, que exigências lhes podem ser feitas? A que contrapartidas podem eles aspirar – condições de trabalho, direitos, estatuto na sociedade? Quem pode vir a ser um bom professor? Como descobrir uma pessoa assim, formá-la e fazê-la preservar a sua motivação, bem como a qualidade do seu ensino?

Escola aberta ao mundo

Por quase toda parte, há alguns anos, assiste-se a um desenvolvimento espetacular da informação, no que diz respeito tanto às fontes quanto à capacidade de difusão. Cada vez mais as crianças chegam à escola trazendo consigo a imagem de um mundo – real ou fictício – que ultrapassa em muito os limites da família e da comunidade de vizinhos. As mensagens mais variadas – lúdicas, informativas, publicitárias – transmitidas pelos meios de comunicação social entram em concorrência ou em contradição com o que as crianças aprendem na escola. Essas mensagens surgem sempre organizadas em rápidas sequências, o que, em diversas regiões do mundo, tem influência negativa sobre a capacidade dos alunos de manter a atenção e, consequentemente, sobre as relações na sala de aula. Passando os alunos menos tempo na escola do que diante da televisão, a seus olhos é grande o contraste entre a gratificação instantânea oferecida pelos meios de comunicação, que não lhes exigem nenhum esforço, e o que lhes é exigido para alcançarem sucesso na escola.

Dessa forma, tendo perdido, em grande parte, a preeminência que tinham na educação, professores e escola encontram-se confrontados com novas tarefas: fazer da escola um lugar mais atraente para os alunos e fornecer-lhes as chaves de uma compreensão verdadeira da sociedade da informação.

Os problemas da sociedade envolvente, por outro lado, não podem mais ser deixados à porta da escola: assuntos como pobreza, fome, violência e drogas entram com os alunos nos estabelecimentos de ensino, quando, até há pouco tempo, ficavam de fora com as crianças não escolarizadas. Espera-se que os professores sejam capazes não só de enfrentar esses problemas e esclarecer os alunos sobre um conjunto de questões sociais, desde o desenvolvimento da tolerância até o controle da natalidade, mas também que obtenham sucesso em áreas em que muitas vezes falharam pais, instituições religiosas e poderes públicos. Devem ainda encontrar o justo equilíbrio entre tradição e modernidade, entre as ideias e as atitudes próprias da criança e o conteúdo dos programas.

---

2. Ver THOMPSON, A. R. *The utilization and professional development of teachers:* issues and strategies. Paris: UNESCO-IIEP, 1995. (The management of teachers series).

À medida que a separação entre a sala de aula e o mundo exterior se torna menos rígida, os professores devem também esforçar-se em prolongar o processo educativo para fora da instituição escolar, organizando experiências de aprendizagem praticadas no seu exterior e, em termos de conteúdo, estabelecendo ligação entre as matérias ensinadas e a vida quotidiana dos alunos.

Essa advertência sobre as tradicionais ou novas tarefas que incumbem aos professores não deve conter ambiguidades. Não deve, por exemplo, servir de justificativa aos que culpam as políticas de educação, consideradas ruins, por todos os males da sociedade. Ao contrário, é à própria sociedade, em todos os seus componentes, que cabe remediar as graves disfunções que a afetam e reconstituir os elementos indispensáveis à vida social e às relações interpessoais.

No passado, os alunos eram geralmente obrigados a aceitar o que a escola lhes oferecia, quer se tratasse da língua, do conteúdo ou da organização do ensino. Atualmente, é cada vez mais importante para as pessoas terem voz nas decisões relativas à organização escolar. Essas decisões têm influência direta nas condições de trabalho dos professores e no que deles se exige, e estão na origem de outra contradição interna da prática pedagógica moderna. Por um lado, as crianças só aprendem com aproveitamento se o professor tomar como ponto de partida do seu ensino os conhecimentos que elas já trazem consigo para a escola – observação válida não só para a língua adotada, mas também para as ciências, a matemática ou a história. Por outro lado, para que possam adquirir autonomia, criatividade e curiosidade de espírito, que são complementos necessários à aquisição do saber, o professor deve necessariamente manter certa distância entre a escola e o meio envolvente, a fim de que as crianças e os adolescentes tenham oportunidade de exercer o seu senso crítico. O professor deve estabelecer uma nova relação com quem está aprendendo, passar do papel de "solista" ao de "acompanhante"; de alguém que apenas transmite conhecimentos, ele deve transformar-se naquela pessoa que ajuda os seus alunos a encontrar, a organizar e a gerenciar o saber, guiando, mas não modelando os espíritos[3], e demonstrando grande firmeza quanto aos valores fundamentais que devem orientar toda a vida.

Aspirações e responsabilidades

A competência, o profissionalismo e o devotamento que exigimos dos professores fazem recair sobre eles uma pesada responsabilidade. Exige-se muito deles, e as necessidades a satisfazer parecem quase ilimitadas. Em muitos países, a expansão quantitativa do ensino resulta, muitas vezes, na falta de professores e em turmas superlotadas, com as

---

3. LEPELTAK, Jan; VERLINDEN, Claire. Teaching in the information age: problems and news perspectives. *Education for the Twenty-first Century: Issues and Prospects*, 1998. p. 281-298. Disponível em: <http://unesdoc.unesco.org/images/0011/001147/114771f.pdf#114828>. Documento apresentado à Comissão em março de 1994, pelo Sindicato Geral do Pessoal Docente do Instituto Nacional de Elaboração dos Programas Escolares dos Países Baixos.

consequentes pressões sobre o sistema educativo. As políticas de estabilização, chamadas eufemisticamente de "ajustamento estrutural", tiveram, em muitos países em desenvolvimento, uma repercussão direta sobre os orçamentos para a educação e, consequentemente, sobre a remuneração dos professores.

A profissão de professor é uma das mais fortemente organizadas do mundo, e as organizações de professores podem desempenhar – e desempenham – papel muito influente em vários domínios. A maior parte dos cerca de 50 milhões de professores que existem no mundo está sindicalizada ou julga-ser representada por sindicatos. Essas organizações, cuja ação visa a melhorar as condições de trabalho dos seus integrantes, têm grande peso na distribuição dos créditos concedidos à educação e, em muitos casos, também têm conhecimento e experiência profundos dos diferentes aspectos do processo educativo e da formação de professores. Em muitos países, são tão participantes que é impossível deixá-las de lado no diálogo entre escola e sociedade. Seria desejável que o diálogo entre organizações de professores e autoridades responsáveis pela educação se aperfeiçoasse e que, ultrapassando as questões salariais e as condições de trabalho, o debate se estendesse à questão do papel central que os professores deveriam ter na concepção e na concretização das reformas do sistema educativo. As organizações de professores podem contribuir de forma determinante para instaurar na profissão um clima de confiança, bem como uma atitude positiva diante das inovações educativas. Em todos os sistemas educativos, elas constituem via de conciliação com os profissionais do ensino, em todos os níveis. A concepção e a aplicação das reformas deveria ser uma ocasião de busca por consensos sobre as finalidades e os meios. Nenhuma reforma da educação teve êxito contra os professores ou sem o seu apoio.

Ensinar, uma arte e uma ciência

A forte relação estabelecida entre professor e aluno constitui o cerne do processo pedagógico. Evidentemente, pode-se adquirir o saber de diversas maneiras, e o ensino a distância ou a utilização de novas tecnologias no contexto escolar têm-se revelado eficazes. No entanto, para quase todos os alunos, em especial para os que ainda não dominam os processos de reflexão e de aprendizagem, o professor continua a ser indispensável. A condução do desenvolvimento individual pressupõe uma capacidade de aprendizagem e de pesquisa autônomas, que só são adquiridas após determinado período de aprendizagem, junto de um ou de vários professores. Quem não se recorda daquele professor que levava a refletir, que incutia a vontade de trabalhar as questões um pouco mais profundamente? Quem, ao tomar decisões importantes no decurso de sua vida, não foi influenciado, ao menos em parte, pelo que aprendeu com determinado professor?

O trabalho do professor não consiste simplesmente em transmitir informações ou conhecimentos, mas em apresentá-los sob a forma de problemas a serem resolvidos, situando-os em um contexto e colocando-os em perspectiva, de modo que o aluno possa estabelecer a ligação entre a sua solução e outras interrogações mais abrangentes. A relação pedagógica visa ao pleno desenvolvimento da personalidade do aluno no respeito pela sua autonomia e, desse ponto de vista, a autoridade de que os professores estão revestidos tem sempre caráter paradoxal, uma vez que ela não se baseia em uma afirmação de poder, mas no livre reconhecimento da legitimidade do saber. Essa noção de autoridade poderá evoluir, mas, por enquanto, permanece essencial, pois é dela que derivam as respostas às questões que o aluno apresenta sobre o mundo, e é ela que condiciona o sucesso do processo pedagógico. Além disso, a necessidade de o ensino contribuir para a formação da capacidade de discernimento e do sentido das responsabilidades individuais impõe-se cada vez mais nas sociedades modernas, se se pretende que os alunos sejam, mais tarde, capazes de prever e de adaptar-se às mudanças, continuando a aprender ao longo de toda a vida. Nesse sentido, o trabalho e o diálogo com o professor ajudam a desenvolver o senso crítico do aluno.

A grande força dos professores reside no exemplo que oferecem, manifestando sua curiosidade e sua abertura de espírito, e mostrando-se prontos a sujeitar as suas hipóteses à prova dos fatos e até a reconhecer os próprios erros. Eles devem, sobretudo, transmitir o gosto pelo estudo. A Comissão julga que é preciso repensar a formação de professores, de maneira a cultivar nos futuros profissionais precisamente as qualidades humanas e intelectuais que favoreçam uma nova perspectiva de ensino, convergente com o sentido proposto pelo presente Relatório.

Qualidade dos professores

O rápido aumento da população escolar mundial trouxe consigo o recrutamento em massa de professores. Esse recrutamento muitas vezes teve de ser feito com recursos financeiros limitados, e nem sempre foi possível encontrar candidatos qualificados. A falta de financiamento e de meios pedagógicos, bem como a superlotação das turmas, traduziram-se, frequentemente, em uma profunda degradação das condições de trabalho dos professores. A entrada na escola de alunos com grandes dificuldades no ambiente social e familiar impõe novas tarefas aos professores, para as quais muitas vezes eles estão mal preparados.

Número de professores (de todos os graus de ensino) por milhão de pessoas com idade entre 15 e 64 anos, por região, 1992

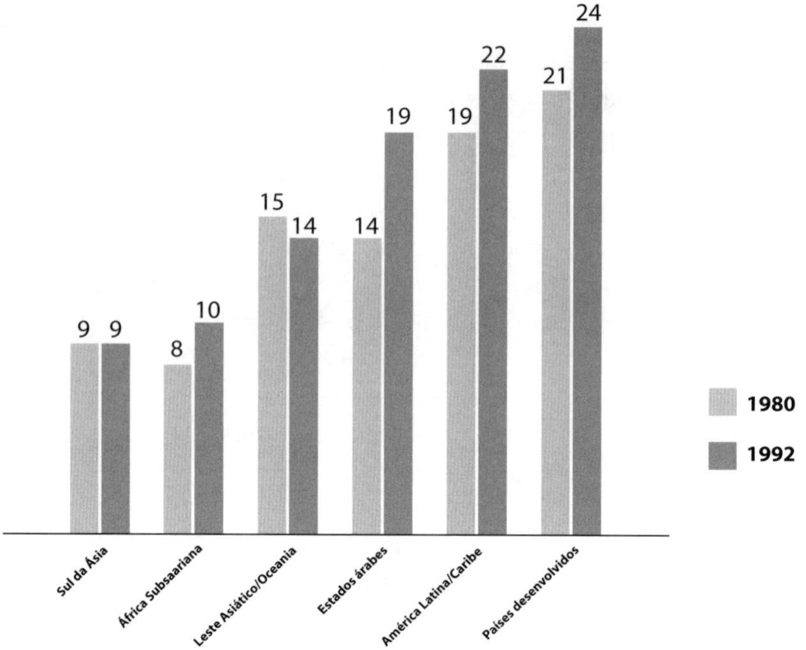

Nota: Dados numéricos recolhidos pelo Instituto de Estatística da UNESCO. As regiões correspondem à nomenclatura da UNESCO. Os países da antiga União Soviética estão incluídos na categoria de países desenvolvidos, mesmo os situados na Ásia.

Nunca é demasiado insistir na importância da qualidade do ensino e, consequentemente, dos professores. É no estágio inicial da educação básica que se formam, essencialmente, as atitudes da criança em relação ao estudo, assim como a imagem que ela faz de si mesma. O professor, nessa etapa, desempenha papel decisivo. Quanto maiores forem as dificuldades que o aluno tiver de ultrapassar – pobreza, meio social desfavorável, doenças físicas –, mais se exige do professor. Para ser eficaz, ele deverá recorrer a competências pedagógicas muito diversas e a qualidades humanas como autoridade, a empatia, a paciência e a humildade. Se o primeiro professor que a criança ou o adulto encontra na vida tiver formação deficiente ou se revelar pouco motivado, as próprias fundações sobre as quais serão construídas as futuras aprendizagens ficarão pouco sólidas. A Comissão defende que todos os governos devem se empenhar especialmente em reafirmar a importância dos professores da educação básica e criar condições para melhorar as suas qualificações. As medidas a serem tomadas para recrutar os futuros professores entre os estudantes mais motivados, para aprimorar a sua formação e incitar os melhores a aceitarem os lugares mais difíceis, devem ser definidas de acordo com as circunstâncias particulares de cada país. A adoção dessas medidas é imperativa, pois sem elas não se poderá esperar melhoria significativa numa área em que são necessárias.

Melhorar a qualidade e a motivação dos professores deve, pois, ser uma prioridade em todos os países. Nos parágrafos seguintes, são indicadas e descritas de maneira pormenorizada algumas medidas para consegui-lo.

Recrutamento – Melhorar a seleção, ampliando a base de recrutamento por meio de uma busca mais ativa de candidatos. Pode-se pensar em medidas especiais, que facilitem o recrutamento de candidatos de origens linguísticas e culturais diversas.

Formação inicial – Estabelecer laços mais estreitos entre as universidades e os institutos de formação de professores do primário e do secundário. No longo prazo, o objetivo deverá ser que todos os professores, em especial os do secundário, tenham frequentado estudos superiores, sendo a sua formação assegurada em cooperação com as universidades ou mesmo em contexto universitário. Por outro lado, tendo em vista o papel do futuro professor no desenvolvimento da personalidade dos alunos, essa formação deverá incidir, sobretudo, nos quatro pilares da educação, descritos no quarto capítulo.

Formação contínua – Desenvolver os programas de formação contínua, de modo que cada professor possa frequentemente recorrer a eles, especialmente por meio de tecnologias de comunicação adequadas. Devem ser desencadeados programas que levem os professores a familiarizar-se com os últimos progressos da tecnologia da informação e da comunicação. De maneira geral, a qualidade de ensino é determinada tanto ou mais pela formação contínua dos professores do que por sua formação inicial.[4] O recurso a técnicas de ensino a distância pode ser uma fonte de economia e permitir que os professores continuem a assegurar o seu serviço, pelo menos em tempo parcial; pode também ser um meio eficaz de introduzir reformas, novas tecnologias ou novos métodos. A formação contínua não deve desenrolar-se apenas no quadro do sistema educativo: um período de trabalho ou de estudo no setor econômico também pode ser proveitoso, ao contribuir para a aproximação do saber e do saber-fazer.

Professores de formação pedagógica – Deve ser dada atenção especial ao recrutamento e ao aperfeiçoamento dos professores de formação pedagógica a fim de que, com o tempo, eles possam contribuir para a renovação das práticas educativas.

Controle – A inspeção deve não só controlar o desempenho dos professores, mas também manter com eles um diálogo sobre a evolução dos saberes, sobre os métodos e sobre as fontes de informação. Convém refletir quanto aos meios de identificar e de recompensar os bons professores. É indispensável avaliar de forma concreta, coerente e regular, as aquisições dos alunos. Deve-se dar mais importância aos resultados da aprendizagem e ao papel desempenhado pelos professores na sua obtenção.

---

4. Ver estudo realizado para a Comissão: GANNICOTT, Ken; THROSBY, David. *Educational quality and effective schooling*. Paris: UNESCO, 1994.

Gestão – Reformas dos sistemas de gestão, que tenham como objetivo melhorar a direção dos estabelecimentos de ensino, podem libertar os professores de tarefas administrativas que os ocupam diariamente e levar à concentração nos fins e nos métodos de ensino, em determinados contextos. Certos serviços de apoio, como os de uma assistente social ou de um psicólogo escolar, parecem-nos necessários e deveriam existir sempre.

Participação de agentes exteriores à escola – Os pais podem ser associados de diversas maneiras ao processo pedagógico, assim como as pessoas que têm experiência em diversos assuntos ensinados nas escolas profissionais.

Condições de trabalho – É preciso mais empenho para manter a motivação dos professores em situações difíceis e, para conservar no ensino os bons professores, oferecer-lhes condições de trabalho satisfatórias e remuneração compatível com a das outras categorias de emprego que exigem nível de formação equivalente. A concessão de incentivos especiais a professores que trabalham em zonas afastadas ou pouco convidativas é, evidentemente, necessária para que eles permaneçam nesses locais, de modo que populações carentes não se desmotivem ainda mais devido à falta de professores qualificados. Por mais desejável que seja a mobilidade geográfica, as colocações não deveriam ser decididas arbitrariamente pelas autoridades centrais. A mobilidade entre a docência e as outras profissões, durante períodos limitados, poderia ser incrementada com proveito.

Meios de ensino – A qualidade da formação pedagógica e do ensino depende, em larga medida, da qualidade dos meios de ensino e, em especial, dos manuais.[5] A renovação dos programas escolares, que é um processo permanente, deve contar com a participação dos professores tanto na fase de concepção como na de concretização. A introdução de meios tecnológicos permite a difusão mais ampla de documentos audiovisuais, e o recurso à informática, por apresentar novos conhecimentos, ensinar competências ou avaliar aprendizagens, oferece grandes possibilidades. Se bem utilizadas, as tecnologias da comunicação podem tornar mais eficaz a aprendizagem, assim como oferecer ao aluno uma via sedutora de acesso a conhecimentos e competências, por vezes difíceis de se encontrar no meio local. A tecnologia pode construir pontes entre os países industrializados e os não industrializados, e levar professores e alunos a alcançar níveis de conhecimento que, sem ela, nunca poderiam atingir. Assim, meios de ensino de qualidade podem ajudar os professores com formação deficiente a melhorar tanto a sua competência pedagógica como o nível dos próprios conhecimentos.

Aprender o que ensinar e como ensinar

Atualmente, o mundo como um todo evolui tão rapidamente que os professores, assim como os outros profissionais, devem começar a admitir que a sua formação inicial não lhes basta: precisam se atualizar e aperfeiçoar os seus conhecimentos e técnicas, ao longo de

---

5. Ver WORLD BANK. *Priorities and strategies for education.* Washington, D.C.: The World Bank, 1995.

toda a vida. O equilíbrio entre a competência na disciplina ensinada e a competência pedagógica deve ser cuidadosamente respeitado. Em certos países, critica-se o sistema por negligenciar a pedagogia; em outros, esta é privilegiada em excesso, formando professores com conhecimentos insuficientes das matérias que lecionam. Ambas as competências são necessárias e, nem a formação inicial, nem a formação contínua, devem sacrificar-se uma à outra. A formação de professores deve, por outro lado, inculcar-lhes uma concepção de pedagogia que transcenda o utilitário e estimule a capacidade de questionar, a interação e a análise de diferentes hipóteses. Uma das finalidades essenciais da formação de professores, inicial ou contínua, é desenvolver as qualidades de ordem ética, intelectual e afetiva que a sociedade espera deles, de modo a poderem, por sua vez, cultivar nos seus alunos o mesmo leque de qualidades.

Uma formação de qualidade pressupõe que os futuros professores sejam colocados em contato com professores experimentados e com pesquisadores que trabalham nas respectivas disciplinas. Os professores em exercício deveriam poder dispor, com regularidade, de ocasiões para se aperfeiçoar, por meio de sessões de trabalho em grupo e de estágios de formação contínua. O reforço da formação contínua – oferecida segundo modalidades tão flexíveis quanto possível – pode contribuir muito para aumentar o nível de competência e a motivação dos professores, bem como melhorar o seu estatuto social. Considerando a importância da pesquisa na melhoria do ensino e da pedagogia, a formação de professores deveria incluir ainda um forte componente de formação para a pesquisa, da mesma forma que deveriam estreitar-se as relações entre os institutos de formação pedagógica e a universidade.

É preciso procurar, em especial, recrutar e formar professores de ciências e de tecnologia, e iniciá-los nas novas tecnologias. De fato, por todo lado, mas sobretudo nos países pobres, o ensino científico deixa a desejar quando consideramos o quanto é determinante o papel da ciência e da tecnologia no combate ao subdesenvolvimento e à pobreza. Assim, importa, em particular nos países em desenvolvimento, remediar as deficiências do ensino das ciências e da tecnologia, nos níveis elementar e secundário, melhorando a formação dos professores dessas disciplinas. Muitas vezes, o ensino profissional carece, neste domínio, de professores qualificados, o que não contribui para realçar o seu prestígio.

A formação ministrada aos professores tende a ser uma formação à parte, que os isola das outras profissões – essa situação deve ser corrigida. Os professores também deveriam ter a possibilidade de exercer outras profissões, fora do contexto escolar, a fim de se familiarizarem com outros aspectos do mundo do trabalho, como a vida das empresas que, muitas vezes, conhecem de forma deficiente.

Os professores em ação

Escola e coletividade

Podem ser encontradas pistas para melhorar o desempenho e a motivação dos professores, na relação que estabelecem com as autoridades locais. Quando os professores fazem parte da coletividade em que ensinam, o seu compromisso é mais claro. Estão mais sensibilizados pelas necessidades dessa mesma coletividade, e até mesmo para trabalharem na realização dos seus objetivos. Reforçar a ligação entre a escola e a comunidade local constitui, pois, um dos principais meios de fazer que o ensino se desenvolva em simbiose com o meio.

Administração escolar

A pesquisa e a observação empírica mostram que um dos principais fatores – se não o principal – de eficácia escolar, reside nos órgãos diretivos dos estabelecimentos de ensino. Um bom administrador, capaz de organizar um trabalho de equipe eficaz, competente e aberto, consegue, muitas vezes, introduzir no seu estabelecimento de ensino grandes melhorias. Logo, é preciso que a direção das escolas seja confiada a profissionais qualificados, portadores de formação específica, sobretudo em matéria de gestão. Essa qualificação deve conferir aos gestores maior poder de decisão, bem como gratificações que compensem o exercício satisfatório das suas delicadas responsabilidades. Na perspectiva da educação ao longo de toda a vida, em que cada um desempenha alternadamente as funções de professor e de aluno, o recrutamento de pessoas exteriores à profissão, por períodos determinados e para tarefas particulares, pode ser uma solução para desenvolver certas competências que o corpo docente não domina. No entanto, essas competências correspondem a uma necessidade real, quer se trate de ensinar a língua de uma minoria, de ensinar refugiados, ou, ainda, de estabelecer uma ligação mais estreita entre o ensino e o mundo do trabalho, por exemplo. Em certos casos, para melhorar a assiduidade, a qualidade do ensino e a coesão escolar, revelou-se útil fazer que os pais colaborem com os professores na tarefa de ensinar.

Nas Filipinas, escolas e famílias trabalham, lado a lado, para melhorar os resultados escolares

Nas Filipinas, o Sistema de Apoio Pedagógico dos Pais (PLSS) levou à melhoria dos resultados escolares e a se estreitarem os laços entre a escola e a família. Esse programa inovador reconhece o papel dos pais na educação dos filhos e facilita a sua colaboração com os professores.

O programa é gerenciado em cada estabelecimento de ensino por um grupo composto por professores e pais. Dá-se particular atenção à formação. Os professores e o responsável pelo estabelecimento de ensino são iniciados em determinadas técnicas de gestão, como os métodos que permitem criar relações de colaboração eficazes e tomar decisões de comum acordo, e ensinam a dialogar com pais e alunos. São organizados seminários destinados aos pais, a fim de aconselhá-los sobre o modo de contribuir para a educação dos seus filhos. Estes participam de alguns seminários ao lado dos pais.

No decorrer do programa, os pais são associados ao processo pedagógico. Sob a orientação do professor, ajudam os filhos no trabalho em casa ou na escola. Colaboram também com o professor na condução da aula, observando o comportamento dos filhos, bem como os métodos pedagógicos utilizados. Seus comentários e suas sugestões são debatidos em reuniões que realizam regularmente com os professores, e são adotadas medidas específicas de comum acordo.

As primeiras experiências desse tipo foram realizadas em uma comunidade rural da província de Leyte e em um bairro de Quezon ocupado por barracas, nos subúrbios de Manila. Uma vez que foram consideráveis os progressos verificados no plano dos resultados escolares e dada a queda espetacular da taxa de abandono, o projeto foi ampliado, com sucesso, para outras partes do país.

Fonte: CARIÑO, I. D.; DUMLAO-VALISNO, M. The Parent Learning Support System (PLSS): school and community collaboration for raising pupil achievement in the Philippines. In: SHAEFFER, S. (Dir.). *Collaborating for educational change*: the role of teachers, parents and the community in school improvement. Paris: UNESCO-IIEP, 1992.

Fazer os professores participarem nas decisões relacionadas com a educação

Os professores deveriam estar mais intimamente associados às decisões relacionadas com a educação. A elaboração de programas escolares e de materiais pedagógicos deveria ser realizada com a participação de professores em exercício, na medida em que a avaliação das aprendizagens não pode ser dissociada da prática pedagógica. De igual modo, a administração escolar, a inspeção e a avaliação dos docentes só têm a ganhar se estes forem associados aos processos de decisão.

Condições propícias a um ensino eficaz

É desejável que se aumente a mobilidade dos professores – no interior da profissão e entre esta e as outras profissões – de modo a ampliar a sua experiência.

Para poderem fazer um bom trabalho, os professores devem não só ser profissionais qualificados, mas também beneficiar-se de apoio suficiente, o que pressupõe, além dos meios de trabalho e dos meios de ensino adequados, a existência de um sistema de avaliação e de controle que permita diagnosticar e remediar as dificuldades, e em que a inspeção sirva de instrumento para distinguir e encorajar o ensino de qualidade. Isso implica, por outro lado, que cada coletividade ou administração local analise de que modo os talentos existentes na comunidade envolvente podem ser colocados a serviço da melhoria da educação: colaboração de especialistas externos à escola ou experiências educativas extraescolares; participação dos pais, segundo modalidades apropriadas, na gestão dos estabelecimentos de ensino ou na mobilização de recursos adicionais; ligação com associações diversas para organizar contatos com o mundo do trabalho, saídas, atividades culturais e desportivas, ou outras atividades educativas sem ligação direta com o trabalho escolar etc.

É evidente que melhorar a qualidade dos professores, do processo pedagógico e dos conteúdos do ensino não deixa de levantar diversos problemas, que não são de fácil solução. Os professores reivindicam – e com razão – condições de emprego e um estatuto que reflitam o reconhecimento dos seus esforços. É preciso dar-lhes os instrumentos de que necessitam para poderem desempenhar melhor as suas várias funções. Em contrapartida, os alunos e toda a sociedade têm o direito de esperar que eles cumpram a sua missão com dedicação e com profundo sentido de suas responsabilidades.

Pistas e recomendações

- Embora a situação psicológica e material dos professores varie muito nos diferentes países, é urgente revalorizar o seu estatuto, se se quiser que a "educação ao longo de toda a vida" cumpra a missão central que a Comissão lhe atribui para o progresso das sociedades e para o reforço da compreensão mútua entre os povos. O professor deve ser reconhecido como "o mestre" pela sociedade, e dispor da autoridade necessária e dos meios de trabalho adequados.
- A educação ao longo de toda a vida conduz, diretamente, ao conceito de sociedade educativa, uma sociedade em que são oferecidas múltiplas oportunidades de aprender, tanto na escola como na vida econômica, social e cultural. Daí a necessidade de multiplicar os acordos e os contratos de parceria com as famílias, com o meio econômico, com o mundo associativo, com os atores da vida cultural etc.
- Os professores são também afetados pela necessidade de atualização de conhecimentos e de competências. Sua vida profissional deve organizar-se de modo que tenham oportunidades, ou antes, que se sintam obrigados a aperfeiçoar a sua arte e beneficiar-se de experiências vividas em diversos níveis da vida econômica, social e cultural. Tais possibilidades estão geralmente previstas nas variadas formas de licenças para formação ou de licenças sabáticas. Essas fórmulas devem ser ampliadas ao conjunto dos professores, com as devidas adaptações.
- Apesar de a profissão de professor ser fundamentalmente uma atividade solitária, no sentido de que cada professor se encontra perante as próprias responsabilidades e deveres profissionais, o trabalho em equipe é indispensável, sobretudo no ensino secundário, para melhorar a qualidade da educação e adaptá-la às características particulares das aulas e dos diferentes grupos de alunos.
- O Relatório insiste na importância da permuta de professores e das parcerias entre instituições de países diferentes. Constituem-se como indispensável valor acrescido à qualidade da educação, também para maior abertura a outras culturas, civilizações e experiências. As realizações em curso assim o confirmam.
- Todas essas orientações devem ser objeto de diálogo – e até de contratos – com as organizações de professores, ultrapassando o caráter puramente corporativista de tais acordos. De fato, as organizações sindicais, além de seus objetivos de defesa dos interesses morais e materiais dos seus associados, acumularam um capital de experiências, o qual estão dispostas a colocar à disposição de quem deve tomar as decisões políticas.

CAPÍTULO 8

OPÇÕES EDUCATIVAS: O PAPEL DO POLÍTICO

Atualmente, no mundo inteiro se exige dos sistemas educativos que façam mais e melhor. Solicitados por todo o lado, eles devem, como vimos, responder as exigências de desenvolvimento econômico e social, particularmente graves no caso das populações mais desfavorecidas. Devem, também, dar resposta às exigências culturais e éticas cuja responsabilidade lhes cabe assumir. Finalmente, devem vencer o desafio da tecnologia que, com os eventuais riscos que isso comporta, constitui uma das principais vias de acesso ao século XXI. Todos esperam, pois, algo da educação. Pais, adultos trabalhadores ou desempregados, empresas, coletividades locais, governos e, evidentemente, crianças e jovens alunos, todos depositam nela a esperança.

Porém, a educação não pode fazer tudo, e algumas das esperanças por ela suscitadas transformar-se-ão em desilusões. É preciso que se façam opções muitas vezes difíceis, sobretudo quando está em causa a equidade e a qualidade dos sistemas educativos. São opções de sociedade e, apesar de inspiradas em alguns princípios comuns, podem variar segundo os países. Contudo, deve haver coerência entre as opções e as estratégias adotadas no espaço social e no tempo. Entre essas estratégias, a Comissão inclui os recursos oferecidos pela sociedade da informação, assim como as possibilidades criadas pela inovação e pela descentralização. Tais estratégias também supõem, no entanto, uma regulamentação do conjunto da educação. É o papel que cabe ao político, a quem compete: definir o futuro em uma visão de longo prazo; assegurar, ao mesmo tempo, a estabilidade do sistema educativo e a sua capacidade de se reformar; garantir a coerência do conjunto, estabelecendo prioridades; e, finalmente, abrir um verdadeiro debate na sociedade sobre as opções econômicas e financeiras.

Opções educativas, opções de sociedade

A demanda por educação

Os sistemas educativos não podem responder, indefinidamente, a uma procura que aumenta dia a dia. Eles deveriam, simultaneamente, dar as mesmas oportunidades de educação a todos, respeitar as diversidades dos gostos e das culturas, e dar respostas a todos os tipos de exigências. Considerando as dificuldades financeiras, é preciso dar aos recursos a melhor aplicação, de modo que se conciliem quantidade e pertinência, equidade e qualidade. Na falta de um modelo único e ótimo de repartição, a afetação de recursos deve, sobretudo, refletir claramente as opções coletivas, correspondentes às decisões tomadas pela sociedade para assegurar o seu desenvolvimento econômico, social e cultural.

Nos países em desenvolvimento, em que uma grande procura por educação é acompanhada por uma falta de recursos muitas vezes dramática, as opções são particularmente difíceis e levam alguns tipos de ensino, frequentemente, ao impasse. Nos países mais desenvolvidos, que, em comparação, sentem-se menos restringidos por dificuldades financeiras, as opções políticas não assumem tanto o caráter de alternativas brutais. Trata-se, antes de mais nada, de dosar os orçamentos para a educação de acordo com as diferentes opções, reformas educativas ou modos de seleção e orientação dos jovens, e também, de responder os críticos que acreditam que o sistema educativo é, em parte, responsável pela inadequação entre a oferta e a procura de empregos.

Contudo, em um ou em outro caso, o afluxo das diversas procuras, ao convergir em sua maior parte sobre os organismos públicos, impõe opções de organização que são, de fato, opções sociopolíticas. Os tomadores de decisões veem-se, efetivamente, confrontados com interesses contraditórios. Cada vez mais, o mundo econômico reclama qualificações e competências. O mundo científico, por sua vez, reclama dotações para a pesquisa e para o ensino superior de alto nível, gerador de jovens pesquisadores. O mundo da cultura e do ensino deseja meios para o desenvolvimento da escolarização e da formação geral. Finalmente, as associações de pais desejam sempre uma educação de qualidade, isto é, mais e melhores professores. Os dilemas são particularmente graves, uma vez que não podem ser satisfeitas todas as exigências e, por outro lado, que não se trata de decisões banais entre interesses particulares: por trás dessas exigências, existem expectativas legítimas que correspondem às missões fundamentais da educação.

Avaliação e debate público

Assim, as opções educativas envolvem a sociedade no seu conjunto e exigem a abertura de um debate democrático não só sobre os meios, mas também sobre as finalidades da educação. Os princípios apresentados neste Relatório devem entrar nesse debate, e nenhum dos elementos fundamentais do conhecimento – aprender a conhecer, aprender a fazer, aprender a ser, aprender a viver juntos – deve ser negligenciado, para o bem de todos.

Esse debate deve apoiar-se em uma avaliação profunda do sistema educativo, em termos que possam ser aceitos por todos; por outro lado, essa avaliação não deverá ser de natureza estritamente econômica. Efetivamente, se se pode falar de mercado da formação profissional, na medida em que certos serviços oferecidos podem ser avaliados no que se refere a custos e a rendimentos, isso não ocorre, evidentemente, com certas atividades da educação. Algumas delas escapam à ordem econômica e dizem respeito, por exemplo, à participação na vida coletiva ou ao desenvolvimento da pessoa. Além disso, o sistema educativo forma um todo; a interdependência das suas partes é tão grande e sua integração à sociedade tão forte que é, por vezes, muito difícil descobrir as causas de determinada disfunção. Sendo assim, a avaliação da educação deve ser entendida em sentido amplo. Não visa, unicamente, à oferta educativa e aos métodos de ensino, mas também aos financiamentos, à gestão, à orientação geral e à prossecução de objetivos a longo prazo. Remete a noções como direito à educação, equidade, eficiência, qualidade, aplicação global de recursos, e depende, em grande parte, dos poderes públicos. Pode incluir uma avaliação em nível local se se tratar, por exemplo, da gestão de estabelecimentos ou da qualidade dos professores.

Em qualquer dos casos, é necessário desencadear um dispositivo de avaliação objetivo e público, de modo que se apreenda a situação do sistema educativo, assim como o seu impacto na sociedade. A importância dos orçamentos públicos consagrados à educação justifica que a coletividade peça contas, antes de se pensar em aumentá-los ainda mais. O debate público nos parlamentos, por exemplo, ou até nos meios de comunicação social, pode, então, tornar-se um verdadeiro debate da sociedade, apoiando-se em avaliações objetivas e pertinentes.

Finalmente, também deve-se considerar que qualquer avaliação tem valor pedagógico. Confere aos diferentes atores conhecimento mais preciso da sua atuação. Eventualmente, difunde a capacidade de inovação, dando a conhecer iniciativas coroadas de sucesso e suas condições de realização. No fundo, leva à reconsideração da hierarquia e da compatibilidade das opções e dos meios, à luz dos resultados obtidos.

Oportunidades oferecidas pela inovação e pela descentralização

Associar os diferentes atores ao projeto educativo

O debate sobre o grau de centralização ou de descentralização a ser atribuído à gestão do sistema educativo surge como essencial para o êxito das estratégias de aperfeiçoamento e da reforma dos sistemas educativos.

A Comissão está de acordo com vários observadores ao verificar que as reformas educativas passam atualmente por uma fase de profundo ceticismo. Tudo ou quase tudo já foi experimentado nesse domínio, e os resultados raramente estiveram à altura das expectativas. Em muitos países, as tentativas de reformas sucessivas e contraditórias parecem ter reforçado o imobilismo dos sistemas educativos.

São diversas as explicações dadas para esse fenômeno[1], mas todas apresentam um ponto comum: colocam em questão a maneira como foram levadas a cabo essas reformas. Estas são decididas, a maior parte das vezes, nos serviços centrais dos ministérios, sem verdadeira consulta aos diferentes atores e sem avaliação de resultados. É preciso, ao contrário, procurar abrir as instituições educativas às necessidades da sociedade e introduzir elementos de dinamismo nos mecanismos internos da gestão educativa.

---

1. Ver estudo realizado para a Comissão: TEDESCO, Juan Carlos. *Tendences actuelles des réformes éducatives*. Paris: UNESCO, 1993.

Associar os diferentes atores sociais à tomada de decisões constitui, efetivamente, um dos principais objetivos e, sem dúvida, o meio essencial de aperfeiçoamento dos sistemas educativos. É nessa perspectiva – que não é somente técnica, mas, em grande parte, política –, que a Comissão procura destacar a importância das medidas de descentralização em matéria educativa. Evidentemente, a questão é colocada de maneira diferente, segundo as tradições históricas ou a organização administrativa próprias de cada país, e não se pode continuar a defender um modelo ideal. Contudo, existe certo número de argumentos a favor da transferência de responsabilidades para o nível regional ou local se se pretende, de fato e em especial, melhorar a qualidade da tomada de decisões, aumentar o sentido de responsabilidade das pessoas e das coletividades e, de modo geral, estimular a inovação e a participação de todos. No caso de grupos minoritários, a descentralização de processos leva a se considerar mais as aspirações culturais ou linguísticas e a melhorar a pertinência do ensino ministrado, graças à elaboração de programas mais bem adaptados.

Há condições que devem estar reunidas para melhor cooperação no plano local, entre os professores, os pais e o público em seu conjunto. A primeira parece ser a vontade, por parte do governo central, de abrir um espaço democrático de tomada de decisões, no qual possam ser levadas em conta as expectativas da comunidade local, dos professores, das associações de pais e das organizações não governamentais. As instituições que compõem o sistema educativo devem, por outro lado, dar provas de verdadeira vontade de se adaptar às condições locais, bem como adotar uma atitude aberta perante a mudança. Finalmente, a autonomia dos estabelecimentos de ensino constitui fator essencial de desenvolvimento de iniciativas locais, porque permite maior colegialidade no trabalho dos professores. Estes, tendo de tomar decisões em comum, libertam-se do isolamento tradicional da sua profissão. A noção de "projeto de escola", em certos países, demonstra essa vontade de se alcançar, juntos, os objetivos que permitam melhorar a vida da instituição escolar e a qualidade do ensino.

Favorecer uma verdadeira autonomia das escolas

A autonomia dos estabelecimentos de ensino reveste-se de diferentes aspectos. Em primeiro lugar, manifesta-se na gestão de recursos: é importante que a distribuição de uma parte significativa dos recursos atribuídos possa ser decidida no nível da escola. Em certos casos, podem-se criar estruturas especiais, por exemplo, comitês de pais (ou alunos) e de professores, que se pronunciarão sobre a gestão da escola ou sobre determinados aspectos dos programas educativos. De maneira geral, convém desenvolver, em cada estabelecimento de ensino, processos que definam o papel dos diferentes atores, favorecendo a cooperação entre professores, direção e pais, assim como o diálogo com o conjunto da comunidade local. A prática da negociação e da conciliação na gestão de estabelecimentos de ensino e na vida escolar constitui, em si mesma, um fator de aprendizagem democrática. Por outro lado, a autonomia das escolas estimula fortemente a inovação. Nos sistemas excessivamente centralizados, a inovação tende a limitar-se a experiências-piloto, destinadas a servir de base, em caso de sucesso, a medidas de caráter geral. Não serão necessariamente aplicadas de maneira pertinente em todas as situações – de fato, é sabido que o sucesso das inovações depende, essencialmente, das condições locais. Por isso, o importante parece ser generalizar a capacidade de inovar mais do que a inovação em si mesma.

A Comissão é, pois, favorável à ampla descentralização dos sistemas educativos, apoiada na autonomia das escolas e na participação efetiva dos agentes locais. Defende que essa tendência é reforçada pela necessidade de uma educação que se estenda ao longo de toda a vida, assim como pela emergência de sociedades educativas voltadas para os recursos da educação informal. Contudo, está consciente de que as formas de organização e de gestão da educação não são fins em si mesmas, mas instrumentos cujo valor e eficácia dependem muito dos contextos político, econômico, social e cultural. As medidas de descentralização podem ser levadas a cabo tanto por meio de processos democráticos, como por meio de processos arbitrários e geradores de exclusões sociais. Vários exemplos e, em especial, o da América Latina, mostraram que a descentralização pode reforçar a desigualdade já existente entre regiões e entre grupos sociais, e o enfraquecimento do papel do Estado central não permite, assim, desencadear mecanismos compensatórios. De maneira geral, "a experiência internacional demonstra que, nos casos em que a descentralização foi bem-sucedida, esta se deu sempre a partir de uma administração central bem estabelecida"[2], o que nos leva a afirmar a necessidade de uma regulamentação conjunta, e de definir, com precisão, o papel que cabe aos poderes públicos nessa regulamentação.

Necessidade de regulamentação do conjunto do sistema

Seja qual for a organização do sistema educativo (mais ou menos descentralizado ou mais ou menos diversificado), o Estado deve assumir certo número de responsabilidades para com a sociedade civil, na medida em que a educação constitui um bem de natureza coletiva que não pode ser regulado apenas pelas leis do mercado. Trata-se, em particular, de criar um consenso nacional sobre educação, bem como de assegurar a coerência de conjunto e de propor uma visão de longo prazo.

Uma das primeiras tarefas dos poderes públicos consiste em suscitar amplo acordo entre os diferentes atores, sobre a importância da educação e sobre o seu papel na sociedade. Sobretudo nos países em desenvolvimento, somente o diálogo permanente com todos os partidos políticos, associações profissionais ou outras, sindicatos e empresas, pode assegurar estabilidade e durabilidade aos programas educativos. O diálogo deve começar logo na concepção do programa e prolongar-se por toda sua concretização, oferecendo a possibilidade de avaliações e de ajustamentos. A experiência mostra que esse consenso social é necessário a qualquer processo de reforma e que não surge espontaneamente. É, pois, necessário dar-lhe forma institucional e permitir sua expressão, de acordo com processos democráticos.

---

2. TEDESCO, J. C. Op. cit.

É igualmente necessário assegurar a gestão programada das interdependências dos diferentes elementos do sistema educativo, sem perder de vista o caráter orgânico das relações entre as diferentes categorias de ensino. Os alunos passam, sucessivamente, do ensino básico a outros níveis de ensino ou a outros tipos de educação. As diferentes partes do sistema são interdependentes: o ensino secundário fornece alunos ao ensino superior, mas a universidade fornece professores ao ensino secundário, e muitas vezes também ao ensino primário. Em termos quantitativos, e também qualitativos, essas categorias de ensino são solidárias, e é preciso levar isso em conta no que diz respeito à regulamentação dos fluxos, bem como à definição dos conteúdos e dos processos de avaliação. Com isso, deve-se tentar aperfeiçoar as opções sobre recursos, levando em conta essa interdependência do conjunto. Evidentemente, as prioridades variam muito conforme os países, mas é preciso ter cuidado não só em manter a coerência do sistema, mas também em considerar as novas exigências de uma educação que se desenrola ao longo de toda a vida. Além disso, deve também ser assegurada a ligação entre educação e necessidades econômicas.

Resumindo: as políticas educativas devem ser políticas de longo prazo, o que assegura a continuidade das opções e a concretização das reformas. Esse é o motivo por que, em educação, deve-se ultrapassar a fase das políticas de curto prazo, assim como as reformas em cascata que são colocadas em dúvida a cada mudança de governo. Essa capacidade de antecipação deve apoiar-se em uma análise rigorosa da situação dos sistemas educativos: diagnósticos confirmados, análises prospectivas, informações sobre o contexto social e econômico, conhecimento sobre as tendências mundiais da educação e avaliações de resultados.

Assim se justifica essencialmente o papel do Estado como representante da coletividade no seu conjunto, em uma sociedade plural e baseada em parcerias, na qual a educação se desenvolve ao longo de toda a vida. Esse papel diz respeito principalmente às opções de sociedade que imprimem a sua marca na educação, mas também à regulamentação do conjunto do sistema, assim como à promoção do valor da educação. Não deve, porém, ser exercido como um monopólio estrito; é mais um canalizar de energias, um valorizar de iniciativas e um criar de condições para a emergência de novas sinergias. Corresponde, igualmente, a uma exigência de equidade e de qualidade em matéria de educação. Na lógica da equidade e do respeito ao direito à educação, trata-se pelo menos de evitar que o acesso à educação seja recusado a determinadas pessoas ou grupos sociais; é, sobretudo, importante que o Estado possa ter papel redistributivo, principalmente em favor de grupos minoritários ou desfavorecidos. A garantia da qualidade da educação pressupõe, por outro lado, que se elaborem normas globais e que se instituam meios de controle.[3]

---

3. Para uma problemática de conjunto sobre o papel do Estado na educação ver: COMMONWEALTH SECRETARIAT. The changing role of the State in education politics and partnerships. In: CONFERENCE OF COMMONWEALTH EDUCATION MINISTERS, 12. Islamabad, Pakistan, 1994. *Reports*... London: Commonwealth Secretariat, 1994.

No interior do dispositivo educativo, as instituições formais públicas ou privadas devem, evidentemente, desenvolver-se de maneira harmoniosa e de acordo com uma visão de longo prazo. Cabe, pois, às políticas nacionais garantir essa coerência no espaço e no tempo, isto é, assumir a dupla função de enquadramento e de regulamentação. A coordenação entre os diferentes níveis de ensino – primário, secundário e superior – e o desenvolvimento da oferta de educação ao longo de toda a vida são particularmente importantes para evitar disfunções. Por outro lado, nas futuras sociedades, a necessidade de mobilizar forças além das instituições formais conferirá aos poderes públicos novo papel, de acordo com duas orientações complementares. Por um lado, devem assegurar a clareza e a legibilidade do sistema educativo, garantindo assim a estabilidade do conjunto e, por outro, suscitar parcerias, encorajar inovações educativas, isto é, liberar novas energias para a educação. Confirma-se, assim, a primazia do aspecto político: é preciso guiar todos os que atuam no campo da educação para objetivos coletivos, no respeito aos valores comuns.

Opções econômicas e financeiras

O peso das dificuldades financeiras

Esses objetivos de natureza coletiva implicam opções econômicas e financeiras sempre difíceis, apesar de os problemas se colocarem de maneira diferente segundo as principais categorias de países. Os países desenvolvidos confrontam-se com uma crescente procura por escolarização e têm de encontrar os meios de resolver essa situação. Contudo, as suas dificuldades financeiras não se comparam com as dos países em desenvolvimento, esmagados entre as crescentes necessidades ligadas ao aumento demográfico, aos atrasos de escolarização e à escassez de recursos disponíveis.[4]

Despesas públicas com o ensino, 1980-1992

	Dólares americanos (bilhões)				Porcentagem do PNB			
	1980	1985	1990	1992	1980	1985	1990	1992
Total mundial*	**526,7**	**566,2**	**1.017,0**	**1.196,8**	**4,9**	**4,9**	**4,9**	**5,1**
Países em desenvolvimento	**102,2**	**101,2**	**163,4**	**209,5**	**3,8**	**4,0**	**4,0**	**4,2**
África Subsaariana	15,8	11,3	15,2	16,0	5,1	4,8	5,3	5,7
Estados árabes	18,0	23,6	24,7	26,0	4,1	5,8	5,2	5,6

4. Ver estudo realizado para a Comissão: PÉANO, Serge. *Le financement des systèmes éducatifs*. Paris: UNESCO, 1993.

	Dólares americanos (bilhões)				Porcentagem do PNB			
	1980	1985	1990	1992	1980	1985	1990	1992
Total mundial*	**526,7**	**566,2**	**1.017,0**	**1.196,8**	**4,9**	**4,9**	**4,9**	**5,1**
Paises em desenvolvimento	**102,2**	**101,2**	**163,4**	**209,5**	**3,8**	**4,0**	**4,0**	**4,2**
América Latina/ Caribe	34,2	28,9	47,1	56,8	3,9	4,0	4,1	4,4
Leste Asiático/ Oceania	16,0	20,1	31,8	41,4	2,8	3,2	3,0	3,1
China	7,6	7,7	9,1	9,8	2,5	2,6	2,3	2,0
Sul da Ásia	12,8	14,7	35,8	60,4	4,1	3,3	3,9	4,4
Índia	4,8	7,1	11,9	10,0	2,8	3,4	4,0	3,7
Países menos avançados	3,1	2,7	4,2	4,1	2,7	2,8	2,9	2,8
Países desenvolvidos	**424,5**	**465,0**	**853,6**	**987,3**	**5,2**	**5,1**	**5,1**	**5,3**
América do Norte	155,1	221,6	330,2	369,7	5,2	5,1	5,4	5,7
Ásia/Oceania*	73,0	79,3	160,8	225,5	5,8	5,1	4,8	4,8
Europa*	196,3	164,2	362,6	419,3	5,1	5,1	5,0	5,2

* Não estão incluídos os países da antiga URSS.
Fonte: UNESCO. *Rapport mondial sur l'éducation, 1995*. Paris: UNESCO, 1995. p. 108.

Os efetivos escolarizados correspondem a mais de um quarto da população mundial, enquanto as despesas públicas com educação representam cerca de 5% do Produto Nacional Bruto (PNB) mundial. Há, contudo, diferenças consideráveis que refletem a desigual repartição da riqueza no mundo, mas que também resultam de um esforço financeiro relativamente mais importante nos países desenvolvidos (5,3% do PNB em 1992) do que nos países em desenvolvimento (4,2% do PNB).

As previsões demográficas para o começo do século XXI conduzem, apesar das hipóteses de queda da fecundidade, à previsão de importantes aumentos do número de nascimentos. As projeções efetuadas pelo Banco Mundial mostram que, em especial nos países de baixo rendimento, as crianças com menos de 5 anos constituirão, ainda em 2025, o grupo mais numeroso da pirâmide etária.[5] As consequências dessas evoluções demográficas sobre a capacidade de acolhimento dos sistemas educativos tornar-se-ão ainda maiores

5. BOS, Edward; VU, My T.; MASSIAH, Ernest; BULATO, Rodolpho A. *World Population Projections, 1994-1995* (published by The World Bank). Baltimore/London: The Johns Hopkins University Press, 1994.

pelo desenvolvimento da escolarização: o aumento de efetivos escolares será superior à evolução demográfica, exceto apenas no ensino primário dos países desenvolvidos.

Conjugados com o crescimento da população, especialmente forte nos países em que o sistema educativo é mais débil, os atrasos de escolarização implicam a realização de importantes esforços nos países em desenvolvimento. As análises realizadas pela UNESCO[6] deixam prever novos aumentos dos efetivos escolares. Passariam, em todo o mundo e considerando todos os níveis de ensino, de pouco mais de um bilhão, atualmente, para perto de 1,15 bilhão no ano 2000 e 1,30 bilhão em 2025. Nesse total, a parte correspondente aos países desenvolvidos deve continuar a diminuir, devido à queda prevista na taxa de natalidade. É na categoria dos países em desenvolvimento que o aumento vai ser mais sensível, em grande parte devido ao crescimento dos efetivos escolares na África Subsaariana, nos Estados árabes e no Sul da Ásia. Esse aumento de efetivos nos países em desenvolvimento dar-se-á em todos os graus de ensino: no ensino primário (589 milhões no ano 2000, contra 522 milhões em 1992), no secundário (269 contra 227 milhões) e também no superior (40 contra 32 milhões).

Diante dessas necessidades ampliadas, muitas vezes os recursos disponíveis são cada vez menores, sobretudo em certas regiões como a África Subsaariana, devido a vários fatores, como o abrandamento da atividade econômica ou o peso da dívida externa. Além disso, os sistemas educativos entram em concorrência na utilização dos recursos públicos com os outros domínios de intervenção do Estado, e suportam as dificuldades globais do orçamento e das opções políticas, no que se refere à repartição dos recursos públicos. Tendo em vista a importância que atribui às opções educativas no desenvolvimento social, a Comissão defende que devem ser aumentados, em primeiro lugar, os recursos públicos consagrados ao setor da educação. É evidente que as situações diferem muito, sobretudo se se compara, globalmente, a situação dos países em desenvolvimento com a dos países desenvolvidos, onde a pressão demográfica é menor, onde os recursos disponíveis são mais abundantes e onde as taxas de escolarização já são elevadas. Nos países industrializados, a parte do PNB consagrada às despesas públicas com a educação conservou-se relativamente estável no decorrer dos últimos anos. Essa quase estabilidade do esforço público conjugou-se com uma evolução da demografia que contrasta com a dos países em desenvolvimento, pois a população com menos de 15 anos diminuiu 6%, entre 1970 e 1990, contra um aumento de 31% nos países em desenvolvimento. Note-se, porém, que diversos fatores – como a implantação de um ensino de massa, mesmo no superior, o aumento das necessidades em formação contínua ou a redução provável do tempo de trabalho, que oferece novas ocasiões para aprender – poderão contribuir igualmente para o aumento da procura social de educação nos países desenvolvidos.

---

6. UNESCO. *Tendances et projections des efectifs scolaires par degré d'enseignement, par âge et par sexe 1960-2025 (ré-évalués en 1993).* Paris: UNESCO, 1993.

Despesas públicas com o ensino (todos os níveis), em relação à população adulta, 1992 (em dólares dos EUA)

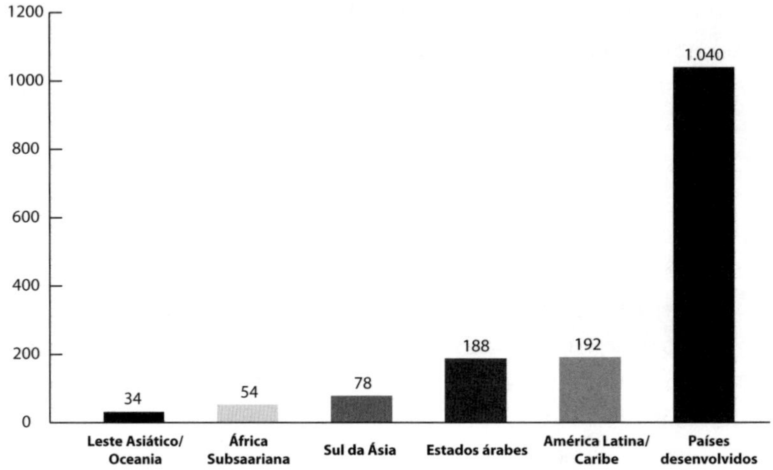

Nota: Dados numéricos recolhidos pela Divisão de Estatística da UNESCO. As regiões correspondem à nomenclatura da UNESCO. Os países da antiga União Soviética não foram incluídos.

A Comissão tem consciência de que não existe uma resposta única para o problema do financiamento da educação, considerando as diferenças entre os níveis de desenvolvimento econômico e entre os sistemas educativos dos diferentes países. Limitar-se-á, pois, a apresentar algumas orientações gerais, procurando distinguir a situação dos países em desenvolvimento da dos países desenvolvidos.

Orientações para o futuro

Aumentar os recursos públicos destinados à educação, ao invés de outras despesas, deve ser considerado como uma necessidade para todos os países, mas sobretudo para os países em desenvolvimento, uma vez que se trata de investimento essencial para o futuro. Se quisermos fixar uma ordem de grandeza, digamos que a parcela do PNB consagrada à educação nunca deverá ser inferior a 6% nos países onde esse objetivo ainda não foi alcançado. Entre outras possibilidades, a lógica do desenvolvimento humano leva a encarar a transferência, para a educação, de parte do orçamento militar, muitas vezes superior ao da educação. O desenvolvimento da educação permite, de fato, combater um conjunto de fatores de insegurança: desemprego, exclusão social, desigualdades de desenvolvimento entre nações e conflitos étnicos ou religiosos.

> Recorde-se, porém, que a educação não é apenas uma despesa social, mas também um investimento econômico e político, gerador de benefícios a longo prazo. Os sistemas educativos têm por missão formar os indivíduos para a cidadania, assegurar a transmissão de conhecimentos e de cultura entre gerações, desenvolver as aptidões pessoais.

Têm ainda por missão formar as pessoas qualificadas de que as economias virão a ter necessidade no futuro.[7]

O desenvolvimento de um país pressupõe, em particular, que a sua população ativa saiba utilizar as tecnologias complexas e dê prova de criatividade e de espírito de adaptação, atitudes que dependem, em grande parte, do nível de formação inicial das pessoas. O investimento educativo é, assim, uma condição essencial para o desenvolvimento econômico e social no longo prazo e deve ser protegido em períodos de crise.

Despesas com a educação por fonte de financiamento, incluindo todos os níveis de ensino*, em alguns países, 1991 (porcentagens)

Grupos e países	Financiamento público	Financiamento privado
Países da OCDE		
Alemanha	72,9	27,1
Austrália	85,0	15,0
Canadá	90,1	9,9
Dinamarca	99,4	0,6
Espanha	80,1	19,9
Estados Unidos	78,6	21,4
Finlândia	92,3	7,7
França	89,7	10,3
Irlanda	93,4	6,6
Japão	73,9	26,1
Países Baixos	98,0	2,0
Países com fraco e médio rendimento		
Haiti	20,0	80,0
Hungria	93,1	6,9
Índia	89,0	11,0
Indonésia[a]	62,8	37,2
Quênia[b] (1992/1993)	62,2	37,8
Uganda (1989/1990)	43,0	57,0
Venezuela (1987)	73,0	27,0

* Ensino formal primário, secundário e superior (NDLR).
(a) Apenas ensino público. As fontes de financiamento privado incluem unicamente as famílias.
(b) Apenas ensino primário e secundário. As fontes de financiamento privado compreendem unicamente as famílias.
Fonte: WORLD BANK. *Priorities and strategies for education*. Washington, D.C.: The World Bank, 1995. p. 54.

7. PÉANO, Serge. Op. cit.

Por outro lado, a Comissão entende que é não só legítimo como também desejável mobilizar os recursos financeiros privados, a fim de limitar a pressão exercida sobre o orçamento dos Estados. O recurso a financiamentos privados será necessariamente diferente conforme a situação de cada país e não coloca em questão a participação financeira do Estado. Essa participação continua a ser primordial, sobretudo nos países mais pobres nos quais o recurso a fundos privados não bastaria, por si só, para assegurar um financiamento são e duradouro do sistema educativo. São várias as formas de financiamento privado: participação – ainda que limitada – das famílias ou dos estudantes nos custos da escolaridade; responsabilização das comunidades locais por uma parte dos custos de construção e manutenção das escolas; envolvimento de empresas no financiamento da formação profissional; e autofinanciamento parcial, no caso de escolas técnicas e profissionais ou de universidades, graças ao estabelecimento de contratos de pesquisa.

É igualmente possível admitir a hipótese de sistemas de financiamento misto, combinando fundos públicos e privados em proporções variáveis segundo os níveis de ensino, assegurando sempre a gratuidade da educação básica. A Comissão analisou, com particular atenção, as propostas formuladas nesse sentido pelo Banco Mundial em relação aos países em desenvolvimento, que dão especial realce à educação básica no investimento público (ver destaque). Tais orientações parecem constituir uma boa base, pois permitem que cada país estabeleça prioridades na repartição dos recursos. A Comissão sublinha, contudo, a importância dos recursos públicos para o ensino superior: o recurso a financiamentos privados não deve comprometer os fundamentos e a existência desse tipo de ensino nos países em desenvolvimento, onde representa um elemento essencial da coerência do sistema educativo, assim como um importante fator de progresso científico e tecnológico. Entretanto, mantendo constante o financiamento público, os recursos obtidos com a cobrança de taxas podem permitir melhoria qualitativa do ensino universitário.

Prioridade à educação básica no investimento público

Uma repartição mais eficaz, equitativa e duradoura dos novos investimentos públicos consagrados à educação seria uma grande ajuda para que os sistemas educativos pudessem vencer os desafios com que se defrontam atualmente. A eficácia consiste em investir o dinheiro público no setor em que ele produza o rendimento mais elevado – no caso da educação é, geralmente, na educação básica. Por uma questão de equidade, o governo deve cuidar para que nenhum aluno que possua as aptidões requeridas deixe de ter acesso à educação por não ter meios para pagá-la. Sendo a diferença entre benefício pessoal e rendimento social mais acentuada no ensino superior do que na educação básica, há boas razões para pensar que os alunos do ensino superior e suas famílias aceitarão suportar uma parte do custo dos estudos. Os governos podem igualmente estimular os financiamentos privados, responsabilizando-se por alguns dos riscos que fazem que as instituições financeiras hesitem em conceder empréstimos para o financiamento de estudos superiores.

Os poderes públicos poderiam combinar taxas e investimentos eficazes, no setor público, de acordo com os seguintes princípios:

- gratuidade da educação básica, com responsabilização de alguns dos custos por parte das comunidades locais e ajudas reservadas aos filhos de famílias modestas;
- se necessário, cobrança seletiva de taxas no segundo ciclo do ensino secundário, com concessão de bolsas a determinados alunos;
- cobrança generalizada de taxas no ensino superior público combinada com empréstimos, deduções fiscais e outros mecanismos que permitam aos estudantes sem recursos adiar o pagamento dos estudos até o momento em que comecem a ganhar a vida, e atribuição seletiva de bolsas, pois as pessoas de poucos recursos têm sempre receio de se endividar no presente por conta de futuros rendimentos;
- garantia de acesso a um ensino primário de qualidade para todas as crianças, dando prioridade absoluta a esse nível de ensino, nas despesas públicas com a educação, em todos os países;
- ampliação do acesso ao ensino secundário geral (em primeiro lugar, no nível do primeiro ciclo e, depois, em todos os níveis do secundário) como segunda prioridade, uma vez assegurado o acesso de todas as crianças a uma educação primária de qualidade;
- racionalização das despesas públicas no nível das escolas.

A estabilidade dos orçamentos exige, por outro lado, projeções regulares das despesas públicas previstas, assim como esforços contínuos para garantir a execução de planos e de mecanismos de financiamento.

Fonte: WORLD BANK. *Priorities and strategies for education*. Washington, D.C.: The World Bank, 1995. p. 10.

A Comissão defende, contudo, que o recurso a financiamentos privados não deve ser uma resposta para a busca de equilíbrios no curto prazo, pois esse processo corre o risco de se traduzir em incoerências, desperdício ou desigualdades. Cabe às autoridades governamentais organizar parcerias financeiras, realizando as correções necessárias. É preciso, antes de mais nada, para evitar que a educação aumente as desigualdades sociais, que se mobilizem importantes recursos em favor de grupos populacionais menos favorecidos, a fim de desenvolver, por exemplo, medidas de apoio específico destinadas a combater o insucesso escolar, ou uma educação de qualidade dirigida a minorias étnicas ou a habitantes de regiões mais afastadas. É evidentemente necessário um financiamento público que assegure a equidade e a coesão social.

Em suma, trata-se, pois, de gerenciar melhor os recursos existentes sem prejudicar a qualidade e a equidade em uma perspectiva de longo prazo. Esse princípio leva-nos a analisar diferentes meios de melhorar a eficácia interna da educação. Por exemplo, a redução das taxas de repetência e de abandono escolar, particularmente elevadas na África e na América Latina, ao diminuir o número total de alunos que permanecem na escola, deve aumentar a pertinência e a eficácia da despesa com a educação. Calcula-se que, no Brasil, o custo das repetências represente cerca de 2,5 bilhões de dólares por ano. Esse valor poderia ser investido, de forma útil, no desenvolvimento da educação pré-escolar, a fim de permitir melhor escolarização posterior das crianças. A descentralização da administração e a maior autonomia das escolas conferem também maior eficácia às despesas com a educação, permitindo melhor adaptação às necessidades locais. Já vimos que essas despesas devem ser inscritas no quadro de uma regulamentação do conjunto, a fim de evitar incoerências de gestão. Por outro lado, diversas medidas podem ser consideradas, para melhorar a relação custo/eficácia da educação nos países em desenvolvimento, como o prolongamento do ano escolar, a construção de estabelecimentos escolares a custos reduzidos e o desenvolvimento do ensino a distância. Importa, no entanto, colocar de lado, a todo custo, qualquer tentativa de produtividade a curto prazo que possa comprometer a qualidade do ensino. Assim, o aumento do número de alunos por turma não tem razão de ser quando esse número já é muito elevado, como acontece nos países com maiores dificuldades. Finalmente, não se deve esquecer que qualquer medida tendente a baixar o nível de exigência no recrutamento e na formação de professores é prejudicial à qualidade do ensino, e compromete gravemente o futuro.

A Comissão considera, enfim, que o princípio de uma educação realizada ao longo de toda a vida deve levar todos os países – talvez, em uma primeira fase, os países desenvolvidos, onde as dificuldades financeiras são menores – a reexaminar, em uma perspectiva mais ampla, as modalidades de financiamento da educação, procurando conciliar o princípio fundamental da igualdade de oportunidades com a necessária diversificação dos percursos individuais no final da escolaridade obrigatória financiada com recursos públicos. A alternância entre períodos dedicados à vida profissional e períodos de formação e de educação implica uma diversidade de financiamentos. É legítimo contar com a contribuição das empresas quando se trata de aumentar as qualificações da mão de obra e de fazer que os indivíduos participem do que constitui para eles, ao mesmo tempo, um investimento pessoal que lhes possibilita alcançar um nível de remuneração mais elevado, bem como um meio de realização pessoal. Quanto aos financiamentos públicos, eles se justificam plenamente pelos benefícios de ordem coletiva que a sociedade, no seu todo, retira do desenvolvimento da educação. A questão do financiamento do ensino superior pode ser encarada desta perspectiva: o desenvolvimento de um ensino superior de massas justifica maior recurso às taxas escolares, compensadas pela concessão de bolsas seletivas para estudantes desfavorecidos e pelo incremento de sistemas de empréstimos.

A Comissão analisou, ainda, uma solução mais audaciosa. Considerando que a educação deve prosseguir ao longo de toda a vida, poderia pensar-se em atribuir a cada jovem, no momento em que começa a sua escolaridade, um crédito de tempo para a educação, correspondente a determinado número de anos de ensino. Esse crédito seria depositado na sua conta, em um banco que se encarregaria de gerenciar, de algum modo e para cada jovem, um capital de tempo escolhido, provido dos meios financeiros adequados. Cada jovem disporia desse capital de acordo com a sua experiência escolar e as suas próprias opções. Poderia conservar uma parte desse capital para, na vida pós-escolar ou na vida adulta, poder beneficiar-se das possibilidades da formação contínua. Teria igualmente a possibilidade de aumentar esse capital, fazendo depósitos financeiros na sua conta no "banco de tempo atribuído", como se se tratasse de uma espécie de conta poupança consagrada à educação. Talvez essa reforma parecerá demasiado radical ou sistemática, tendo em vista as condições e práticas existentes neste ou naquele país, mas poderia ser aproveitada na sua motivação – lutar contra a desigualdade de oportunidades – na forma de crédito concedido apenas no fim do período de escolaridade obrigatória e que permitiria ao adolescente escolher o seu caminho sem hipotecar o futuro.

Recurso aos meios oferecidos pela sociedade da informação

Impacto das novas tecnologias na sociedade e na educação

A Comissão não poderia analisar as principais opções sociais que a educação deve enfrentar sem recordar a importância que convém dar às novas tecnologias da informação e da comunicação. A questão ultrapassa, de fato, o contexto da sua simples utilização pedagógica e implica reflexão de conjunto sobre o acesso ao conhecimento no mundo de amanhã. Aqui, apenas se fará o esboço dessa reflexão, mas a Comissão chama a atenção para o fato de essas novas tecnologias estarem gerando, sob os nossos olhos, uma verdadeira revolução, que afeta tanto as atividades ligadas à produção e ao trabalho como as ligadas a educação e à formação.

As inovações que marcaram todo o século XX, quer se trate do disco, do rádio, da televisão, da gravação audiovisual, da informática ou da transmissão de sinais eletrônicos por via hertziana, por cabo ou por satélite, revestiram-se de uma dimensão não puramente tecnológica, mas essencialmente econômica e social. A maioria desses sistemas tecnológicos, hoje miniaturizados e a preço acessível, invadiu boa parte dos lares do mundo industrializado e é utilizada por um número cada vez maior de pessoas no mundo em desenvolvimento.[8] Tudo leva a crer que o impacto das novas tecnologias ligadas ao desenvolvimento das redes informáticas vai se ampliar muito rapidamente, atingindo todo o mundo.

Todas as sociedades atuais são, pois, em maior ou menor grau, sociedades da informação, nas quais o desenvolvimento das tecnologias pode criar um ambiente cultural e educativo suscetível de diversificar as fontes do conhecimento e do saber. Por outro lado, as tecnologias caracterizam-se pela sua complexidade crescente e pela gama cada vez mais ampla de possibilidades que oferecem. Podem, em especial, combinar uma capacidade elevada de armazenagem de informação com meios de acesso quase individualizados, bem como com uma distribuição em grande escala. Contudo, essas possibilidades, por maiores que sejam em teoria, devem ser enquadradas em um contexto social e econômico preciso: a

8. Ver, sobre esse ponto, estudo realizado para a Comissão: HANCOCK, A. *L'éducation et les technologies contemporaines de la communication*. Paris: UNESCO, 1993.

Comissão tem consciência dos contrastes profundos entre países industrializados e países em desenvolvimento, em matéria de capacidade de investimento, de potencial de pesquisa e concepção, de resultados comerciais e de taxas de rentabilidade. Acrescente-se a isso o fato de os países em desenvolvimento terem também prioridades educativas diferentes, por terem níveis de escolarização menos elevados e infraestruturas menos desenvolvidas. Então, as prioridades em matéria de utilização das tecnologias na educação também serão diferentes:

> Nos países em desenvolvimento, o interesse mais imediato é a possibilidade de aumentar e de realizar economias de escala, e não o acesso individualizado à interatividade; no mundo industrializado, dá-se o inverso, dado que a distribuição e o acesso estão quase assegurados e que a individualização pode contar muito mais.[9]

Assim, a maior parte dos projetos levados a cabo nos países em desenvolvimento procura, sobretudo, alcançar públicos muito numerosos ou públicos que não podem ser alcançados pelos meios normais; como exemplos, temos a utilização de satélites, na Índia, para atingir aldeias afastadas; a rede de rádio educativa, desenvolvida na Tailândia nos anos 1980; e o programa nacional de ensino a distância na China. Nos países desenvolvidos, procura-se explorar mais as propriedades ilustrativas dos meios audiovisuais, assim como a possibilidade de atingir grupos específicos, minoritários ou desfavorecidos.

Recordemos, a esse propósito, que a utilização pedagógica das tecnologias de informação e de comunicação não constitui fato novo: por exemplo, a rádio educativa já aparece antes da Primeira Guerra Mundial. Porém, não foi apenas a gama das tecnologias usadas e o seu grau de complexidade que mudou com o tempo; foi também a vontade de alcançar, além do sistema escolar formal, um público cada vez mais vasto, de todas as idades, desde crianças em idade pré-escolar até a população adulta no seu todo. Fizeram-se várias experiências; a períodos de dúvida sucederam-se períodos de euforia, e atualmente parece-nos difícil fazer um balanço do que foi realizado, considerando a diversidade das fórmulas utilizadas. Entretanto, avaliações rigorosas de alguns programas experimentais – como a televisão educativa na Costa do Marfim ou o projeto experimental de utilização de satélite (SITE) na Índia, por exemplo – revelam que a tecnologia não pode, por si só, constituir uma solução milagrosa para as dificuldades percebidas pelos sistemas educativos. Ela deve, evidentemente, ser utilizada em associação com formas clássicas de educação, e não ser considerada como processo de substituição, autônomo em relação a elas.

Escola Nacional para Todos na Índia

A Escola Nacional para Todos (*National Open School*) é um instituto piloto de educação aberta no nível escolar. Foi criado em 1989 pelo governo indiano, e desempenha papel central no processo de generalização da educação básica, assegurando mais equidade e justiça social

9. HANCOCK, A. Op. cit.

e estimulando o estudo em todas as camadas da sociedade. A escola propõe programas de ensino primário, secundário, secundário-superior, profissional, assim como cursos de enriquecimento da vida quotidiana. Os alunos podem escolher livremente os seus cursos e optam frequentemente por diversas combinações de formação geral e profissional. Os cursos são ministrados em inglês e nas várias línguas locais.

O estabelecimento está aberto a pessoas de qualquer idade, a partir dos 14 anos, e tem tido muito sucesso entre as mulheres, que constituem 38% dos efetivos. Mais de 50% dos alunos pertencem, de modo geral, a grupos marginalizados – aos quais pertencem também as mulheres.

Utilizando diversos meios de comunicação social, o ensino insiste, sobretudo, nos aspectos qualitativos das técnicas baseadas no texto, mas não teme apelar às tecnologias mais avançadas, como programas de televisão ou gravações audiovisuais de tipo educativo, que sirvam para enriquecer os cursos e complementar a relação professor/aluno. O custo unitário é inferior a um quarto do custo por aluno nas escolas de tipo clássico. Fazendo uso da rede de escolas existentes, a Escola Nacional para Todos faz que os seus alunos se beneficiem dessa infraestrutura e coloca ainda à sua disposição meios aos quais esses estabelecimentos de ensino normalmente não têm acesso.

Um debate que compromete em larga escala o futuro

É tendo em vista a riqueza da experiência acumulada que a Comissão pretende indicar certos pontos relacionados à utilização das novas tecnologias na educação, sobre os quais a comunidade internacional poderá refletir no futuro.

A utilização dessas tecnologias no ensino a distância, já muito comum, constitui uma primeira e indiscutivelmente promissora via para todos os países. A comunidade educativa pode, de fato, apoiar-se neste material sobre uma sólida experiência internacional, a partir da criação da Universidade Aberta (*Open University*), no Reino Unido no começo dos anos 1970. O ensino a distância recorreu a vetores muito diversos: cursos por correspondência, rádio, televisão, suportes audiovisuais, ensino por telefone e teleconferências. O lugar dos meios de comunicação e das tecnologias educativas nos diferentes sistemas de ensino a distância é muito variável, e pode ser adaptado à situação e às infraestruturas de cada país: assim, os países em desenvolvimento, por exemplo, têm preferido o rádio à televisão.

Se as tecnologias mais recentes ainda não fazem, necessariamente, parte desse processo, estão prestes a produzir melhorias significativas, especialmente em matéria de individualização da aprendizagem. Por outro lado, pode-se perceber uma convergência cada vez maior entre o ensino a distância e outros tipos de atividades a distância, como o "teletrabalho", que certamente serão desenvolvidas. Tanto para os que irão aprender como para os que irão trabalhar a distância, é possível que as fronteiras entre educação, trabalho e até lazer desapareçam, sob o efeito de um fenômeno de convergência tecnológica, dado que um mesmo canal permite a realização de diversas atividades.

Tudo também leva a crer que as novas tecnologias desempenharão um papel cada vez mais importante na educação de adultos, de acordo com as condições próprias de cada país, e que deverão ser um dos instrumentos da educação ao longo de toda a vida, conceito cujos contornos a Comissão tentou definir. Sendo já utilizadas com sucesso no contexto da formação contínua ministrada nas empresas, constituem elemento essencial desse potencial educativo presente no seio da sociedade, que é preciso mobilizar na perspectiva do século XXI.

Finalmente, a Comissão tem uma opinião bem clara sobre a introdução das novas tecnologias da informação e da comunicação nos sistemas educativos: trata-se, a seu ver, de um desafio decisivo, e é importante que a escola e a universidade se coloquem no centro dessa profunda transformação que afeta o conjunto da sociedade. Não há dúvida de que a capacidade individual de acessar e tratar a informação vai ser um fator determinante para a integração da pessoa, não só no mundo do trabalho, mas também no seu ambiente social e cultural. É também indispensável, a fim de não aprofundar ainda mais as desigualdades sociais, que os sistemas educativos ensinem a todos os alunos o domínio e a mestria dessas técnicas. Dois objetivos devem, desde já, orientar essa tarefa: assegurar melhor difusão de saberes e aumentar a igualdade de oportunidades.

Por outro lado, as novas tecnologias oferecem, como instrumentos de educação de crianças e adolescentes, uma oportunidade sem precedentes de responder, com toda a qualidade necessária, a uma procura cada vez mais intensa e diversificada. As possibilidades e vantagens que apresentam no campo pedagógico são consideráveis. Em especial, o recurso ao computador e aos sistemas multimídia permite traçar percursos individualizados em que cada aluno pode progredir de acordo com o seu ritmo. Oferecem igualmente aos professores a possibilidade de organizar mais facilmente as aprendizagens em turmas de nível heterogêneo. A tecnologia do disco compacto (*CD*) é especialmente promissora, na medida em que permite gerar um volume considerável de informações, integrando som, imagem e texto, e sem exigir conhecimentos prévios sobre informática. A interatividade permite ao aluno colocar questões, procurar ele mesmo informações ou aprofundar certos aspectos de assuntos tratados na aula. O recurso às novas tecnologias constitui, também, meio de combater o insucesso escolar: observa-se, muitas vezes, que alunos com dificuldades no sistema tradicional ficam mais motivados quando têm oportunidade de utilizar essas tecnologias e podem, desse modo, revelar melhor os seus talentos.

Em direção a uma sociedade que aprende

Ensinar é uma arte, e nada pode substituir a riqueza do diálogo pedagógico; contudo, a revolução midiática abre ao ensino vias inexploradas. As tecnologias informáticas multiplicaram por dez as possibilidades de busca de informações, e os equipamentos interativos e multimídia colocam à disposição dos alunos um manancial inesgotável de informações:

- computadores de qualquer capacidade e complexidade;
- programas de televisão educativa por cabo ou por satélite;
- equipamentos multimídias;
- sistemas interativos de troca de informações, incluindo correio eletrônico e acesso direto a bibliotecas eletrônicas e a bancos de dados;
- simuladores eletrônicos;
- sistemas de realidade virtual em três dimensões.

Munidos desses novos instrumentos, os alunos tornam-se pesquisadores. Os professores ensinam os alunos a avaliar e a gerenciar, na prática, a informação que lhes chega. Esse processo revela-se muito mais próximo da vida real do que os métodos tradicionais de transmissão do saber. Começam a surgir nas salas de aula e novos tipos de relacionamento.

Fonte: ERT. *Une éducation européenne:* vers une société qui apprend. Bruxelles: European Round-Table of Industrialists/Education Group, 1994. p. 27.

Assim, a Comissão defende que, tendo em vista as diversas vantagens, a questão da utilização de novas tecnologias na educação constitui opção financeira, social e política, e deve ser uma das principais preocupações dos governos e das organizações internacionais. Considerando que os países em desenvolvimento estão atualmente em desvantagem por possuírem menos capacidade tecnológica e recursos financeiros limitados, tudo deve ser tentado, para que a diferença entre eles e os países ricos não aumente ainda mais: o reforço das infraestruturas e das capacidades, assim como a difusão das tecnologias por toda a sociedade, devem ser consideradas prioridades e, por isso, devem se beneficiar de ajuda internacional. A criação de centros experimentais, ligados em rede aos estabelecimentos escolares, pode ser um meio, relativamente pouco dispendioso, para a ampla difusão da informação e do conhecimento. Uma espécie de "compressão" tecnológica parece ser a solução em muitos casos: não é necessário que os países em desenvolvimento passem por todas as etapas sucessivas percorridas pelos países desenvolvidos; muitas vezes, eles terão vantagem em optar logo pelas tecnologias mais inovadoras. A formulação de políticas de difusão nos países em desenvolvimento representa, pois, um desafio para a educação e exige estreita cooperação entre empresas, governos e organizações internacionais. A Comissão adverte, contudo, que o desenvolvimento das tecnologias, longe de se realizar em detrimento do texto escrito, restitui-lhe papel essencial, e que o livro, já não sendo o único instrumento pedagógico, não deixa, contudo, de ocupar lugar central no ensino: continua a ser o suporte mais fácil de se manejar e o mais econômico, bem como ilustra os ensinamentos do professor, permitindo que o aluno reveja os seus conhecimentos e adquira autonomia.

A esse respeito, deve-se recordar um ponto essencial: o desenvolvimento das novas tecnologias em nada reduz o papel dos professores; antes, modifica-o profundamente e constitui para eles uma oportunidade que deve ser aproveitada (conforme o sétimo capítulo). Em uma sociedade da informação, o professor já não pode, com certeza, ser considerado como o único detentor de um saber que apenas lhe basta transmitir. Ele se torna, de algum modo, parceiro de um saber coletivo, que lhe compete organizar, situando-se decididamente na vanguarda do processo de mudança. É também indispensável que a formação inicial, e mais ainda a formação contínua dos professores, confira-lhes verdadeiro domínio desses novos instrumentos pedagógicos. De fato, a experiência tem demonstrado que a tecnologia mais avançada não tem qualquer utilidade para o meio educativo se o ensino não estiver adaptado à sua utilização. Deve-se, pois, elaborar conteúdos programáticos que façam que essas tecnologias se tornem verdadeiros instrumentos de ensino, o que pressupõe, da parte dos professores, vontade de questionar as suas práticas pedagógicas. Além disso, também devem ser sensíveis às modificações profundas que essas novas tecnologias provocam nos processos cognitivos. Já não basta que os professores ensinem os alunos a aprender; os professores também devem ensiná-los a buscar, a relacionar entre si as informações e, assim, a revelar espírito crítico. Tendo em vista a enorme quantidade de informações que circulam atualmente nas redes de informação, ser capaz de se orientar no meio dos saberes tornou-se um pré-requisito do próprio saber; para tanto, é necessário aquilo que alguns já chamam de *nova alfabetização*. Essa "alfabetização informática" é cada vez mais necessária para se chegar a uma verdadeira compreensão do real. Ela constitui, assim, via privilegiada de acesso à autonomia, levando cada um a comportar-se em sociedade como um indivíduo livre e esclarecido.

* * *

A Comissão está, de fato, convencida de que nesse campo, como em muitos outros, escolher determinado tipo de educação equivale a optar por determinado tipo de sociedade. É sua profunda convicção que as opções educativas devem ser feitas no sentido de maior responsabilidade de cada cidadão, preservando o princípio fundamental da igualdade de oportunidades. É por isso que as medidas que preconiza não são puramente técnicas, mas, em grande parte, políticas: uma descentralização bem feita associa os diferentes atores sociais aos processos de decisão e liberta capacidades de inovação sem colocar em questão a necessidade de regulamentação do conjunto. Financiamentos diversificados, fundados sobre a lógica das parcerias precisam de dispositivos que ensejem percursos educativos diferenciados. Uma atenção profunda quanto às implicações sociais e educativas das novas tecnologias da comunicação e da informação leva a domínio mais amplo dos saberes. A educação ao longo de toda a vida permite dar uma orientação a essa dimensão social da educação. Pressupõe a implementação de uma escola básica de caráter universal, de boa qualidade e acessível a todos, seja qual for a sua situação geográfica, material, social ou cultural. Oferece a todos a possibilidade de dispor de novas oportunidades, terminado o ciclo de educação inicial. Passa também pelo estímulo aos diversos talentos, pela criação de múltiplas carreiras e deve mobilizar, para esse efeito, o conjunto de recursos acumulados pela sociedade.

Pistas e recomendações

- As opções educativas são opções de sociedade: exigem, em todos os países, um amplo debate público baseado na avaliação rigorosa dos sistemas educativos. A Comissão convida as autoridades políticas a facilitar esse debate, de modo que se chegue a um consenso democrático, que constitui a melhor via para o sucesso das reformas educativas.
- A Comissão preconiza a adoção de medidas que permitam associar os diferentes atores sociais às tomadas de decisão em matéria educativa; defende que a descentralização administrativa e a autonomia das escolas podem levar, na maior parte dos casos, ao desenvolvimento e à generalização da inovação.
- É nessa perspectiva que a Comissão reafirma a importância do político: cabe-lhe o dever de apresentar as opções com clareza e assegurar regulamentação do conjunto, por meio das adaptações necessárias. A educação constitui, de fato, um bem coletivo que não pode ser regulado pelo simples jogo do mercado.
- A Comissão tampouco subestima o peso das dificuldades financeiras e preconiza o estabelecimento de parcerias entre os setores público e privado. Para os países em desenvolvimento, o financiamento público da educação básica continua a ser prioridade, mas as opções feitas não devem colocar em dúvida a coerência do sistema no seu conjunto, nem sacrificar os outros níveis de ensino.
- Por outro lado, é indispensável que as estruturas de financiamento sejam reexaminadas à luz do princípio segundo o qual a educação deve ser desenvolvida ao longo de toda a vida da pessoa. Nesse espírito, a Comissão considera que a proposta de um crédito de tempo para a educação, tal como é formulada sumariamente neste Relatório, merece ser debatida e aprofundada.
- O desenvolvimento das novas tecnologias da informação e da comunicação deve suscitar uma reflexão conjunta sobre o acesso ao conhecimento no mundo de amanhã. A Comissão recomenda:
  - a diversificação e o aperfeiçoamento do ensino a distância com recurso às novas tecnologias;
  - a crescente utilização dessas tecnologias no âmbito da educação de adultos, em particular para a formação contínua de professores;
  - o reforço das infraestruturas e das capacidades dos países em desenvolvimento nesse domínio, assim como a difusão das tecnologias por toda a sociedade: trata-se, em qualquer dos casos, de pré-requisitos para sua utilização no contexto dos sistemas educativos formais;
  - o lançamento de programas de difusão de novas tecnologias, sob os auspícios da UNESCO.

CAPÍTULO 9

COOPERAÇÃO INTERNACIONAL: EDUCAR A ALDEIA GLOBAL

A globalização das atividades, traço característico da nossa época, coloca em relevo, como mostramos nos primeiros capítulos deste Relatório, a amplitude, a urgência e a imbricação dos problemas a serem enfrentados pela comunidade internacional. O rápido crescimento demográfico, o esbanjamento dos recursos naturais e a consequente degradação do meio ambiente, a pobreza persistente de grande parte da humanidade, a opressão, a injustiça e a violência de que ainda padecem milhões de pessoas, exigem ações corretivas de grande envergadura. Somente uma cooperação internacional, renovada no seu espírito e reforçada em seus meios, permitirá desencadear tais ações. Irreversível, a globalização exige respostas globais, e a construção de um mundo melhor – ou menos mau – tornou-se, mais do que nunca, tarefa de todos.

A educação constitui inegavelmente uma dessas respostas e é, sem dúvida, a mais fundamental. É preciso inscrever a cooperação em matéria de educação no contexto mais amplo dos esforços a serem levados a cabo pela comunidade internacional, para suscitar uma tomada de consciência do conjunto dos problemas a serem resolvidos e procurar consensos sobre questões que exigem uma ação combinada. Tal ação pressupõe a participação de múltiplos parceiros: organizações internacionais e intergovernamentais, governos, organizações não governamentais, mundo da indústria e dos negócios, organizações profissionais e sindicais e, evidentemente, no domínio que nos diz respeito, os atores do sistema educativo e do mundo intelectual.

A esse respeito, a organização pelas Nações Unidas de uma série de conferências mundiais[1] e a recente criação da Organização Mundial do Comércio (OMC) constituem marcos de uma ação comum que apela para a interdependência das nações. Essas conferências, as suas consequências e a organização de projetos concretos com elas relacionados

---

1. Conferência Mundial Encarregada de Examinar os Resultados da Década das Nações Unidas para a Mulher: Igualdade, Desenvolvimento e Paz (Nairóbi, Quênia, julho de 1985); Conferência Mundial sobre Educação para Todos: Satisfação das Necessidades Básicas de Aprendizagem (Jomtien, Tailândia, 5-9 de março de 1990); Conferência das Nações Unidas para o Ambiente e o Desenvolvimento – CNUED (Rio de Janeiro, Brasil, junho de 1992); Conferência Internacional sobre População e Desenvolvimento (Cairo, Egito, 5-13 de setembro de 1994); Cúpula Mundial para o Desenvolvimento Social (Copenhague, Dinamarca, 6-12 de março de 1995); Quarta Conferência Mundial sobre as Mulheres: Luta pela Igualdade, o Desenvolvimento e a Paz (Beijing, China, 4-15 de setembro de 1995).

definem o quadro e traçam os contornos do que poderíamos chamar de os grandes estaleiros da cooperação internacional nos fins do século XX. Etapas de um processo verdadeiramente mundialista testemunham a vontade de muitos atores da cena internacional de transformar, pela cooperação, a globalização dos problemas em uma força positiva. Igualmente, os trabalhos das comissões internacionais, como as Comissões Brandt e Brundtland, a Comissão de Governabilidade Global e a Comissão Mundial da Cultura e do Desenvolvimento, demonstram a força dessas tendências.

Esse recurso cada vez maior à ação internacional para tentar encontrar soluções coletivas para os problemas de caráter mundial reflete-se também no aumento significativo, nos últimos anos, das intervenções da Organização das Nações Unidas (ONU) para assegurar a paz e a segurança em diferentes partes do mundo. Assim, o número de conflitos nos quais a ONU interveio (diplomacia preventiva e manutenção da paz) passou de 11 em 1987, para 53 em 1991, e para 78 em 1994. É certo que os resultados obtidos nesse domínio e em outros são, por vezes, decepcionantes, e obrigam, agora que a ONU acaba de celebrar o seu 50º aniversário, a levantar a questão sobre a natureza das reformas que se tornam indispensáveis ao Sistema das Nações Unidas, assim como das suas modalidades de ação, se se quiser aumentar a eficácia das suas intervenções. Esboça-se, no entanto, um movimento geral que prefigura – espera-se – o aparecimento, no século XXI, de uma sociedade verdadeiramente mundial.

Uma vez que suas áreas de competência abrangem domínios vitais, a UNESCO tem, evidentemente, grandes responsabilidades a assumir, ao lado das outras organizações internacionais. Em especial, num momento da história em que o papel-chave da educação no desenvolvimento nacional e humano é "universalmente reconhecido e proclamado" – para retomar as palavras do seu diretor-geral[2] –, é lógico que ela esteja associada a muitos dos projetos por meio dos quais a comunidade internacional procura construir o seu futuro. Pela mesma razão, várias recomendações da nossa Comissão se situam na linha dos trabalhos das conferências mundiais das Nações Unidas.

As mulheres e as jovens: uma educação para a igualdade

A Comissão chama a atenção para o interesse da Declaração da Quarta Conferência Mundial sobre as Mulheres, realizada em Pequim (Beijing) em setembro de 1995. Nessa ocasião foram analisadas as diferentes formas de discriminação contra jovens e mulheres, especialmente nas áreas de educação e formação, e foram apontados à comunidade internacional vários objetivos fundamentais: garantir a igualdade de acesso das mulheres à educação, eliminar o analfabetismo feminino, melhorar o acesso das mulheres à formação profissional, ao ensino científico e tecnológico e à educação permanente.

---

2. Alocução do diretor-geral da UNESCO na cerimônia de abertura da 28ª sessão da Conferência Geral em 25 de outubro de 1995.

A Comissão faz suas essas diversas recomendações. De modo geral, entende que a recusa da igualdade em relação aos homens de que sempre foram vítimas as mulheres na maior parte das regiões do mundo, de forma maciça ou de maneira insidiosa, de acordo com as tradições e as circunstâncias, continua a ser, em fins do século XX, por sua extensão e gravidade, um atentado aos direitos do ser humano. Associando-se às numerosas e solenes declarações feitas a esse respeito nas diferentes instâncias nos últimos anos, a Comissão continua convencida de que a comunidade internacional tem o dever de tudo fazer para abolir essas desigualdades. Garantir às jovens e às mulheres uma educação que lhes permita eliminar, o mais rapidamente possível, a diferença que as separa dos homens, a fim de lhes abrir, no trabalho, na sociedade, no âmbito político, as vias de ação e de acesso ao poder que até hoje lhes foram vedadas, não é apenas uma exigência ética. Efetivamente, vários estudos colocam em evidência um fato social importante: as mulheres tornaram-se, em todo o mundo, agentes econômicos de primeira grandeza, ainda que os indicadores analisados tendam, muitas vezes, a minimizar ou a ocultar a sua verdadeira contribuição para o desenvolvimento (conforme o terceiro capítulo). A educação das mulheres e das jovens é, desse ponto de vista, um dos melhores investimentos para o futuro. Quer o objetivo seja melhorar a saúde pública das famílias, quer seja a escolarização das crianças ou a vida comunitária, é educando as mães e promovendo, de modo geral, a condição feminina, que as sociedades terão maior probabilidade de ver coroados de êxito os seus esforços. O mundo em que vivemos, dominado quase exclusivamente pelos homens, tem muito a aprender e a esperar da emancipação feminina.

Educação e desenvolvimento social

A Comissão também dedicou especial atenção tanto à maneira como decorreu a Cúpula Mundial sobre Desenvolvimento Social, realizada em Copenhague em março de 1995, como às suas recomendações. Ao tratar da pobreza, do desemprego e da exclusão social, essa Conferência chamou a atenção para a contribuição que podem oferecer as políticas educativas.

As orientações traçadas durante essa Cúpula devem ser recordadas, pois esclarecem a dimensão social das políticas educativas. Os Estados participantes comprometeram-se, de fato, a promover o acesso universal e equitativo a um ensino de qualidade e a assegurar a todos o mais alto nível de saúde física e mental, bem como os cuidados primários de saúde. Declararam que se empenhariam, sobretudo, em corrigir as desigualdades sociais, sem qualquer distinção de raça, nacionalidade, sexo, idade ou limitação física. Comprometeram-se, ainda, a respeitar e a promover as culturas comuns e particulares, a reforçar o papel da cultura no processo de desenvolvimento, a preservar as bases essenciais de um desenvolvimento sustentável, centrado no ser humano, e a contribuir para a otimização dos recursos humanos e para o desenvolvimento social. Com isso, os objetivos devem ser: eliminar a pobreza, promover o pleno emprego e o emprego produtivo, e favorecer a integração social.[3]

---

3. UNITED NATIONS. *Rapport du Sommet Mondial pour le Développement Social*. New York: UNO, 1995.

É claro que a Comissão faz suas essas conclusões, que vêm ao encontro das suas próprias concepções quanto às finalidades da educação e às áreas que ela abrange. Sente-se, assim, apoiada na sua luta por uma cooperação internacional fundada na solidariedade e na parceria. Mesmo procurando não abusar de objetivos quantitativos, a Comissão defende que, tendo em vista a contribuição própria da educação para o desenvolvimento social, esta deve poder dispor de uma proporção significativa da ajuda pública ao desenvolvimento. Essa ajuda pode ser fixada, em associação com a ação das organizações internacionais, em um quarto da ajuda global, que, a propósito, deve ser aumentada. As instituições financeiras internacionais – com o Banco Mundial em primeiro lugar – deveriam consentir em uma inflexão semelhante a favor da educação.

A Comissão espera que desdobramentos regulares da Cúpula de Copenhague sobre Desenvolvimento Social permitirão maior conscientização geral, estimularão iniciativas, desenvolverão cooperações e conduzirão à avaliação dos resultados obtidos.

Desenvolver a conversão de dívidas em proveito da educação

Sendo um investimento econômico, social e humano de longo prazo, a educação é muitas vezes sacrificada nos planos de ajustamento, quando a expansão da escolarização exigiria um aumento dos orçamentos nacionais nessa área. É preciso, pois, compensar os efeitos negativos que as políticas de ajustamento e de redução de *deficits* internos e externos têm sobre as despesas com a educação. A Comissão considera promissoras, a esse respeito, as experiências recentes de conversão de dívidas em ações em proveito da educação. A dívida externa de um país, adquirida por desconto – em divisas – nos bancos comerciais ou em outros credores, por uma agência de desenvolvimento (geralmente uma organização internacional não governamental), é parcialmente resgatada em moeda local pelo devedor, por intermédio do seu banco central, e esse montante em moeda local é destinado exclusivamente ao financiamento (às vezes por períodos relativamente longos) de programas educativos específicos. Esses acordos de conversão de dívida são difíceis de serem negociados e não se podem ser aplicados a todos os casos. Contudo, em certos países em que o tesouro público está sobrecarregado de dívidas, o organismo externo que negocia acordos desse tipo pode contribuir para um aumento das despesas com a educação. Em muitos dos países mais fortemente endividados, em que a percentagem do PNB consagrada à educação é baixa, bem como os efetivos escolares, a redução da dívida é essencial para se poder aplicar à educação uma parcela do rendimento nacional. Entretanto, essa solução não se traduz, por si só, no aumento das despesas sociais, e oferece aos doadores externos certo meio de pressão. Por outro lado, pode ajudar a resolver os problemas que a utilização de divisas para financiar despesas em moeda local ou a responsabilização por despesas correntes coloca aos organismos de ajuda ao desenvolvimento. Uma vez que são os governos e os organismos de crédito oficiais multilaterais que detêm o essencial dos créditos, a Comissão defende que deveria ser estudada a possibilidade de eles próprios participarem desses acordos de conversão.

Para um observatório UNESCO das novas tecnologias da informação

Procurando enumerar tanto os obstáculos (financeiros ou de outra natureza) que travam o progresso da educação, como as novas vias que se lhe abrem, a Comissão tentou prestar particular atenção aos domínios em que se operam transformações rápidas. Uma dessas áreas, analisada em pormenor no segundo e no oitavo capítulos, é a das novas tecnologias da informação. Estas transformam as sociedades nas quais se instalam, modificando as relações de trabalho e criando, à margem do mundo real, um mundo virtual cujas promessas e perigos são ainda muito difíceis de se avaliar. Podem também – é a opinião de muitos estudiosos atualmente – oferecer uma preciosa contribuição para os sistemas educativos. Deve-se, pois, difundir essas tecnologias em todos os países para evitar que se cave um novo fosso entre países ricos e países pobres, o que poderia comprometer as tentativas de reequilíbrio. Uma vez que a sociedade da informação é um dos grandes dados do futuro, a Comissão recomenda que a UNESCO crie um observatório encarregado de esclarecer e avaliar, na perspectiva do século XXI, dois aspectos dessa questão: a incidência previsível das novas tecnologias, tanto no desenvolvimento das sociedades como nos processos educativos propriamente ditos. Tal projeto corresponderia, a nosso ver, à função de "pilotagem" intelectual da comunidade internacional que compete à UNESCO, e permitiria, sem dúvida, conhecer melhor uma via de futuro pela qual o mundo moderno avança rapidamente, mas, por assim dizer, sem pontos de referência. A apropriação intelectual, política e social dessas tecnologias é um dos grandes desafios do século XXI.

A Comissão também entende que a UNESCO deveria desempenhar papel determinante como centro de informações (*clearing house*) na área dos programas de informática para a educação. Duas orientações principais deverão presidir concretamente essa ação: a atribuição de uma marca permanente que distinga os materiais educativos de qualidade, e o estímulo à produção de programas informáticos que respeitem a especificidade cultural de cada povo. Para tal, a UNESCO deve tomar a iniciativa de encetar o diálogo com editores de programas e empresas de informática, com vistas à criação de prêmios a serem atribuídos, todos os anos, às melhores propostas nessa matéria.

Passar da assistência à parceria

Assiste-se atualmente a uma alteração na concepção e nos papéis a atribuir à assistência internacional. Estamos em um momento de mudança, em que são colocadas em questão as formas clássicas de assistência e de cooperação, e em que começa a se impor a necessidade de transformar a "assistência" em "parceria". Tanto os países que recebem ajuda como os que a concedem buscam novas formas de cooperação, assentes verdadeiramente na troca e na vantagem mútua. Num contexto em que, independentemente dos fatores locais, a maior parte dos problemas a serem resolvidos transcendem as fronteiras locais e regionais, a cooperação é uma exigência ao mesmo tempo política e prática.

Como progredir eficazmente nesse domínio? Entre os dois grupos de países a se considerar, desenvolvidos e em desenvolvimento, as opiniões a esse respeito podem ser muito divergentes. Cada vez mais, os países beneficiários exigem ser tratados em pé de igualdade. Para eles, depender tão intimamente da experiência de outros países e estar sujeitos a modelos estrangeiros acarreta, muitas vezes, obrigações inaceitáveis, tanto no plano econômico como no cultural.

Por seu lado, os países economicamente desenvolvidos (e dentro deles, as instituições e as agências que se dedicam a estimular as transferências de recursos e de assistência técnica) sabem que não há soluções prontas. É inegável que, no passado, além de um capital de conhecimentos e de ajuda material, eles muitas vezes também transmitiram aos países em desenvolvimento seus preconceitos, suas opiniões formadas e seus erros. Em muitos países desenvolvidos, as crises econômicas e as crises de emprego alertaram para a complexidade das relações entre educação e emprego, ou entre educação e coesão social. Com isso, na atualidade os países doadores são levados a retirar ensinamentos da própria experiência nacional e a levar em conta, em matéria de cooperação internacional, os sucessos e os fracassos do passado. A Comissão pôde distinguir, no decorrer dos seus trabalhos, temas comuns suscetíveis de servir de guia para futura reflexão com vistas à renovação das estratégias de desenvolvimento. Sobretudo, parece indispensável, tanto para a cooperação internacional como para a elaboração de políticas nacionais, considerar o sistema educativo em sua totalidade e conceber as reformas como um processo democrático, que passe por processos de consulta e que seja ligado a uma política social, também ela respeitadora da prática democrática, dos direitos do homem e do direito em geral. Também é preciso encontrar meios de orientar mais eficazmente a cooperação internacional para o combate à pobreza: no domínio da educação, é preciso um esforço combinado para fazer chegar o ensino aos que dele estiveram excluídos até agora.

Seja qual for a urgência das reformas de curto prazo, é igualmente fundamental consagrar uma parte da energia e dos recursos disponíveis à criação, nos países pobres, de uma capacidade de investigação e de reforma de longo prazo. Concretamente, isso pressupõe a coleta e a análise de informações sobre os sistemas educativos que se prestem a comparações internacionais. Finalmente, é preciso estimular a livre circulação de pessoas e de conhecimentos, para tentar acabar com a diferença existente, nesse domínio, entre os países desenvolvidos e o resto do mundo.

Uma cooperação multilateral: a OECO

A Organização dos Estados do Caribe Oriental (OECO) compõe-se de oito países e territórios (Antígua e Barbuda, Dominica, Granada, Ilhas Virgens Britânicas, Monserrat, Santa Lúcia, Saint Kitts e Nevis, e São Vicente e Granadinas) cuja população total é de cerca de 550.000 habitantes.

Embora a maior parte das crianças desses países tenha uma escolaridade de pelo menos sete anos, e o ensino secundário seja ministrado a cerca de metade do grupo etário correspondente, a qualidade desse ensino causa vivas preocupações. Mais da metade dos 7.500 professores, tendo abraçado a profissão logo após terem terminado os estudos secundários, não possuem qualquer formação. O ensino superior, organizado tardiamente devido à pouca população, conta apenas com 4.000 estudantes.

A partir de 1990, os países da OECO decidiram elaborar, em comum, uma estratégia regional de reforma da educação, com vista a colocar em ação um vasto sistema de desenvolvimento de recursos humanos. Colaboram entre si 12 setores essenciais, relacionados com a elaboração de programas e o aperfeiçoamento de pessoal docente, avaliação dos alunos, reforma do ensino e da formação técnica e profissional, educação de adultos e educação permanente, ensino a distância, gestão de recursos setoriais e do processo de reforma. A partir de uma análise contínua das políticas educativas, será elaborada uma lei comum sobre educação que harmonizará os fundamentos legislativos dos sistemas educativos de todos os países da OECO. A coleta e a avaliação comum dos dados facilitarão o acompanhamento de todos os aspectos da educação.

O Secretariado da OECO levou a cabo negociações com doadores de fundos e organismos técnicos, para assegurar uma cooperação máxima com eles e também entre eles, tendo em vista o apoio a ser dado a esse projeto regional de estratégia de reforma educativa.

A observação dos mecanismos regionais e internacionais existentes permite retirar certos ensinamentos e discernir as condições indispensáveis à duração dos intercâmbios. Concentrando-se em domínios-chave que interessam a todos os países, a União Europeia conseguiu tornar-se o catalisador de uma cooperação intelectual, atuando de comum acordo em um conjunto de programas inovadores. Encoraja intercâmbios universitários e escolares, estimula o ensino de línguas estrangeiras e promove a igualdade de oportunidades (no quadro do programa de cooperação europeia Sócrates, englobando especialmente os programas Erasmus, Comenius e Língua) e contribui para a constituição de um fundo comum de trabalhos de pesquisa e de estatística (Eurydice). Essa colaboração entre países é concebida para lhes permitir aproveitar coletivamente os pontos fortes de cada um, em todos os níveis de educação, e compensar as carências nacionais. Permite que os jovens, especialmente os universitários, possam se beneficiar do ensino de diferentes países-membros da União. Contribui, assim, para melhor compreensão mútua entre os povos.

Um programa europeu: Erasmus

O programa Erasmus, lançado em 1987 pela Comunidade Europeia (CE), foi o primeiro programa concebido e aplicado, em nível europeu, para favorecer a mobilidade dos estudantes, assim como outras atividades de cooperação interuniversitária (mobilidade de professores, elaboração de novos cursos em comum, programas intensivos). A partir de 1995, o programa

Erasmus foi integrado no novo programa da União Europeia, o Sócrates, que engloba todos os tipos e todos os níveis de ensino, e que está orientado de acordo com o princípio da "educação europeia para todos".

O programa Erasmus teve um incontestável sucesso, como se pode ver por estes dados globais: entre 1987 e 1995, cerca de 400.000 estudantes universitários puderam frequentar cursos reconhecidos oficialmente em outro estabelecimento de ensino da CE, e 50.000 professores tiveram oportunidade de ministrar cursos em outra universidade; 1.800 estabelecimentos de ensino participaram das atividades de cooperação europeia, número que engloba a quase totalidade das universidades, assim como grande número de estabelecimentos de ensino superior não universitário.

O programa Erasmus está organizado em torno de duas ações principais: a concessão de ajuda financeira às universidades para atividades de dimensão europeia; o estímulo à mobilidade dos estudantes e a concessão de bolsas para esse efeito. Assim, no quadro do novo contrato institucional, foram concedidas ajudas financeiras às universidades, a fim de promover a mobilidade de estudantes e professores e elaborar cursos comuns entre universidades de diferentes Estados-membros. Um conjunto de normas facilita o reconhecimento acadêmico dos estudos realizados no estrangeiro. As bolsas Erasmus traduzem-se em uma ajuda financeira direta aos estudantes que passarão um período de estudo em outro país-membro. As bolsas (de três a 12 meses) servem para cobrir os custos de mobilidade, pelo fato de se ter de estudar no estrangeiro, bem como a preparação linguística, os gastos com viagens e as diferenças de custo de vida.

Fontes: Comissão Europeia e Eurydice (Rede de informações sobre a Educação na União Europeia).

Em outro nível, grupos de países – da Comunidade Britânica (*Commonwealth*) e do mundo francófono, entre outros – souberam capitalizar os elementos de um passado comum, em especial a língua, para construir redes de intercâmbio e assistência em benefício dos países em desenvolvimento. Diversas organizações regionais e sub-regionais estão adquirindo cada vez mais importância como animadoras de uma cooperação entre países com interesses comuns. É possível, evidentemente por meio de parcerias, centros de excelência ou programas comuns, realizar, para proveito dos pequenos países, sinergias mais eficazes do que mediante ações isoladas. Os países industrializados, por seu lado, também podem tirar apreciáveis vantagens desses acordos mútuos.

Cientistas, pesquisa e intercâmbios internacionais

O papel fundamental da pesquisa científica no reforço das potencialidades nacionais não precisa de demonstração. A tendência atual de instalar os programas de pesquisa essencialmente nos países ricos e centrados em suas preocupações não é o melhor caminho para desenvolver o espírito que deve presidir à constituição de parcerias. Porém, notam-se atualmente alguns sinais positivos: a realização de pesquisas endógenas (tanto nas ciências exatas e naturais como nas ciências sociais) e, sobretudo, a constituição de redes de cooperação Sul-Sul. A eficácia de tais redes depende, em larga medida, da mobilidade dos professores, dos estudantes e dos pesquisadores, que é preciso estimular ao máximo, e em especial no que se refere à UNESCO, por uma ação normativa adequada.

Nos países ricos, verifica-se que a cooperação entre cientistas que trabalham na mesma disciplina transcende as fronteiras nacionais e constitui poderoso instrumento de internacionalização de ideias, de atitudes e de atividades. As redes de cooperação que a União Europeia organizou ou reforçou funcionam, em muitos domínios, como uma espécie de laboratório de pesquisa em escala europeia, com incidências científicas e culturais. Quanto às regiões mais pobres do mundo, os seus recursos continuam a ser minados pelo êxodo de cientistas altamente qualificados, em busca de instituições de pesquisa nos grandes centros. Já é um indício de esperança, contudo, o fato de se começar a assistir ao regresso de diplomados e de pesquisadores a seus países de origem, logo que lhes surge uma ocasião, por mais modesta que seja.

Se é verdade que os países ricos se empenham, cada vez mais, em acabar com o *deficit* de conhecimentos no resto do mundo, convém reforçar constantemente as medidas destinadas a ajudar os países pobres a aumentar as suas capacidades de pesquisa. Uma das medidas mais úteis é ajudar na criação de centros de excelência (conforme o terceiro capítulo), de modo a fazer que os países dotados de meios escassos possam ultrapassar, conjugando seus próprios esforços, o nível crítico de eficácia, abaixo do qual é inviável qualquer ação em matéria de pesquisa, de ensino superior ou de investimento em técnicas dispendiosas, como as do ensino a distância, por exemplo.

Missão renovada para a UNESCO

O mandato entregue à UNESCO no Sistema das Nações Unidas, bem como o lugar que efetivamente ocupa no dispositivo de cooperação internacional, fazem dela uma instituição-chave para o futuro. A sua missão, definida há meio século, logo após uma guerra mundial de trágicas consequências, permanece das mais atuais, mas as alterações que aconteceram no mundo obrigam-na a transformar-se juntamente com ele.

Não sendo nem um organismo financeiro nem uma simples instituição de pesquisa, a UNESCO sempre teve como missão desenvolver as potencialidades humanas, em colaboração com os Estados-membros e os seus múltiplos parceiros e interlocutores na cena internacional. A cooperação intelectual que ela estimula é, simultaneamente, elemento de aproximação e de compreensão mútua entre povos e indivíduos, e instrumento indispensável à ação. Mais do que nunca, a transferência e a partilha de conhecimentos, a confrontação de ideias, os acordos de alto nível, a constituição de redes de inovação, a difusão de informações e de experiências bem-sucedidas, os trabalhos de avaliação e de pesquisa que apoia em suas áreas de competência, surgem como atividades indispensáveis à construção de um mundo mais solidário e mais pacífico. É importante que esses aspectos de sua ação se desenvolvam.

A originalidade da UNESCO reside no leque das suas competências – a educação, mas também a cultura, a pesquisa e a ciência, e a comunicação –, que fazem dela uma organização intelectual em sentido amplo, menos sujeita do que outras a uma visão unicamente econômica dos problemas. Sua polivalência corresponde à complexidade do mundo contemporâneo, em que tantos fenômenos se encontram em relação simbiótica. Autoridade moral, criadora de normas internacionais, está tão atenta ao desenvolvimento humano quanto ao simples progresso material. Todas essas características tornam a organização apta a desempenhar, no domínio da educação, uma ação em várias frentes: ajudar os Estados-membros a construir e renovar seus sistemas educativos, a aproveitar da melhor forma a revolução científica e tecnológica, mas também a fazer do direito à educação uma realidade para todos os habitantes da Terra, e a promover em todo o mundo a ideia de paz e o espírito de justiça e de tolerância.

A Comissão faz votos de que a UNESCO possa ser dotada, pelos Estados-membros, dos meios necessários para levar a bom termo as múltiplas tarefas de que está incumbida. Isso pressupõe, em primeiro lugar, capacidade de ampliar e de reforçar futuramente todo um conjunto de ações baseadas em sua experiência e em ideias inovadoras, a fim de estimular, especialmente por meio de alianças e de parcerias entre países, o desenvolvimento dos sistemas educativos nacionais. A Comissão também confia à UNESCO o compromisso de promover, por intermédio de seu programa, o conceito de educação ao longo de toda a vida, proposto neste Relatório, a fim de inscrevê-lo progressivamente na realidade educativa do mundo contemporâneo.

Por outro lado, a UNESCO pode contribuir muito, por meio da educação, para a abertura dos espíritos aos deveres da solidariedade internacional. Agora que as organizações internacionais e as nações se preparam para os grandes desafios do século XXI, a cidadania mundial continua a ser um conceito muito afastado das realidades e das percepções concretas. Contudo, a aldeia global é o nosso horizonte, à medida que as interdependências se multiplicam e que os problemas se mundializam. A tensão entre o global e o local exacerba-se porque não se tem consciência das mudanças em curso. Nessa perspectiva, é preciso encorajar todas as iniciativas de base, desenvolver o intercâmbio e o diálogo, saber escutar os homens e as mulheres no seu dia a dia. A ação das organizações não governamentais reveste-se, nesse campo, de uma importância fundamental por afastar medos e incompreensões, e tecer a rede de relações múltiplas em que se baseará a sociedade mundial de amanhã. A UNESCO, de quem as ONGs são, há muito tempo, parceiras privilegiadas no terreno da ação, tem todo o interesse em procurar cada vez mais sua colaboração, que enraíza sua ação no real.

Nessa perspectiva, deve-se insistir na educação para a compreensão internacional, assim como na colaboração essencial das ciências sociais nessa conscientização quanto a uma solidariedade planetária. A UNESCO poderia, por exemplo, encorajar um vasto balanço interdisciplinar, indicando a situação das principais questões que se apresentam às sociedades humanas neste final do século XX.

Fortalecida por essa percepção direta do mundo contemporâneo, a UNESCO poderá exercer plenamente o seu magistério moral. A Comissão pensa, de fato, que a vocação ética da UNESCO, que surge como prioridade no seu documento constitutivo, atualmente se encontra fortalecida por novas missões que se impõem à educação no mundo moderno, quer se trate de promover o desenvolvimento sustentável, garantir a coesão social, e estimular a participação democrática em todos os níveis, quer se trate de dar resposta aos imperativos da mundialização. Em todos esses domínios, as finalidades sociais da educação jamais devem perder de vista a primazia do ser humano e dos ideais que a comunidade internacional proclamou na fundação da Organização das Nações Unidas. É nesse sentido que a exigência ética, primeira entre todas, surge, em última análise, como aquela capaz de ajustar, de maneira mais profunda, a ação da UNESCO às realidades dos tempos atuais, feitas de interrogações e de incertezas. Baseando essa ação na utopia de uma visão voluntarista e equilibrada de progresso, ela a orienta, às vésperas do novo século, para a instauração de uma autêntica cultura da paz.

Pistas e recomendações

- A necessidade de uma cooperação internacional – a ser repensada radicalmente – vale também para a área da educação; deve ser tarefa não só dos responsáveis pelas políticas educativas e dos professores, mas também de todos os atores da vida coletiva.
- No plano da cooperação internacional, promover uma política favorável e fortemente incentivadora da educação das jovens e das mulheres, de acordo com o espírito da Conferência de Beijing (1995).
- Promover uma inflexão na política dita de assistência para uma perspectiva de parceria, favorecendo especialmente a cooperação e o intercâmbio no seio de grupos regionais.
- Destinar ao financiamento da educação a quarta parte da ajuda destinada ao desenvolvimento.
- Estimular a conversão de dívidas, a fim de compensar os efeitos negativos das políticas de ajustamento e de redução de *deficits* internos e externos sobre as despesas com a educação.
- Ajudar a reforçar os sistemas educativos nacionais, encorajando alianças e a cooperação entre ministérios em nível regional e entre países que enfrentam problemas semelhantes.
- Ajudar os países a enfatizar a dimensão internacional do ensino ministrado (programas de estudos, recurso a tecnologias da informação, cooperação internacional).
- Estimular novas parcerias entre as instituições internacionais que se dedicam à educação, lançando, por exemplo, um projeto internacional que vise à difusão e à implementação do conceito de educação ao longo de toda a vida, segundo o modelo de iniciativa interinstitucional que resultou da Conferência de Jomtien.
- Estimular, em especial por meio de indicadores adequados, a coleta em escala internacional de dados relativos aos investimentos nacionais com a educação: montante

total dos fundos privados, dos investimentos do setor industrial, das despesas com a educação não formal etc.

- Constituir um conjunto de indicadores que sirvam para detectar as disfunções mais graves dos sistemas educativos, relacionando, por exemplo, diversos dados quantitativos e qualitativos: nível de despesas com a educação, taxas de desperdício, desigualdades de acesso, falta de eficácia das diferentes partes do sistema, deficiências na qualidade de ensino, condições docentes etc.
- Dentro de um espírito prospectivo, criar um observatório UNESCO das novas tecnologias da informação, de sua evolução e de seu impacto previsível, não só sobre os sistemas educativos, mas também sobre as sociedades modernas.
- Estimular, por intermédio da UNESCO, a cooperação intelectual no domínio da educação: cursos UNESCO, escolas associadas, partilha equitativa do saber entre países, difusão das tecnologias da informação e intercâmbios de estudantes e de pesquisadores.
- Reforçar a ação normativa da UNESCO a serviço de seus Estados-membros, por exemplo, no que concerne à harmonização das legislações nacionais com os instrumentos internacionais.

EPÍLOGO

Vindos de horizontes diferentes e apoiados em experiências variadas, os membros da Comissão Internacional contribuíram muito para a originalidade dos trabalhos, pela diversidade dos seus pontos de vista. Dessa diversidade, contudo, pôde nascer um amplo acordo sobre a abordagem a ser adotada, bem como as principais conclusões. A elaboração do Relatório ensejou profundos debates e, mesmo sendo evidente que cada comissário, caso lhe coubesse a redação, teria formulado de outra maneira determinada passagem ou capítulo, a substância, assim como as grandes linhas do texto, são fruto de consenso. Porém, dado que o relatório trata apenas de um número restrito de temas julgados particularmente significativos para o futuro da educação, a necessidade de seleção forçosamente deixou de lado, apesar de sua importância, questões de interesse primordial para alguns. Assim, decidiu-se, ao final dos trabalhos, que cada comissário poderia trazer a sua contribuição pessoal ao Relatório sob a forma de um texto à parte, a fim de se transmitir, de forma clara, a diversidade de opiniões sobre os problemas abordados e a riqueza das discussões. As páginas que se seguem contêm as contribuições individuais de 11 membros da Comissão.

EDUCAÇÃO E EXCELÊNCIA: INVESTIR NO TALENTO

In'am Al-Mufti

Estamos num momento histórico em que o mundo é palco de inovações científicas e tecnológicas fundamentais, de mudanças nos domínios da economia e da política, e de transformações de estruturas demográficas e sociais. Essas alterações que irão, com certeza, acelerar-se no futuro, criam tensões enormes, em especial no campo da educação, a qual deverá dar respostas a necessidades crescentes e enfrentar os novos desafios de um mundo que muda rapidamente. Para fazer face às exigências do nosso tempo, é preciso revelar, ao mesmo tempo, criatividade, coragem e uma vontade firme de operar mudanças reais e de estar à altura das tarefas que nos esperam.

Para dar respostas a essa situação, os planos nacionais ou internacionais de reforma da educação não devem se contentar com a planificação ou a aplicação racional dos recursos financeiros. Em matéria de educação, as políticas de reforma devem ter como objetivo a excelência.

Educação para todos

Durante os últimos 20 anos, especialmente, os governos e os organismos internacionais tentaram vencer os desafios do desenvolvimento, orientando, cada vez mais, a sua ação para a expansão das possibilidades da educação. Os países em desenvolvimento pretendiam, assim, atingir o objetivo da "educação para todos", fixado pela UNESCO. No entanto, o desenvolvimento da educação consistiu, sobretudo, em dar respostas à crescente procura por instrução escolar, deixando de priorizar a qualidade da educação ministrada. Daí, escolas superlotadas, métodos de ensino ultrapassados, à base de aprendizagens memorizadas, e professores incapazes de se adaptar a métodos mais modernos, como a participação democrática na sala de aula, a aprendizagem cooperativa e a resolução de problemas, com apelo à imaginação. Todos esses problemas constituem, atualmente, obstáculos ao aperfeiçoamento da educação.

Um fato significativo é que essa vasta e rápida expansão do sistema educativo e o seu peso excessivo em muitos países impediram-no de se ocupar, convenientemente, da equidade na educação, segundo a qual devem ser oferecidas experiências de aprendizagem adaptadas às necessidades dos alunos, que apresentam aptidões muito variadas. A ambição prioritária de garantir educação a todos fez que se negligenciassem as necessidades dos alunos mais dotados e se lhes aplicasse um tratamento idêntico ao dos alunos com aptidões diferentes. Para retomar uma expressão de Jefferson, "nada há de mais desigual do que tratar igualmente quem não é igual". Quaisquer sejam as boas intenções das políticas tradicionais, privar os alunos mais dotados de possibilidades adequadas de educação é privar a sociedade dos recursos humanos mais preciosos que ela possui para chegar a um desenvolvimento real e eficaz.

No limiar do século XXI, os países em desenvolvimento veem-se diante de múltiplos desafios em sua conquista do desenvolvimento. Têm necessidade de dirigentes convenientemente formados e preparados, capazes de fazerem face às necessidades socioeconômicas. É preciso reconhecer e dar respostas às necessidades específicas dos alunos mais dotados, os "dirigentes de amanhã".

... enfrentar a situação

Perante essa situação, é preciso criar outras possibilidades de educação, com conteúdos e métodos mais elaborados, para dar respostas às diferenças individuais. Os professores deveriam ser preparados para se adaptar às diferentes necessidades de aprendizagem dos alunos brilhantes. Uma das grandes prioridades de qualquer escola deveria ser elaborar e desenvolver programas estimulantes que ofereçam um vasto campo de possibilidades de aprendizagens avançadas, de modo a responder às necessidades dos alunos mais dotados. Essa tarefa reveste-se da maior importância para a formação dos futuros dirigentes, que presidirão a caminhada em direção a um desenvolvimento sustentável. É preciso aperfeiçoar o programa normal, de modo a oferecer aos alunos brilhantes a possibilidade de darem o melhor de si mesmos.

Excelência em matéria de educação

Essa busca por excelência implica a elaboração de programas de ensino mais ricos, de acordo com os talentos e as necessidades diversas de todos os alunos, de modo que todos realizem as suas possibilidades e que os talentos excepcionais possam ser mantidos e cultivados. É, também, muito importante fazer que os professores sejam mais bem preparados na área da pedagogia de programas de alto nível. Se assim não for, a mensagem da sociedade aos alunos passará a ser a de procurarem atingir, nos seus estudos, o nível normal ao invés do excelente.

... papel da família, da comunidade e das ONGs

Descobrir e cultivar os talentos são tarefas que não cabem somente à escola. O papel da família e das comunidades locais no desenvolvimento das possibilidades do aluno deve funcionar como suporte e como complemento dos esforços da escola. Quanto às ONGs, podem desempenhar um papel decisivo ajudando as comunidades a assumir suas responsabilidades sociais. Podem ser muito úteis, contribuindo para a sensibilização e para a eficiência, bem como promovendo a participação de todos os membros da comunidade.

... e, sobretudo, das mulheres

A chave dessa participação da comunidade continua a ser o reforço da contribuição das mulheres para o processo de desenvolvimento – problema central do desenvolvimento humano e que terá cada vez mais importância no futuro. As mulheres estão atualmente em inferioridade em quase todos os programas de ensino superior e na maioria das funções administrativas de alto nível. *O reforço da participação das mulheres passa pela educação.* A educação das mulheres é, provavelmente, um dos investimentos mais rentáveis que um país pode fazer. *Oferecer mais possibilidades às mulheres e, em especial, às mulheres e às jovens excepcionalmente dotadas, é abrir caminho para o surgimento de uma elite feminina* e permitir sua preciosa contribuição nos processos de decisão para o progresso da educação e para o desenvolvimento sustentável.

A solução jordaniana

Na Jordânia, há cerca de um milhão de crianças escolarizadas, ou seja, 25% da população. A educação obrigatória e a progressão extraordinária das taxas de escolarização em todos os níveis provocaram uma sobrecarga do sistema educativo nacional, que não conseguiu resolver o problema da equidade em matéria de educação. Para remediar a situação, a Jordânia desenvolve, há dez anos, um vasto programa de reformas com vistas a melhorar a qualidade da educação. O legislador deu particular atenção ao caso dos alunos excepcionalmente dotados e à necessidade de desenvolver as competências e a formação dos professores para responderem às necessidades desses alunos.

Depois de ter verificado que a excelência em matéria de educação correspondia a uma necessidade nacional, a Fundação Noor Al-Hussein (NHF) lançou um projeto pedagógico inovador para tentar dar respostas à situação. Essa organização não governamental sem fins lucrativos foi fundada em 1985 para identificar e satisfazer as diferentes necessidades de desenvolvimento em toda a Jordânia, introduzir modelos inovadores e dinâmicos de desenvolvimento comunitário integrado e fixar normas nacionais de excelência, no plano do desenvolvimento humano e socioeconômico, da educação, da cultura e das artes. A NHF tem uma perspectiva que se caracteriza por uma ideia global de desenvolvimento, fundada na participação democrática e na cooperação intersetorial em todos os níveis.

Trabalhando com os poderes públicos para levar a efeito as diretivas do plano nacional de reforma da educação e oferecer possibilidades estudo aos jovens dotados, a NHF fundou a *Jubilee School*, em 1993, ao fim de dez anos de trabalho – planejamento, pesquisas ampliadas, elaboração de programas de estudo e formação de professores.

A *Jubilee School*, em regime de internato secundário misto, oferece aos alunos uma experiência de aprendizagem única no gênero. Seu programa é orientado de acordo com as necessidades intelectuais dos alunos, suas capacidades e sua experiência. Oferece um ambiente educativo que motiva os alunos e estimula-os a desenvolver ao máximo as suas possibilidades por meio da descoberta, da experimentação, de uma maneira original de resolver os problemas, e até da invenção. Os candidatos são cuidadosamente selecionados de acordo com um sistema rigoroso que comporta uma bateria de critérios, incluindo os resultados escolares anteriores, os índices de características comportamentais, o nível intelectual geral, determinadas aptidões matemáticas e o nível de criatividade.

Para garantir a igualdade de oportunidades, independentemente das origens socioeconômicas, todos os alunos recebem uma bolsa de estudos, e a escola procura receber, sobretudo, crianças originárias das regiões mais afastadas e desfavorecidas do país, onde o aparelho educativo não está apto a desempenhar a difícil missão de dar respostas às necessidades dos alunos dotados. A *Jubilee School* espera que os seus diplomados regressem às suas comunidades de origem após uma formação ou estudos complementares, para aí assumirem responsabilidades e contribuírem para o seu desenvolvimento.

Inserida em um contexto de aprendizagem democrática, a escola estimula a liberdade de pensamento e de expressão. Pela experiência educativa que aí vivem, os alunos aprendem a aproveitar o seu saber de uma maneira útil. A escola não procura, apenas, provê-los de uma sólida formação geral, mas procura também fortalecer-lhes o caráter e transmitir-lhes um profundo sentido das responsabilidades sociais.

Por outro lado, a *Jubilee School* contribui para a melhoria da qualidade da educação dos alunos dotados da comunidade, por meio de seu Centro para a Excelência na Educação, que trabalha em cooperação com o Ministério da Educação, bem como com os setores privado e público. Esse centro tem por vocação elaborar programas de ensino e de estudo, manuais e dossiês de informação, que possam ser utilizados por outras escolas em toda a Jordânia.

Contribui igualmente para a preparação e a difusão de processos inovadores e de ações de aperfeiçoamento em matemática, ciências e letras, dirigidas a professores do secundário. Desempenha também as funções de centro de documentação e informação, e de serviço de pesquisa pedagógica. Apoia ainda ateliês, programas e atividades de formação de professores e de alunos dotados, de todas as regiões do país; esses mecanismos têm como objetivo principal ensinar os professores a aplicar as técnicas pedagógicas mais eficazes, a elaborar programas e a prestar atenção às diferenças individuais em suas turmas. Os programas de formação tratam também dos meios de ampliar o acesso das crianças pequenas à educação, das possibilidades de aprendizagem das crianças especialmente dotadas oriundas de meios desfavorecidos ou de grupos minoritários, assim como da definição de criança dotada, observando os alunos em contextos que lhes permitam mostrar todas as suas capacidades, ao invés de se apoiarem unicamente nos resultados de testes.

A *Jubilee School* e seu Centro representam uma síntese bem-sucedida da pesquisa e da inovação centrada na valorização do potencial humano, na modernização dos laboratórios de formação para fins de desenvolvimento nacional e na cooperação e participação de organizações públicas e privadas a serviço da sociedade jordaniana em seu conjunto. A partir dos primeiros dois anos de existência da escola, seus alunos obtiveram resultados notáveis, tanto nos estudos como na formação social. O testemunho de um deles diz muito sobre o sucesso dessa escola:

"Antes, considerava a escola como uma prisão. No entanto, a *Jubilee School* é um local onde posso aprender e me sentir totalmente livre. É o lugar ideal para a amizade, a ciência e a imaginação. Nessa escola, o professor é um amigo, o saber é um amigo e os livros são amigos."

MELHORAR A QUALIDADE DO ENSINO ESCOLAR

Isao Amagi

Os sistemas educativos modernos adotados pelos diversos países contribuíram, profundamente, para moldar os indivíduos, mas também a sociedade em seu conjunto. Exatamente por essa razão, estão expostos a críticas e submetidos a exigências injustificadas quando a sociedade evolui.

Os países devem, periodicamente, proceder a uma reforma do seu sistema escolar – nos métodos pedagógicos, nos conteúdos e na gestão. Porém, por mais avançadas que sejam essas reformas, é de se acreditar que o ensino escolar conserve, no próximo século, as principais funções que tem hoje, dependendo a sua sobrevivência, essencialmente, da nossa capacidade de preservar a sua "qualidade" e a sua "pertinência".

Os responsáveis pela educação deveriam abordar o problema da qualidade do ensino escolar em relação aos três aspectos que se seguem.

I – Melhoria das competências dos professores, mediante a adoção das seis políticas ou medidas seguintes:

1. O *nível de formação inicial dos professores* é, atualmente, em alguns países, o dos estudos secundários; essa formação deveria ser revalorizada e passar a ser de nível superior, como é o caso de vários países industrializados onde os professores são formados em institutos pedagógicos ou na universidade. Em alguns desses países, existem cursos do segundo ciclo superior que preparam para o ensino da pedagogia.

2. Os *certificados de aptidão para o ensino* deveriam indicar para que nível e para que tipo de educação – primário, secundário, ensino técnico ou profissional, educação especial etc. – a formação inicial do titular o habilita.

3. O *recrutamento e a destinação* de professores deveriam deixar transparecer o cuidado em garantir um justo equilíbrio entre as diversas áreas, entre professores com mais e com menos experiência, entre zonas urbanas e zonas rurais etc.

4. A *formação em serviço* é uma forma de educação permanente altamente recomendada, por permitir a todos os membros do corpo docente melhorar suas competências pedagógicas, tanto no plano da teoria como no da prática. Essa formação em serviço deverá levar em conta a elaboração de programas e os seus aspectos conexos (ver tópico II).

5. As *condições de trabalho dos professores* – como a dimensão da turma, as horas ou dias de trabalho e os meios de que dispõem – deveriam ser levadas em consideração.

6. A *remuneração dos professores* deveria ser suficientemente elevada, a fim de levar jovens talentosos a abraçar a profissão e atingir um nível razoavelmente comparável ao de outras categorias da função pública.

Uma das principais preocupações das autoridades competentes deveria ser a definição de uma política de conjunto para os professores, associada às medidas mencionadas.

II – Concepção e elaboração de programas e aspectos conexos: deveriam ser fruto de colaboração entre as autoridades e os grupos profissionais interessados. Os programas escolares devem estar de acordo com os conteúdos de formação dos professores.

Os métodos pedagógicos, manuais, materiais e apoios didáticos, deveriam ser elaborados juntamente com os programas. Seria uma boa ideia, sobretudo, recorrer ao computador e a outros meios de comunicação para facilitar os processos de ensino e de aprendizagem.

Os programas deveriam levar em conta os avanços da pesquisa em ciências exatas e naturais, bem como em ciências humanas. Quando da elaboração dos métodos de ensino e de aprendizagem, seria conveniente refletir, igualmente, sobre o papel importante dos estudos experimentais e sobre a experiência que se adquire vivendo e trabalhando em contato com a natureza.

III – Gestão das escolas: é o terceiro domínio no qual é possível melhorar o ensino escolar. A escola é uma instituição educativa fundamental, onde são organizadas, sistematicamente, atividades práticas de caráter pedagógico. Apesar de o professor trabalhar sozinho na sua aula, como sucede na maior parte dos casos, ele faz parte de uma equipe cujos membros constroem, juntos, o que poderíamos chamar de cultura da escola. Esta dificilmente poderá oferecer um ensino de alta qualidade se não for administrada com eficácia pelo diretor do estabelecimento, com a cooperação ativa dos professores.

Finalmente, *a melhoria da qualidade do ensino escolar*, nos três aspectos que acabamos de apresentar, deveria ser um objetivo fundamental dos responsáveis políticos em todos os países, sejam quais forem as circunstâncias, no próximo século.

EDUCAÇÃO E COMUNIDADES HUMANAS REVIVIFICADAS: UMA VISÃO DA ESCOLA SOCIALIZADORA NO NOVO SÉCULO

Roberto Carneiro

Se o século que está prestes a terminar evidencia profundas feridas, o novo tempo que se abre com o início do século XXI está imbuído de esperança. Será notoriamente um tempo de novas exigências sociais, em que a arte de *viver juntos* surge como meio de cicatrizar aquelas múltiplas feridas que, no século XX, resultaram do império do ódio e da intolerância.

A humanidade mal se reconhece no espelho deformante onde aparecem, como estigmas, os males de que sofrem as nossas sociedades. O novo curso da história que, desde 1989, tem provocado o triunfo de uma lógica econômica implacável, baseada na lei do mais forte e subordinada às exigências de um neoliberalismo sem alma, impõe necessariamente um *sobressalto da nossa consciência, um despertar ético* perante a questão social fundamental constituída pelo aumento das desigualdades no mundo. Trata-se de uma equação complexa, definida por um conjunto de variáveis, seguindo-se as principais:

1. Sintomas preocupantes de "fadiga" social decorrentes de situações de extrema pobreza (*poverty fatigue*).

2. Uma nova miséria de dimensões múltiplas, na qual o efeito de fatores multiplicadores de pauperização se acelera no plano cultural, material, espiritual, afetivo e da cidadania.

3. O declínio do capital social em uma sociedade que cultiva o risco e na qual prevalecem pulsões individualistas e destruidoras da confiança nas relações interpessoais.

4. O caráter conflituoso e vertical das relações sociais, determinadas por uma lógica que se exerce em múltiplos sentidos e corresponde à ação de diversos grupos de interesse, bem como a progressiva substituição da luta de classes por conflitos étnicos ou religiosos e culturais, o que anuncia a eclosão de movimentos tribais de grande envergadura.

5. O abandono do espaço cívico, fundador de civilização, por um mercantilismo exacerbado, gerador de dualismo e exclusão. O século XXI enfrenta, assim, o seu maior desafio: o da reconstrução das comunidades humanas. Abundam os sinais de impaciência; as sociedades humanas pressentem que uma projeção linear das pesadas tendências do século que se aproxima do seu termo não augura um destino feliz. À massificação e ao individualismo que caracterizaram a primeira geração de tecnologias da informação e da comunicação, levando ao paroxismo o modelo econômico triunfante, sucede-se, no momento, uma segunda geração tecnológica em que se começa a recuperar a ideia de interação em redes,

bem como o valor das relações de vizinhança (virtual). A sociedade cognitiva, assentada na ética da partilha do conhecimento e em fenômenos de cognição que brotam de relações interpessoais sem fronteiras, que se tornaram possíveis pela globalização do planeta, afigura-se favorável ao alastramento de valores pós-materialistas.

Assim, a solidariedade e o novo espírito comunitário podem ressurgir naturalmente como princípio orgânico e organizador de vida, como alternativa à exclusão e à desvitalização suicida do tecido social. Nesse quadro, as instâncias básicas e estáveis de socialização, como a família e a escola, são convocadas a reassumir o seu papel nuclear na implantação dos alicerces duradouros da sociedade do futuro.

Educar sempre foi, e continua a ser na atualidade, uma tarefa eminentemente social. A formação da personalidade madura resulta tanto do fortalecimento da autonomia pessoal como da construção de uma alteridade solidária, ou seja, do processo de descoberta do outro como atitude moral. A humanização, concebida como crescimento interior do indivíduo, encontra seu pleno desenvolvimento no ponto onde se encontram de modo permanente os caminhos da liberdade e da responsabilidade. Os sistemas educativos são fonte, simultaneamente, de capital humano (Becker), de capital cultural (Bourdieu) e de capital social (Putnam). Das cinzas do homem lobo do homem (*homo homini lupus*), pode nascer o homem amigo do homem (*homo homini amicus*), graças a uma educação pessoal e social fiel à sua intencionalidade comunitária.

A tarefa é gigantesca, e o mandato, indeclinável, visto que dele depende a construção da nova ordem social no século vindouro. No entanto, é sobretudo pela *formação para a justiça* que se pode reconstituir o núcleo de uma educação moral das consciências, que supõem uma cultura cívica feita de inconformismo e de recusa perante a injustiça e que capacitem para uma cidadania ativa em que a responsabilidade de intervenção substitua uma mera cidadania por delegação. Na verdade, é pela apropriação do sentido abstrato da justiça (equidade, igualdade de oportunidades, liberdade responsável, respeito pelos outros, defesa dos mais fracos, apreço pela diferença) que se criam as atitudes psicológicas que predispõem para agir de maneira concreta pela justiça social e em defesa dos valores da democracia.

Partindo-se do princípio de que a educação é um bem público – ou, no mínimo, quase público –, a escola deve ser considerada, antes de tudo, como uma instituição social ou, mais exatamente, como pertencente à sociedade civil.

Tomando como referência a teoria filosófica de Hannah Arendt, são três as esferas constitutivas da vida social: a esfera pública, a esfera de mercado e a esfera privada. Enquanto compete à primeira sustentar os valores da equidade, Arendt considera que o mercado e o mundo do trabalho conduzem à discriminação, ao passo que a esfera privada é marcada pela exclusão, que é o corolário de escolhas individuais.

A partir desses conceitos fundamentais, a escola, independentemente de seu estatuto específico (privado, cooperativo ou governamental), é tipicamente uma *esfera de ação pública* como ambiente e *locus* de socialização, sem deixar de contribuir, simultaneamente, para as esferas econômica e privada, por meio da acumulação de qualificações e de capital humano que ela produz. Em sociedades cada vez mais complexas e multiculturais, a emergência da escola como esfera pública acentua a sua relevância insubstituível na promoção da coesão social, da mobilidade humana e da aprendizagem da vida em comunidade.

Efetivamente, é pela edificação de comunidades educativas plurais, reguladas por normas de participação democrática, nas quais se privilegia como método a negociação dos diferentes pontos de vista e se recusa a violência ou o autoritarismo como formas de resolução dos conflitos naturais, que se educa para a plena cidadania. Nesse quadro, a tolerância passiva cede lugar à ação afirmativa com relação às minorias, enquanto se postula como objetivo básico da formação democrática o acesso equitativo de todos aos direitos políticos fundamentais. A uma tradição de liberdades individuais, matriz sobre a qual se sustenta a textura democrática atual, pode-se acrescentar, com benefícios substanciais, um novo civismo de liberdades coletivas traduzido no respeito por diferentes formas de ser, de estar e de acreditar, e na coexistência pacífica e mutuamente enriquecedora de comunidades diversas.

Nessa mesma escola, que constitui um pilar essencial da educação ao longo de toda a vida, adquirem-se também as competências básicas para a socialização permanente, isto é, para a consolidação de culturas resistentes à exclusão, assentadas em atitudes proativas e capazes de reinventar a cada etapa novos e mobilizadores papéis sociais. A educação e a realização seguem juntas ao longo de toda a vida.

O novo século é, em essência, sinônimo de horizonte de nova esperança. Uma esperança que, por ser eminentemente humana e humanizadora, elege a prioridade educativa como sua aliada incontornável na edificação de uma nova ordem social, na qual todos contam e cada um pode ser capacitado para participar ativamente em um processo de desenvolvimento que, para o ser, recupera a centralidade da pessoa na sua mais plena e inviolável dignidade.

EDUCAÇÃO NA ÁFRICA ATUAL

Fay Chung

Mais do que qualquer outro continente, a África tem a necessidade de repensar os seus sistemas educativos, tendo em vista, quer a globalização da economia, quer as situações locais concretas. Além disso, os sistemas herdados do período colonial mantiveram-se, em muitos casos, mais ou menos intactos, geralmente com a ideia de "preservar as normas", mais ilusórias, contudo, do que reais, das pequenas elites que recebiam uma formação idêntica à que era dada na metrópole, enquanto a grande maioria ficava privada de qualquer forma de educação moderna. É flagrante o contraste entre a incapacidade dessas elites instruídas de transformar as estruturas sociais feudais e a agricultura de subsistência tradicional dos seus países, e o sucesso com que os seus homólogos do Leste Asiático conseguiram tornar as economias da sua região mais eficazes do que os modelos ocidentais iniciais. Há razão para nos interrogarmos sobre aquele insucesso de um lado e este êxito espetacular do outro. É preciso analisar, igualmente, qual foi o papel da educação, em um e no outro caso.

O Leste Asiático foi fortemente influenciado pelo modelo japonês. O ensino primário tornou-se obrigatório para todas as crianças japonesas desde 1870, durante a era Meiji. Dado esse passo, os esforços voltaram-se para a generalização do ensino secundário e, após a Segunda Guerra Mundial, o ensino superior tornou-se acessível à maior parte da população. Além disso, desde o século XIX os japoneses se conscientizaram da necessidade de assimilar a matemática, a ciência e a tecnologia do Ocidente, se quisessem sobreviver como nação, rejeitando, porém, a cultura e os valores sociais ocidentais. Não sem arrogância, afirmaram a superioridade da sua língua, da sua literatura, da sua cultura e da sua religião, que preservaram ciosamente. Ao mesmo tempo, com profunda humildade, empenharam-se em imitar a ciência e a tecnologia ocidentais e, mais tarde, até em ultrapassá-las.

A África não fez uma opção desse tipo. Introduzida pelos missionários cristãos, a educação ocidental deu origem, aí, a elites mais versadas em teologia, em história, em literatura e em cultura do que em ciência e tecnologia, e ainda hoje se observa essa preferência acentuada pelas ciências humanas. O sintoma mais patente dessa orientação ocidental é, sem dúvida, o fato de as línguas africanas terem sido banidas dos sistemas educativos. Ainda hoje, essas línguas não são ensinadas na maior parte dos países francófonos ou lusófonos, e mesmo alguns países anglófonos criticam o seu uso considerando-o como "fator de divisão" ou manifestação de "tribalismo". Ao contrário do Japão, a África não recusou, conscientemente, a cultura e os valores ocidentais. Também nunca adotou, de livre vontade, a ciência e a tecnologia do Ocidente. O africano convertido ao cristianismo apenas via na sua própria cultura superstição e arcaísmo, e rejeitava-a em bloco como "não civilizada". Em outras palavras, os africanos instruídos fizeram sua a concepção que os europeus tinham da cultura africana tradicional.

A educação na África não só continua a se assentar em sistemas e estruturas do período colonial, como também continua extremamente elitista. Muito poucos países africanos conseguiram generalizar o ensino primário, embora, para muitos deles, já tenham decorrido cerca de 30 anos desde a sua independência. O balanço é ainda mais negativo no que se refere ao ensino secundário: são numerosos os países africanos em que apenas de quatro a cinco por cento das crianças em idade de frequentar estudos secundários têm a possibilidade de fazê-lo. Na maior parte desses países, menos de um por cento do grupo etário tem acesso a qualquer forma de ensino superior, contra de 25% a 75% nos países industrializados. Mesmo aqueles que conseguem inscrever-se no ensino superior raramente se especializam em uma área científica ou tecnológica.

É com base nesses dados que devemos reexaminar as relações entre educação e desenvolvimento econômico, por um lado, e entre educação e valores culturais, por outro. É preciso definir "desenvolvimento" de maneira muito mais clara e rigorosa. A estratégia de desenvolvimento da África parece fundar-se, hoje em dia, quase exclusivamente no ajustamento estrutural que é, porém, claramente uma visão demasiado estreita e exclusivamente econômica do desenvolvimento, que não leva em conta outros fatores extremamente importantes, como o nível de desenvolvimento dos recursos humanos de um país ou o grau de diversificação e de industrialização da sua economia. Importa redefinir igualmente a educação, a fim de não se continuar a perpetuar, sem discernimento, sistemas e estruturas do passado. A educação deve estar a serviço de uma finalidade, e cabe à África definir qual é essa finalidade. A educação deve desempenhar papel crucial no desenvolvimento econômico. Tem também papel muito importante na instauração e na definição dos valores que farão da África um continente política e culturalmente unido – onde se viva em harmonia – e voltado para o futuro. Só quando a finalidade da educação houver sido claramente identificada é que a África poderá definir o tipo de educação que melhor -se adapta ao seu desenvolvimento. Essa finalidade deve ser definida levando-se em consideração as realidades da aldeia global e do mercado mundial. A África não pode continuar a perpetuar a sua dupla herança colonial e feudal, conservando os sistemas e as estruturas de educação do passado, sem se preocupar com as mudanças operadas nos outros países do mundo com economias industriais tecnologicamente avançadas. Em compensação, sendo a última a entrar no processo de modernização, poderá evitar os terríveis prejuízos que dele resultam para o ambiente e para o homem. Esse continente, que é o menos poluído e cujo ambiente foi o menos castigado, deve fazer valer os seus trunfos, entrando na era moderna isento dos efeitos nefastos que se observam em outros locais. Deve, igualmente, evitar a degradação das relações humanas e sociais que uma falsa concepção de progresso acarreta. A questão está em saber se a África é capaz de se industrializar, a ponto de poder ter finalmente acesso à independência econômica e, simultaneamente, prover-se de um sistema sociopolítico apto a preservar o melhor do passado, assimilando ao mesmo tempo os valores universais que moldarão o século XXI.

COESÃO, SOLIDARIEDADE E EXCLUSÃO

Bronislaw Geremek

O século XX termina com esta evidência um pouco amarga: as esperanças surgidas em 1990 foram vãs, e o notável progresso tecnológico e científico que assinalou este século não trouxe mais equilíbrio entre o homem e a natureza, nem mais harmonia entre os homens. No alvorecer de um novo século, é preciso definir os desafios e as tensões atuais, a fim de se propor uma orientação para a educação, bem como estratégias educativas. É nessa perspectiva que a coesão social aparece como uma das finalidades da educação.

O próprio conceito de coesão social contém certa ambiguidade axiológica. Os processos de modernização apresentam diferenças muito grandes, no espaço e no tempo – na zona euro-atlântica, desenvolvem-se entre os séculos XVI e XIX, enquanto no resto do mundo, ocorrem ao longo do século XX e ainda continuam atualmente, mas caracterizam-se sempre pela intervenção crescente do poder estatal nas relações entre os homens. O serviço militar e a obrigação da frequência escolar, a ordem pública ou as necessidades de saúde têm surgido como justificativas dos esforços do Estado moderno para conseguir – ou impor – a coesão social que lhes devia servir de fundamento. Entretanto, o século XX trouxe também consigo a experiência totalitária, com todos os seus constrangimentos ideológicos e políticos: a pedagogia social que enformava o sistema escolar impunha a coesão social e a uniformização cultural, não só no que diz respeito à dupla fascismo/nazismo e ao comunismo, mas também a certos regimes autoritários – a tentação totalitária parece ter sido onipresente ao longo do século XX, opondo-se à universalização dos princípios democráticos.

Em consequência da constatação do fracasso dos sistemas totalitários e autoritários é que, no último quarto do século XX, se restabelece a preponderância dos direitos do indivíduo em relação aos direitos do Estado em particular. A filosofia dos direitos do homem tornou-se uma referência universalmente admitida, a ingerência direta do Estado na economia ou na vida social foi considerada suspeita e supérflua, e a liberdade individual foi reconhecida como um valor e uma orientação política prioritária. O ano de 1989, marcado pelo bicentenário da Revolução Francesa e pela revolução não violenta dos países do Leste, foi o ponto culminante dessa tendência individualista. Entretanto, no clima deste final de século, surge um apelo muito forte à solidariedade – na Polônia, desde 1980, um sindicato chamado Solidariedade se opõe ao sistema comunista; na composição do governo francês passa a haver um "ministério da solidariedade" –, desaparecendo, desse modo, a contradição entre individualismo e integração social. Construir a coesão das nossas sociedades quer dizer, na atualidade, antes de tudo, respeitar a dignidade do ser humano e criar laços sociais em nome da solidariedade. Nenhuma filosofia em particular, nem nenhuma tradição cultural pode apropriar-se dessa tendência: ela surge como uma das aspirações universais que definem a orientação da educação nesta virada de século.

A busca pela coesão social caracteriza a ação do Estado em diferentes domínios. É verdade que o Estado é a emanação de uma identidade coletiva na qual encontra a sua justificação, e que toda a sua ação tem por objetivo manter essa identidade – nacional ou cívica –, baseando-a na memória de um passado comum ou na defesa de interesses comuns. O Estado pode também considerar a solidariedade como fundamento e objetivo das suas diferentes políticas: política social, procurando ajudar os fracos e diminuir as desigualdades materiais; política escolar, assegurando o livre acesso ao saber e criando possibilidades de comunicação entre os homens; e política cultural, apoiando a atividade criadora e a participação na vida cultural. No entanto, o progresso da integração social depende, igualmente, da ação das próprias sociedades – do esforço das organizações não governamentais, das instituições da sociedade civil, das relações entre capital e trabalho, das atitudes e das sensibilidades humanas. Elas devem ser ensinadas e formadas recorrendo-se a uma educação ao longo de toda a vida, que compreenda não só a escola, mas também a família, a empresa, os sindicatos e as instituições militares. "Aprender a ser" no alvorecer do século XXI é orientar-se, primordialmente, pelo respeito ao ser humano nas relações sociais e políticas, na relação entre o homem e a natureza, na confrontação de civilizações e economias. Tentando compreender o real – o homem e o mundo –, é preciso aprender as interdependências que criam a necessidade de solidariedades. Essas solidariedades não pertencem ao mundo das boas intenções, mas resultam das dificuldades do nosso tempo. Situam-se em níveis diferentes e correspondem a comunidades de tamanhos diversos. O fenômeno da mundialização, que surge atualmente com vigor em todas as áreas da vida humana, permite encarar nessa perspectiva as relações Norte/Sul, os problemas da cooperação internacional e as estratégias de paz.

A coesão social e a solidariedade aparecem na filosofia educativa dos fins do século XX como aspirações e finalidades indissoluvelmente ligadas, em harmonia com a dignidade do ser humano. O respeito pelos direitos do indivíduo anda lado a lado com o sentido da responsabilidade, e estimula homens e mulheres a aprenderem a viver juntos. Na ordem do dia das principais questões às quais o mundo atual deve fazer frente, figura, contudo, o peso crescente das exclusões.

As exclusões não são uma invenção dos fins do século XX. Acompanham toda a história da humanidade, colocada sob o signo de Caim. Aparecem descritas nas mitologias e nos livros sagrados das grandes religiões, e são objeto de análise da antropologia cultural e da história social, tanto no passado como no presente. Porém, na última terça parte do século XX, a partir dos acontecimentos dos anos 1960 na Europa e nos Estados Unidos, as exclusões tornaram-se um conceito corrente das ciências humanas e da linguagem política. É sinal de que se tornaram um problema para a sociedade, ou que o fenômeno adquiriu dimensão desconhecida até agora, ou, ainda, que a necessidade de coesão social tornou o fenômeno ainda mais dramático. De qualquer forma, as exclusões transformaram-se em um dos grandes desafios do final deste século, para o qual a educação do próximo século terá de encontrar resposta.

Os historiadores da pobreza demonstraram que os processos de modernização levaram as sociedades, em diversos momentos da história, a considerar os pobres como excluídos. O fenômeno reaparece no final deste século: primeiramente, por meio da dimensão dramática da crescente miséria dos países subsaarianos; depois, por intermédio do desemprego que se instala, de forma duradoura, no seio das economias capitalistas; e – *last but not least* – por meio das migrações, para os países ricos, de populações que fogem da miséria e da falta de esperança que caracterizam os seus países de origem. A experiência dos últimos decênios deste século prova que o único remédio para esses males é o desenvolvimento econômico e é conhecido o papel fundamental que a educação desempenha nesse domínio. Entretanto, é preocupante, sobretudo, o problema das atitudes sociais perante a pobreza: ao invés de compaixão e solidariedade, observa-se apenas indiferença, medo e ódio.

É preciso fazer um esforço para alterar essas atitudes. Um ensino que aborde a história universal, as sociedades e as culturas de todo o mundo, associado a uma verdadeira educação cívica, pode ser eficaz e conduzir a uma melhor compreensão da alteridade social. Para enfrentar o problema do desemprego, é preciso repensar a concepção atual de educação, eliminar os contextos que afetam a escolaridade das crianças e ultrapassar os limites da escolaridade obrigatória, para prever, na perspectiva da educação ao longo de toda a vida, vários períodos de aprendizagem. O conceito de sociedade educativa também deveria levar à redução da diferença entre trabalho qualificado e não qualificado, que é, no mundo atual, uma das principais fontes de desigualdade. A passagem de tecnologias que exigem grande quantidade de mão de obra para tecnologias que economizam trabalho humano conduz, inevitavelmente, a uma valorização da qualidade do trabalho – e, portanto, da educação –, mas também oferece a todos a possibilidade de consagrar mais tempo à aprendizagem. O problema do desemprego não será resolvido, mas, ao menos, não terá mais o caráter de ruptura dramática com uma sociedade baseada no trabalho.

A questão da imigração não deve ser analisada, apenas, em termos de mercado de trabalho, e a hostilidade para com os desempregados não se deve apenas ao medo da concorrência. Na maior parte dos casos, eles ocupam, nos países de acolhimento, empregos que os nacionais rejeitam, por corresponderem a trabalhos pouco qualificados ou pouco apreciados. A alteridade assume, também, aspectos de diferença cultural. As sociedades tradicionais dispunham de canais de aculturação, que tornavam possível a urbanização dos rurais: aprendizagem em corporações, vida comum nas confrarias, serviço no seio das famílias. As sociedades contemporâneas devem obter instrumentos de aculturação que permitam a inserção dos imigrantes no tecido social existente. A conscientização desse problema deveria influenciar os sistemas educativos contemporâneos, tornando-os aptos a formar também os adultos, fornecendo-lhes qualificações, ensinando-os a aprender e assegurando-lhes estruturas de acolhimento cultural.

Se a educação tem papel determinante na luta contra a exclusão dos que, por razões socioeconômicas ou culturais, encontram-se marginalizados nas sociedades contemporâneas, parece ter papel ainda maior na inserção das minorias na sociedade. As normas jurídicas relativas ao estatuto das minorias já existem e aguardam aplicação, mas o problema é mais de psicologia social do que legal. Para mudar as atitudes coletivas em relação à alteridade, deveria haver um esforço educativo conjunto do Estado e da sociedade civil, dos meios de comunicação social e das comunidades religiosas, da família e das associações, mas também – e antes de tudo – das escolas. O ensino da história e das ciências sociais, em sentido lato, e de todas as formas de educação cívica deveria formar o espírito dos jovens para a tolerância e o diálogo, para que a aspiração legítima de preservar as tradições e conservar uma identidade coletiva não entre em oposição com o espírito de fraternidade e de solidariedade, e para que a coesão social nunca seja sinônimo de egocentrismo e de integrismo.

O ensino ao longo de toda a vida opõe-se, naturalmente, à mais dolorosa das exclusões – a exclusão causada pela ignorância. As mudanças operadas nas tecnologias da informação e da comunicação – a que também se dá o nome de revolução informática – agravam ainda mais o perigo, e atribuem ao ensino papel crucial na perspectiva do século XXI. Todas as reformas educativas deveriam, por consequência, vir acompanhadas de uma tomada de consciência quanto aos perigos da exclusão e de uma reflexão sobre a necessidade de se preservar a coesão social.

CRIAR OPORTUNIDADES

Aleksandra Kornhauser

Para todos os membros da Comissão Internacional sobre Educação para o Século XXI, foi um prazer participar do empreendimento que agora termina com a publicação do presente Relatório. No entanto, o que verdadeiramente conta, a partir deste momento, não é a satisfação pelo trabalho realizado, mas a reflexão a ser feita sobre o modo de colocar em prática as ideias e as recomendações.

O espelho da experiência transmite-nos a imagem de um mundo em situação dramática. O apelo ao otimismo por parte do Relatório é mais do que justificado: se, de fato, os responsáveis pelas decisões se mostrarem pessimistas e cínicos na forma de encarar os problemas, que esperança poderão ter todos os restantes? Temos de nos encher de entusiasmo, para atuarmos de modo a ultrapassar as situações críticas se quisermos, na verdade, atingir os nobres objetivos expostos no Relatório.

Não basta aproveitar as oportunidades à medida que elas se nos apresentam. Devemos criar essas mesmas oportunidades. Este artigo pretende, por meio de três exemplos de países em transição, enunciar algumas ideias e definir algumas iniciativas a serem consideradas ao colocar em prática as nossas recomendações.

Compreender a noção de desenvolvimento humano sustentável

Na prática educativa, essa é uma noção que continua a ter um sentido muito vago. Diz-se, de modo geral, que ela corresponde à necessidade urgente de proteger o meio ambiente pela redução do consumo mundial, especialmente o consumo dos recursos não renováveis. O mundo desenvolvido não mostra grande entusiasmo perante tal obrigação. Quanto aos países em desenvolvimento, opõem-se-lhe na prática dizendo – e o argumento tem perfeita justificação – que vivem há muitos anos consumindo apenas o estritamente necessário e que têm, pois, o direito de dispor, no futuro, de uma fatia maior dos recursos. A situação é semelhante nos países em transição, onde a quebra da economia provocou uma crise social extremamente grave, e onde os problemas do desenvolvimento futuro são relegados a segundo plano, em face da luta quotidiana pela sobrevivência. As limitações do modelo não desperta, pois, entusiasmo.

Existe a necessidade de uma nova perspectiva do desenvolvimento humano sustentável. O "desenvolvimento" deve ser a promessa otimista de uma vida melhor para todos, enquanto "humano" deveria ter como referência outro sistema de valores que desse mais importância às riquezas não materiais e à solidariedade e que também apontasse para uma maior responsabilização da humanidade perante o meio ambiente. Finalmente, "sustentável" deveria significar, sobretudo, "melhor", isto é, que o desenvolvimento deveria permitir que todos alcançassem um nível de vida mais elevado consumindo menos. Em outras palavras, por desenvolvimento humano sustentável se deveria entender o progresso obtido pela melhoria da qualidade de toda e qualquer atividade humana.

Para ter acesso a uma melhor qualidade de vida, devemos melhorar os nossos conhecimentos. É preciso progredir no campo da ciência e da tecnologia, das ciências sociais e humanas. Esses conhecimentos devem ser integrados na formação dos peritos nacionais e locais. Para garantir a qualidade no nível humano, é preciso melhorar também o sistema de valores. A sabedoria consiste, exatamente, na íntima aliança entre conhecimentos e valores.

O Relatório consagra um amplo espaço aos valores que virão a ser necessários no século XXI. Os valores têm o seu devido lugar quer nas culturas locais e nacionais, quer na cultura mundial. Deve-se reatar o diálogo entre gente da ciência e gente da cultura. O fosso que separa uns dos outros, na atualidade, nada tem de natural nem de histórico. Essa alienação, que é essencialmente característica do século XX, deve-se, em grande parte, à indiferença da educação pela integridade do ser humano.

Como poderemos colocar em prática essas ideias de desenvolvimento sustentável, sob a forma de um movimento de aspiração à qualidade? Por ter participado de atividades da UNESCO e do PNUD, como elemento catalisador da concepção e da execução de programas nacionais de desenvolvimento humano sustentável, posso apresentar aqui um exemplo.

Em vários países em transição da Europa Central e Oriental foi proposta ou já está sendo concretizada, em parte, a seguinte estratégia: é constituído – ou propõe-se a constituição de – um conselho nacional no nível da Presidência ou do Parlamento, composto por personalidades do mundo político, econômico, científico e cultural. Esse conselho é encarregado de definir as orientações gerais da política a seguir, de lançar iniciativas e de elaborar estratégias de execução. Ele estimula a ação e avalia as tendências. Dispõe de um órgão de execução, sob a forma de um comitê executivo de coordenação composto por representantes de todos os grandes setores: poderes públicos, produção, comércio, ciência, educação, cultura, organizações não governamentais (ONGs) e meios de comunicação social. O comitê executivo de coordenação deve tomar iniciativas e aplicar estratégias, mobilizar os setores chamados a participar, integrar as ações, avaliar os resultados e promover as práticas consideradas melhores. Cada setor cria os próprios grupos de trabalho, tendo em vista os projetos particulares.

Onde intervém a educação em toda essa iniciativa? Em tudo. As universidades e as academias científicas (umas e outras instituições educativas que integram conhecimentos e valores) desempenham importante papel no conselho nacional e no comitê executivo de coordenação. Os poderes públicos não podem dominar as novas tarefas sem ter acesso a novos conhecimentos – deve-se, pois, elaborar e propor a esse setor um programa de formação que lhe forneça ideias e exemplos de práticas desejáveis. No setor da produção, é preciso adotar novos processos de fabricação e novos produtos que sejam adequados (ou mais adequados) ao meio ambiente. Sendo limitados os capitais a investir, são prioritários os processos de grande intensidade de conhecimentos. Para desenvolver e transferir conhecimentos, a pesquisa deveria andar lado a lado com a educação. O comércio exige conhecimentos do mercado mundial e competências no domínio empresarial, conhecimentos e competências de que carecem os países em transição.

Também aqui a educação (entendida em sentido lato) pode fornecer essas competências e integrar os valores socioculturais. Finalmente – e não é este o aspecto menos importante –, é preciso educar os jornalistas, os leitores e os telespectadores, a fim de motivar o grande público. A sensibilização para o ambiente, muitas vezes, baseia-se mais no protesto do que na participação ativa em ações de prevenção da degradação e de melhoria do ambiente nos locais de trabalho e na vida do dia a dia.

A educação é o cimento da construção do desenvolvimento humano sustentável. É preciso elaborar estratégias e programas de educação relacionados com o ambiente, que abranjam tanto o ensino escolar como a educação informal e que adotem a perspectiva da educação permanente, a serem desenvolvidas pelos poderes públicos, pelo setor produtivo, pelo comércio e pelas comunidades locais.

Muitos pensarão talvez que essa solução é demasiadamente complexa. Contudo, parece estar dando bons resultados em vários países em transição. A economia planificada tradicional favorece, muitas vezes, no princípio, soluções centralizadas que partem da cúpula para as bases. Contudo, a necessidade de multiplicar as possibilidades suscita rapidamente iniciativas de base.

A partir do momento em que se começa a concretizar a noção de desenvolvimento humano sustentável, o novo conceito de educação apresentado pela Comissão no seu Relatório torna-se essencial. A experiência mostra que é preciso procurar obter e promover a integração de conhecimentos e de valores para se chegar a uma sociedade mais humanista, criar um forte sentido de responsabilidade em relação ao meio ambiente local, nacional e mundial, e avivar o entusiasmo que deve animar a vontade de viver juntos. A participação de personalidades do mundo da política, bem como dos mundos da produção, da ciência e da cultura, nos programas produzidos para esse efeito pelos meios de comunicação social, tem-se revelado poderoso catalisador.

Tolerância ou respeito?

Existe outra noção, objeto de muitos debates, especialmente nos países em transição: a da tolerância. No futuro, a tolerância talvez não baste e ser-nos-á necessário, para podermos viver juntos, passar da tolerância à cooperação ativa. Esta implica esforços comuns para proteger a diversidade. Em vez de "sou tolerante", passar-se-á a dizer "eu respeito".

A queda dos regimes políticos assentados em constrangimentos da liberdade foi seguida de vários exemplos de intolerância. Essa queda despertou, em muitos países, a esperança de aceder à liberdade, até mesmo à liberdade de integrar ou não um conjunto mais amplo de nações. Em muitos países, essa situação foi aproveitada para semear a intolerância e o ódio, criando assim o perigo da guerra ou chegando mesmo a desencadeá-la. É lamentável que populações que viveram em comum e pacificamente durante pelo menos meio século, no mesmo país ou em países vizinhos, atualmente se odeiem profundamente. Por que terão elas aceitado a "explicação" de que a outra nação, religião ou cultura as maltrata, ou até ameaça a sua existência há séculos?

A responsável é a educação. Se não fosse manipulada para fins políticos de valor duvidoso, se fosse mais objetiva na avaliação do passado, se integrasse os valores individuais e locais aos valores mundiais, as pessoas não seriam tão facilmente enganadas pela propaganda.

Para favorecer uma melhor compreensão mútua, foi proposto que os manuais de história fossem escritos por equipes de historiadores de países vizinhos, mas foram os próprios historiadores, em grande número, que riram dessa ideia. Contudo, deve-se prosseguir nessa via. Existe a necessidade de ideias "loucas" como essa, quando é evidente que as soluções habituais não dão qualquer resultado. Que esperança podemos ter no futuro, se não nos derem uma imagem mais fiel do passado? Se os fatos fossem apresentados com mais cuidado e exatidão, se a explicação que deles nos é oferecida fosse menos nacionalista ou eivada de hegemonia, se focasse mais nos valores humanos individuais e universais, seria mais difícil iludir a opinião pública. A educação deverá progredir em outros dois níveis, pelo menos, para conseguir vencer essa manipulação da opinião pública: terá de utilizar mais o método científico, assentado na observação objetiva, retirando as suas conclusões de dados que não se podem falsificar facilmente; e terá de dar mais atenção aos valores culturais universais que, além da tolerância, promovem o gosto pela diversidade cultural. Já existem bons programas para a proteção da diversidade biológica. No alvorecer do século XXI, a proteção da diversidade cultural deve tornar-se um elemento essencial de todos os programas de educação ao longo de toda a vida.

Relacionar a educação com o mundo do trabalho

Essa é outra das tarefas urgentes. Ora, muitas vezes, pensa-se que incluir na educação situações de trabalho é colocar-se em uma situação de perigosa derrapagem, quando o que se pretende é melhorar a qualidade da educação, em particular nas universidades dos países em transição. O fato de as estruturas de emprego evoluírem rapidamente serve de pretexto para evitar estabelecer qualquer ligação direta com os futuros empregadores, bem como para afirmar que os conhecimentos básicos bastam para preparar o indivíduo para enfrentar um mundo em transformação.

Os resultados positivos, obtidos por várias universidades muito respeitadas em nível internacional, contradizem essa maneira de encarar o problema. A cooperação com a indústria e a agricultura já deu provas de melhorar a qualidade do ensino superior nos países em transição e nos países em desenvolvimento, sobretudo quando apoiada pelas autoridades nacionais.

Vários projetos universidade-indústria mostram que a participação direta de estudantes e de professores universitários no mundo do trabalho é muito benéfica: aprende-se a trabalhar em grupo; depara-se com problemas concretos que fazem com que se passe do domínio das ideias para o domínio do mercado; verifica-se que a informação mais recente já não basta, de fato, para manter a concorrência econômica em escala mundial, e que é preciso recorrer a sistemas de informação internacionais; aprende-se a adquirir e a organizar informações recolhidas de diferentes fontes; buscam-se sistemas de conhecimentos suscetíveis de servir de base à formação de hipóteses; concebem-se interações entre o tratamento da informação e a investigação experimental, e presta-se colaboração a produções piloto; buscam-se saídas comerciais e aprende-se como se cria um mercado; identificam-se as possibilidades de transferência de conhecimentos e tecnologias, e estabelece-se a lista de tecnologias que não convém transferir; integram-se as normas sobre ambiente nas considerações tecnológicas e econômicas; adquirem-se as competências empresariais; aprende-se a conhecer as possibilidades de trabalho independente, isto é, a substituir a "esperança de um emprego" pela "criação de empregos" etc.

Os valores são parte integrante de qualquer projeto universidade-indústria ou universidade-agricultura, sobretudo se forem levados em conta os parâmetros tecnológicos e socioeconômicos do desenvolvimento humano sustentável. A utilização de processos de fabricação de produtos não poluentes ou menos poluentes, a prevenção da poluição e a gestão dos resíduos são áreas que oferecem múltiplas possibilidades.

Aprender a resolver problemas concretos, recorrendo-se a métodos pedagógicos ligados à pesquisa no ensino superior e a métodos de pesquisa no nível pré-universitário, é particularmente útil aos países em transição e aos países em desenvolvimento que têm necessidade urgente de melhorar as transferências de conhecimentos e de tecnologias em escala nacional e internacional.

E agora?

O Relatório da Comissão baseia-se em experiências recolhidas e em esperanças expressas por todo o mundo. Qual é o seu futuro? Será uma pedra angular do desenvolvimento da educação? Lançará as bases de uma nova arrancada e fará com que se tenha mais consciência da necessidade de aprender a conhecer, a fazer, a ser e a viver juntos? Ou será apenas mais um acontecimento que terá algum reflexo, mas que não mudará grande coisa? A resposta dependerá sobretudo daquilo que fizerem as autoridades nacionais.

Para estas, é crucial o apoio da comunidade internacional. O maior perigo é de as novas ideias sucumbirem sob a pressão das práticas atuais, antes de terem força suficiente para se impor em circunstâncias por vezes difíceis. Um programa internacional que vise a assegurar o reconhecimento e a difusão de boas práticas, fora dos hábitos correntes em educação, poderá favorecer a sobrevivência e o desenvolvimento das principais ideias do presente Relatório.

EDUCAÇÃO, AUTONOMIZAÇÃO E RECONCILIAÇÃO SOCIAL

Michael Manley

Aproveito a oportunidade oferecida aos membros da Comissão para contribuir com algumas breves observações pessoais. Não para acrescentar algo de novo ao Relatório, que já está completo, mas para insistir em alguns pontos.

Limitar-me-ei às observações seguintes:

Em primeiro lugar, e tanto quanto nos é permitido antecipar o futuro a partir dos acontecimentos presentes, o processo educativo deverá manter, no futuro, uma função contraditória.

Por um lado, o sistema educativo é, por definição, o guardião de certas normas: normas de excelência intelectual, de verdade científica e de pertinência tecnológica. Como tal, tem a tendência a ser exclusivo, a fim de concentrar todas as energias sobre os alunos que revelam capacidades e aptidões que se adequam às normas de excelência, deixando os outros em segundo plano, excluindo-os daquilo que a sociedade pode oferecer de melhor.

Por outro lado, vivemos em um mundo cada vez mais dilacerado por divisões irredutíveis. Assim, os Estados Unidos ameaçam atingir um estado de cisão permanente, entre uma classe inferior composta, em grande parte, por negros, e o resto da sociedade, de maioria branca.

Na Europa, o tecido social começa a ceder com as tensões que surgem entre as populações autóctones majoritárias e os trabalhadores migrantes minoritários. Os conflitos étnicos desagregaram a Bósnia e o Sri Lanka, e conflitos semelhantes, entre tribos, tiveram resultados análogos na Nigéria, em Angola e em Ruanda. Em resumo, o mundo tem a necessidade urgente de esforços no sentido da integração, do apaziguamento e da união. No entanto, esses esforços não terão qualquer possibilidade de sucesso se tiverem origem em interesses políticos. De fato, muitas vezes são até essas tensões que comandam o jogo político. É o que se passa, também, com os pais, que, por força das circunstâncias, estão frequentemente na origem dos problemas. É o sistema educativo, e em especial a escola, que oferece as melhores oportunidades e talvez a única esperança para iniciar o processo de apaziguamento e de integração social.

A escola deve semear, desde já, a boa semente da preocupação pelo outro, para evitar que as classes desfavorecidas sejam vítimas de uma ideologia de exclusão. Também tem de cultivar a ideia de uma humanidade que ultrapasse as categorias sociais, em que todos ocupem posições iguais no processo de integração permanente, sejam pessoas ilustres ou vulgares, ou até diminuídos física ou psiquicamente, sejam muçulmanos ou cristãos, hauçás ou igbos, irlandeses católicos ou protestantes.

Nesse sentido, é preciso que a escola, que deve ser a guardiã de certas normas, funcione como catalisador de valores humanos tão universais como as verdades científicas, que devem ser absolutamente protegidas. Mais: se não conseguirmos colocar em prática, de maneira generalizada e decisiva, a educação multicultural, verificaremos, com certeza, que os progressos da transmissão de conhecimentos técnicos acabarão por ter, afinal, um impacto negativo. Não é impensável que um dia nos deparemos com elites formadas para se combaterem com armas cada vez mais mortíferas. Assim, novas limpezas étnicas ainda mais eficazes poderão ser o preço a ser pago por termos negligenciado uma das duas missões da educação.

Em segundo lugar, o papel que a educação deve desempenhar na autonomização dos indivíduos pode ser encarado em dois níveis, um bastante evidente e outro mais profundo. É evidente que um jovem será senhor de si mesmo na medida em que a educação lhe tiver fornecido competências bem cotadas no mercado de trabalho. Isso implica também a aprendizagem de competências sociais que só se adquirem compreendendo como funcionam as sociedades, quais são os sistemas de poder e as alavancas que os comandam, como ter influência nas decisões, e até que ponto a dinâmica social conta em tudo esse processo – poderíamos multiplicar os exemplos quase indefinidamente. Se o processo educativo não facilitar essa aprendizagem, as classes desfavorecidas dos países ricos ficarão prisioneiras da sua impotência, enquanto os países em desenvolvimento jamais poderão conseguir os meios para progredir, pois nem sequer estarão preparados para aproveitar as possibilidades oferecidas pelo mercado mundial. Mais ainda, todas as sociedades, seja qual for o seu estágio de desenvolvimento, ficarão sujeitas a tensões cada vez mais fortes enquanto a separação entre ricos e pobres continuar a aumentar e a tornar-se cada vez mais difícil de se reduzir.

Atualmente, a situação do mundo é dramática e poderá tornar-se desastrosa. Os programas de reforma impostos pelo Fundo Monetário Internacional (FMI) e os programas de ajustamento estrutural do Banco Mundial penalizaram os países em desenvolvimento, privando-os dos recursos financeiros necessários para melhorar, quantitativa e qualitativamente, os seus sistemas de ensino. As ações empreendidas recentemente para corrigir esse estado de coisas são muito modestas e vêm muito tarde.

Assim, longe de ser o motor de uma conquista individual e coletiva da autonomia, a educação deteriora-se em muitas partes do mundo.

O mais paradoxal é que a UNESCO apela a que se imaginem novos paradigmas para o século XXI, quando as instituições financeiras multilaterais, que derivam elas próprias de Bretton Woods e do Sistema das Nações Unidas, conspiram no sentido de fazer que o modelo, onipresente há alguns anos, se resuma à fórmula "compressão e regressão".

É preciso reclamar urgentemente a inversão completa dessa tendência, pois sem isso as recomendações aqui feitas perdem toda a credibilidade. Os paradoxos inerentes aos dois primeiros pontos referidos anteriormente conduzem à terceira questão sobre a qual é preciso insistir. Para que o sistema educativo seja eficaz, deve funcionar no quadro de um contrato social, compreendido e defendido por todos. Aos governos cabe a enorme responsabilidade de fazer aceitar esse contrato, de acordo com um processo que deveria começar no seio da própria classe política. É indispensável que os dirigentes políticos o aprovem, para que a sociedade em geral também o possa fazer. É o único meio que nos resta de fazer que a educação dê respostas, quer à necessidade de normas, quer ao imperativo de um amplo consenso nacional sobre justiça social.

EDUCAR PARA A SOCIEDADE MUNDIAL

Karan Singh

Ao chegar ao fim do último decênio deste século extraordinário, marcado por destruições sem precedentes e por progressos inimagináveis, pelos massacres mais cruéis de que há memória e por avanços espantosos em matéria de bem-estar, pela produção e aperfeiçoamento de armas com um poder desconhecido até então e pela exploração fecunda do espaço sideral, eis que chegamos a um ponto crucial da longa e tortuosa história da nossa espécie sobre a face do planeta Terra. É claro, na atualidade, que a humanidade evolui por entre as convulsões de uma sociedade de características planetárias. Vivemos em um mundo no qual as distâncias não param de reduzir-se e no qual devemos renunciar à herança perniciosa do passado, feita de conflitos e de concorrência, e voltar-nos para uma nova cultura da convergência e da cooperação, preenchendo o fosso alarmante que existe entre países desenvolvidos e países em desenvolvimento, se não quisermos ver desaparecer as ricas promessas do próximo milênio, por entre as lutas e o caos de que já são vítimas diversas regiões do mundo. É esse, fundamentalmente, o desafio a se vencer pela educação no século XXI.

Não nos faltam recursos intelectuais ou econômicos para resolver os problemas. Os caminhos abertos pela ciência e as invenções tecnológicas forneceram-nos meios para ultrapassar todas essas dificuldades. Faltam-nos, sim, sabedoria e compaixão para utilizarmos esses meios de maneira criativa. O saber progride, mas a sabedoria enfraquece cada vez mais. Esse abismo profundo deve desaparecer antes do final do século, para que finalmente se inverta a atual tendência desastrosa, e é aqui que a educação, entendida no sentido mais lato do termo, adquire importância vital. Os sistemas educativos nacionais baseiam-se, quase invariavelmente, em princípios que já vêm de crenças anteriores à era nuclear e planetária, de modo que são incapazes de oferecer um novo modelo de pensamento, indispensável, na atualidade, ao bem-estar e à sobrevivência da humanidade. Ortodoxias de outrora e orientações ultrapassadas continuam a impedir que as novas gerações tomem consciência, de maneira adequada, da unidade fundamental do mundo que os viu nascer. De fato, estimulando atitudes negativas para com outros grupos ou nações, essas doutrinas retardam a implantação de um pensamento mundialista.

É raro que o tremendo potencial dos meios de comunicação, que atualmente estendem a sua rede em volta do planeta, seja colocado a serviço da propagação de valores universais e da criação de uma consciência mais atenta e compassiva em relação ao outro. Pelo contrário, os meios de comunicação social são apenas violência e horror, crueldade e carnificina, consumo desenfreado e promiscuidade impudica, deformando, desse modo, não só os jovens espíritos, mas tornando-nos, a todos nós, insensíveis ao sofrimento e à dor humana. Por isso, é urgente empreender uma revolução criativa das nossas políticas educativas e de comunicação. Devem-se criar, em escala planetária, programas cuidadosamente estruturados, baseados, sem ambiguidade, na ideia de que a sobrevivência da humanidade depende do desenvolvimento de uma consciência mundialista, capaz de criatividade e de compaixão. A dimensão espiritual deve estar no centro da nossa nova reflexão sobre educação.

É preciso ter a coragem de se pensar em escala planetária, de romper com os modelos tradicionais e mergulhar, decididamente, no desconhecido. Devem-se mobilizar todos os recursos internos e externos para construir um mundo novo baseado na solidariedade, e não na destruição mútua. Cidadãos do mundo, preocupados com a sobrevivência e com o bem-estar da nossa espécie, devemos utilizar o arsenal mais moderno de métodos pedagógicos inovadores e interativos, com o objetivo de criar um programa de educação mundial que abra os olhos das crianças e dos adultos para a era planetária que aí vem, e os seus corações para os gritos dos oprimidos e dos que sofrem. O tempo urge porque, paralelamente a essa sociedade planetária, continuam ativas as forças sinistras do fundamentalismo e do fanatismo, da exploração e da intimidação.

Sejamos, pois, sem perda de tempo, os pioneiros e os propagadores de uma filosofia holística da educação para o século XXI, fundada nas seguintes premissas:

a) o planeta Terra que habitamos e de que todos somos cidadãos é uma entidade única, fervilhante de vida; a espécie humana é, em última análise, uma grande família em que todos os membros são solidários – Vasudhaiva Kuktumbakam, dizem os Vedas; as diferenças de raça e de religião, de nacionalidade e de ideologia, de sexo e de preferências sexuais, de estatuto econômico e social – embora importantes em si – devem ser repostas no contexto mais geral dessa unidade fundamental;

b) a ecologia do planeta deve ser preservada das destruições insensatas e da exploração selvagem, e enriquecida para o bem das gerações futuras; é preciso promover um estilo de consumo mais equitativo, baseado nos limites de crescimento e não em um esbanjamento desenfreado;

c) o ódio e o sectarismo, o fundamentalismo e o fanatismo, a inveja e o ciúme, entre pessoas, grupos ou nações, são paixões destruidoras que é preciso vencer agora que nos encontramos no limiar de um novo século; o amor e a compaixão, a preocupação pelo outro e a caridade, a amizade e a cooperação devem ser estimuladas, agora que a nossa consciência desperta para a solidariedade planetária;

d) as grandes religiões do mundo, na luta pela supremacia, devem parar de se combater e cooperar para o bem da humanidade, a fim de reforçar, mediante um diálogo permanente e criativo entre as diferentes confissões, o filão de ouro que são as suas aspirações espirituais comuns, renunciando aos dogmas e aos anátemas que as dividem;

e) será necessário um esforço poderoso e concertado para eliminar o flagelo do analfabetismo em todo o mundo, daqui até o ano 2010, orientando os nossos esforços sobretudo para as mulheres, em especial nos países em desenvolvimento;

f) a educação holística deve levar em conta as múltiplas facetas – físicas, intelectuais, estéticas, emocionais e espirituais – da personalidade humana e tender, assim, para a realização deste sonho eterno: um ser humano perfeitamente realizado, vivendo num mundo em harmonia.

EDUCAÇÃO PARA UM MUNDO MULTICULTURAL

Rodolfo Stavenhagen

Grandes são os desafios colocados à educação em um mundo cada vez mais multicultural. Agora que os habitantes do planeta começam a ser mais sensíveis à globalização, há uma ideia que surge abruptamente: "se calhar, o meu vizinho não é exatamente igual a mim". Para muitos, essa descoberta pode ser um choque porque coloca em questão concepções tradicionais de vizinhança, de comunidade e de nação até então imutáveis; vem alterar as relações estabelecidas há longa data com os outros e assinala o aparecimento da diversidade étnica na vida quotidiana.

Por um lado, a globalização da economia leva produtores e consumidores de continentes e regiões diferentes a estabelecerem entre si relações funcionais. As sociedades transnacionais modernas estão organizadas de tal maneira que um mesmo produto pode ser feito com elementos produzidos por várias fábricas, situadas em países diferentes. Os diretores e empregados dessas empresas passam, muitas vezes, mais tempo viajando de um país para outro, do que em família ou com os amigos, mais ou menos como os mercenários de outrora. Seria ingênuo pensar que a atual reestruturação das relações econômicas mundiais não tem consequências nas atitudes e nos valores pessoais de todos aqueles a que diz respeito, desde o operário não qualificado de uma linha de produção de um país pobre até o consumidor que verifica, pelas etiquetas, que os produtos que compra são fabricados em países longínquos.

Além disso, a rápida expansão das redes de comunicação, em especial na área dos meios de comunicação audiovisuais, fez entrar na intimidade de milhões de lares, nas grandes metrópoles, nos subúrbios das grandes cidades e nas aldeias mais remotas, acontecimentos que estávamos habituados a considerar como estrangeiros ou longínquos. O exótico deixou de ser distante e o distante torna-se cada vez mais familiar. Como as indústrias culturais propagam os estilos de vida das classes médias urbanizadas e industriais do Ocidente por intermédio das antenas parabólicas e dos distribuidores de videocassetes, o mundo multicultural tende a uniformizar-se e os valores culturais próprios desses estilos de vida tornam-se, de algum modo, normas internacionais com as quais as populações locais (em particular os jovens) comparam a sua prática de vida e suas aspirações.

A globalização tem como contraponto os movimentos maciços de população pelas fronteiras internacionais. Se, no passado, os colonizadores europeus se deslocaram para regiões pretensamente subdesenvolvidas, no decurso dos últimos decênios são os trabalhadores migrantes de todas as antigas colônias e das economias periféricas que, com suas famílias, afluem aos milhões às zonas industriais da Europa e da América do Norte em busca de uma vida melhor e, muitas vezes também, para escapar à opressão política e social. No momento em que as antigas potências industriais começam, de fato, a "desindustrializar-se" e a exportar uma parte importante das suas atividades ligadas à indústria, o afluxo maciço de populações de culturas diversas, vindas de países pobres, submete a tensões, cada vez maiores, os mercados tradicionais de emprego e o tecido social dos países de acolhimento.

Muitos dos Estados-nações modernos formaram-se com base na hipótese de que são, ou deveriam ser, culturalmente homogêneos. Essa homogeneidade constitui a essência da "nacionalidade" moderna, de onde derivam, na atualidade, as noções de Estado e de cidadania. Pouco importa que, na maior parte dos casos, a realidade desminta esse modelo – atualmente os Estados monoétnicos são mais exceção do que regra –, mas a ideia de uma nação monoétnica, culturalmente homogênea, é invocada, a maior parte das vezes, para encobrir o fato de esses Estados merecerem, a rigor, serem considerados como etnocráticos, na medida em que apenas um grupo étnico majoritário ou dominante impõe a sua própria visão de "nacionalidade" aos outros componentes da sociedade. Nesse caso, os grupos étnicos que não se conformem com o modelo dominante são tratados como "minorias" no plano numérico, mas também e sobretudo, nos âmbitos sociológico e político. Não é raro que essa contradição produza tensões e conflitos sociais que se verificaram de maneira crescente, nos últimos anos, em certos países. De fato, verifica-se que diversos conflitos étnicos que acontecem atualmente no mundo tiveram origem em problemas causados pela maneira como o Estado-nação moderno gerou a diversidade étnica no interior de suas fronteiras.

As políticas sociais, culturais e educativas adotadas pelos Estados em relação aos diversos povos, nações e grupos étnicos que vivem nos seus territórios refletem, diretamente, essas tensões. Um dos principais papéis atribuídos ao ensino escolar, em muitos países, foi o de formar bons cidadãos que respeitassem as leis, que partilhassem a mesma identidade nacional e se mostrassem leais ao Estado-nação. Se essa atitude foi, sem dúvida, colocada a serviço de nobres finalidades e foi até necessária em certas circunstâncias históricas, também deu origem, em muitos casos, à marginalização e até ao desaparecimento de muitos grupos étnicos diferentes cuja cultura, religião, língua, crenças ou modo de vida não estavam em conformidade com o pretenso ideal nacional.

As minorias religiosas, linguísticas e nacionais, assim como as populações autóctones e tribais, foram frequentemente subordinadas, por vezes à força e contra sua vontade, aos interesses do Estado e da sociedade dominante. Muitas vezes, adquiriram, assim, nova identidade e nova consciência nacional (em especial os emigrantes recém-estabelecidos em uma nova terra); outros foram obrigados a abandonar cultura, língua, religião, tradições e a adaptar-se a normas e costumes estrangeiros, que as instituições nacionais e, sobretudo, os sistemas educativos e jurídicos se encarregam de reforçar e perpetuar.

Em muitos países, as finalidades e as exigências de um sistema educativo "nacional" entram em conflito com os valores, os interesses e as aspirações de grupos culturalmente distintos. Ao mesmo tempo, o mundo em que vivemos, caracterizado por crescente interdependência, suscita tendências antagônicas que tomam direções diferentes: por um lado, a tendência para a homogeneização em nível nacional e para a uniformização em nível mundial; por outro, a busca pelas raízes de uma especificidade comunitária que, para alguns, só pode existir se se reforçarem as identidades locais e regionais, guardando-se saudável distância dos "outros", considerados, por vezes, como uma ameaça.

Uma situação assim tão complexa representa um desafio para o sistema educativo e para as políticas culturais do Estado, assim como para o funcionamento dos mecanismos de mercado, principalmente nos domínios da comunicação e do lazer – vastas redes em que pontificam as indústrias culturais planetárias. Nesses últimos anos, as políticas tradicionais de educação baseadas no postulado de uma cultura nacional homogênea vêm sendo objeto de uma apreciação cada vez mais crítica. Há um número cada vez maior de Estados que não só toleram as formas de expressão da diversidade cultural, mas também reconhecem que, longe de serem obstáculos perturbadores, o multiculturalismo e a plurietnicidade são os verdadeiros pilares de uma integração social democrática. A educação do século XXI deverá enfrentar esse desafio, e os sistemas educativos – entendidos no sentido mais lato possível – devem dar provas de flexibilidade e de imaginação para encontrar o justo ponto de equilíbrio entre as duas tendências estruturais a que aludimos.

Uma educação verdadeiramente multicultural deverá ser capaz de dar respostas, simultaneamente, aos imperativos da integração planetária e nacional e às necessidades específicas das comunidades locais, rurais ou urbanas que têm a sua própria cultura. Levará cada um a tomar consciência da diversidade e a respeitar os outros, quer se trate dos vizinhos mais próximos ou dos colegas presentes, quer de habitantes de um país longínquo. Para que seja possível uma educação realmente pluralista, será necessário repensar os objetivos – o que significa educar e ser educado? –; remodelar os conteúdos e programas dos estabelecimentos de ensino de tipo clássico; imaginar novos métodos pedagógicos e novos processos educativos; e estimular o aparecimento de novas gerações de professores-alunos. Uma educação realmente pluralista baseia-se em uma filosofia humanista, isto é, em uma ética que encara, de uma perspectiva positiva, as consequências sociais do pluralismo cultural. Falham, por vezes, os valores do pluralismo humanista e cultural necessários para inspirar tal mudança na educação; eles devem ser incrementados pelo próprio processo educativo que, por sua vez, ajudam a reforçar.

Muitos observadores têm uma atitude profundamente cética em relação ao pluralismo cultural e à sua expressão em uma educação multicultural. Embora se declarem favoráveis à diversidade cultural – quem poderá negá-la atualmente? –, questionam se será prudente dar-lhe importância por meio da educação. Temem que essa atitude leve à cristalização de identidades separadas, ao reforço do etnocentrismo, à proliferação de conflitos étnicos e, por fim, à desintegração dos Estados-nações existentes. Com certeza, não faltam, nos nossos dias, exemplos de nacionalismos étnicos excessivos que conduzem ao separatismo político e à decomposição social, para não falar de massacres que chegam a ser verdadeiros genocídios e de campanhas de purificação étnica alimentadas pelo ódio. Contudo, a diversidade étnica não desaparecerá por encanto, e não é realista censurar as políticas multiculturalistas em relação a muitos conflitos que, inúmeras vezes, originam-se justamente do não reconhecimento da diversidade étnica ou do seu aniquilamento.

As críticas ao multiculturalismo (palavra que se reveste de significados diferentes conforme os contextos) surgem, muitas vezes, de grupos étnicos nacionalistas convencidos de que elementos estranhos (imigrantes, minorias culturalmente diferenciadas) colocam em perigo a "essência" da sua nação. Entretanto, vêm, também, de liberais bem intencionados que desejariam construir uma nação "cívica" em que todos – de qualquer raça, língua, origem, religião ou cultura – seriam considerados de igual valor. Essas pessoas pensam que, ao acentuarem diferenças culturais ou étnicas, estabelecem-se fronteiras e muros entre seres humanos iguais – ou pelo menos semelhantes – entre si. Só uma educação que tenda para uma cultura realmente cívica compartilhada por todos poderá impedir que as diferenças continuem a produzir desigualdades, e as particularidades, a inspirar inimizades. Nessa nova visão do mundo, a identidade étnica diz respeito à esfera estritamente privada (à semelhança da religião no Estado laico moderno) e já não interessa às políticas estatais.

Embora essa perspectiva seja perfeitamente respeitável, assistimos, por toda a parte, à mobilização de grupos étnicos em torno de crenças e símbolos culturais; de fato, os sistemas educativos são, eles próprios, um jogo nessas "guerras culturais" do nosso tempo. Estejam essas lutas profundamente enraizadas no inconsciente coletivo – como pretendem alguns – ou sejam, simplesmente, o fruto de manipulações de "empresários étnicos" oportunistas – como outros defendem –, não será escamoteando-as que se conseguirá promover os valores democráticos humanistas. Certamente o mundo atingiu, atualmente, maturidade suficiente para ser capaz de fazer despertar uma cultura cívica democrática fundada nos direitos do ser humano e estimular, ao mesmo tempo, o respeito mútuo das culturas, na base do reconhecimento dos direitos coletivos de todos os povos do planeta, grandes ou pequenos, todos com os mesmos méritos.

É esse o desafio que a educação do século XXI deverá enfrentar.

ABERTURA DE ESPÍRITO PARA UMA VIDA MELHOR

Myong Won Suhr

Nascemos todos egocêntricos, mas, desde a mais tenra idade, vamos progressivamente nos convencendo de que precisamos conviver com os outros se quisermos sobreviver. Os problemas resultantes desse egocentrismo fundamental suscitam muitas dificuldades, conflitos, decepções e até ódios, mesmo no seio de uma família, o que só prova que devemos aprender a viver uns com os outros. A observação diária do mundo animal ilustra bem essa verdade.

Eis algumas reflexões sobre as razões que devem levar os sistemas educativos mundiais a se preocuparem com a abertura do espírito das pessoas e a ajudá-las a viver em harmonia com os outros e com a natureza.

I – Vivermos juntos em harmonia deve ser o fim último da educação no século XXI

Infelizmente, não é essa a imagem que damos na nossa vida quotidiana, em casa, na escola, em nível comunitário ou nacional. Em escala internacional, a situação é ainda mais difícil. Os sistemas educativos são, geralmente, nacionalistas; quando o são de maneira agressiva, colocam em perigo a coexistência pacífica no mundo. O etnocentrismo que existe por todo lado constitui um dos grandes obstáculos à paz mundial.

Os rápidos progressos da ciência e da tecnologia tornaram-nos membros de uma comunidade mundial, habitantes de uma única e mesma "aldeia global". Ora, a maior parte das pessoas não tem consciência disso, e as que têm preferem muitas vezes dedicar-se aos ínfimos pormenores dos seus afazeres quotidianos e, em especial, à aquisição ou à preservação do prestígio pessoal.

Na Coreia do Sul, o vestibular é o obstáculo mais pernicioso para uma "educação sã". Prejudicial para a educação, em todos os níveis, e também para a causa da paz no mundo. O Ministério da Educação experimentou – em vão, até agora – toda espécie de medidas corretivas para limitar esses efeitos negativos. Cada novo sistema suscita, imediatamente, uma nova contraofensiva.

II – Reformar a educação para mudar a situação

Em número de estudantes inscritos no ensino superior em relação à população, a Coreia do Sul aparece na terceira posição, logo atrás dos Estados Unidos e do Canadá. Do ponto de vista qualitativo, ao contrário, há muitos pontos fracos e falhas na formação de cidadãos do mundo capazes de viver em paz uns ao lado dos outros no século XXI. Mais precisamente, a dimensão ética ou moral da educação é atualmente muito mais pobre do que era no antigo sistema. Se é verdade que os estudantes adquirem, agora, mais conhecimentos fatuais, também é certo que a sua conduta moral é inaceitável para os mais velhos. Porém, mesmo criticando duramente o comportamento dos jovens, a opinião pública considera que é necessário prepará-los para o vestibular. Em outras palavras, não se analisam as contradições inerentes ao sistema de ensino superior atual.

Conscientes do problema, as universidades do país começaram, recentemente, a modificar radicalmente os seus programas para redefinir os conteúdos da educação: a partir de agora, dá-se mais importância ao crescimento econômico (isto é, à ciência e à tecnologia) e insiste-se mais no desenvolvimento humano ou social, inspirando-se em valores humanistas seculares. Presentemente, na Coreia, estamos conscientes de que as políticas orientadas para o crescimento econômico em todas as áreas nos fizeram pagar um preço demasiado caro no plano moral: o esquecimento dos valores tradicionais.

III – A sociedade aberta e os temores que suscita

Segundo as nossas previsões, a Coreia do Sul será uma sociedade aberta em um futuro muito próximo. No entanto, muitos coreanos não estão ainda perfeitamente preparados para aceitar a ideia, e alguns temem as situações de incerteza que daí possam advir. Através dos séculos, estiveram, durante muito tempo, à mercê das poderosas nações que os rodeavam, e a velha lei da sobrevivência do mais apto pode surgir novamente como válida. Assim, o Acordo Geral sobre Comércio e Tarifas Aduaneiras (GATT) não foi bem aceito pela opinião pública, em especial pelos agricultores coreanos. Os espíritos mais avisados colocam reservas à mundialização das esferas intelectual e cultural, temendo que a educação e os assuntos culturais se tornem vítimas de um "neoimperialismo cultural" das grandes potências econômicas do mundo. A opinião da maioria é também muito reticente em relação à Organização Mundial do Comércio (OMC), que sucedeu ao GATT, devido à posição dominante que, provavelmente, nela terão os Estados Unidos, a União Europeia e o Japão.

No limiar do século XXI, vê-se que é necessário, por todo o mundo, oferecer urgentemente à opinião pública uma educação e uma informação construtivas para acabar com a apreensão inspirada pela chegada do novo século, que deriva, em larga medida, das políticas fechadas sobre si mesmas e cultivadas, até há pouco tempo, por todos os países, também no domínio da educação. A Coreia do Sul não é uma exceção à regra. Talvez seja um exemplo ainda mais claro dessa regra, devido aos sofrimentos que suportou no passado, impostos por potências estrangeiras.

IV – Um destino comum na aldeia global

Já faz alguns anos que sublinhamos a importância da compreensão mútua entre Oriente e Ocidente para a paz no mundo, mas, para falar com franqueza, os ocidentais sabem menos acerca dos orientais do que o inverso. Nos países do Oriente, contudo, as pessoas não sabem quase nada sobre os seus vizinhos mais próximos, preferindo, quase sempre, aprender com o Ocidente tecnologicamente avançado como sair do seu estado de subdesenvolvimento.

Doravante, contudo, essa compreensão mútua entre Leste e Oeste poderá tornar-se fator importante de desenvolvimento cultural, assim como de prosperidade econômica em todo o mundo. Graças a ela e por intermédio das organizações de cooperação com o Ocidente, as nações do Oriente poderão contribuir, por sua vez, para a paz mundial e para uma prosperidade partilhada com os seus vizinhos mais próximos.

Entramos numa era em que, por assim dizer, já não existem fronteiras nacionais. Quer queiramos, quer não, os povos do mundo têm de viver juntos. Todos devemos estar conscientes disso e educar os futuros cidadãos do mundo nessa perspectiva. Cabe, pois, às organizações governamentais e não governamentais sublinhar a importância da abertura nos âmbitos político e educativo.

V – Desprezo do Oriente pela cultura ocidental

No Oriente, até há bem pouco tempo, estava muito difundida a ideia de que a cultura ocidental era materialista, ao passo que a cultura oriental era ética ou espiritual e em geral superior, e que devíamos limitar-nos a adquirir os conhecimentos científicos e tecnológicos do Ocidente, evitando os outros aspectos da sua cultura. Não se trata, de maneira nenhuma, de uma opinião exclusiva da Coreia do Sul: encontra-se essa ideia, facilmente, em publicações chinesas e japonesas.

Porém, esse postulado geral é falso. Só compreendendo a lógica, o pensamento crítico e a curiosidade do Ocidente pelo desconhecido, os seus métodos experimentais para descobrir a verdade e a sua maneira objetiva de encarar os problemas é que poderemos apreciar a sua cultura. Embora no Oriente exista um preconceito a esse respeito, não é difícil encontrar, na cultura ocidental, abundantes exemplos do amor puramente desinteressado dos ocidentais à verdade – em especial à verdade científica –, à ética e à lógica.

VI – Hostilidade em relação às atitudes ocidentais

Nos domínios da ciência e da tecnologia, que tanto mudaram o mundo e que o Ocidente tão rapidamente desenvolveu, os cientistas ocidentais sempre tiveram uma tendência a tratar a natureza como um território a ser conquistado pela inteligência e pelas competências humanas. Esse modo de atuar deu origem, de fato, a grandes descobertas e invenções e, por isso mesmo, a civilizações avançadas. Contudo, todas essas contribuições para o bem-estar da humanidade trouxeram consigo problemas maiores ainda: já são graves os danos causados à natureza pela poluição da atmosfera, da água e do solo, e tornar-se-ão ainda mais graves. A proteção e a defesa do ambiente é um enorme problema para nós, para os nossos filhos e para os nossos netos.

No Oriente, os nossos antepassados não quiseram – ou não ousaram – dominar a natureza, por pensarem que era essencial viver em paz e em harmonia com ela. Na medida em que consideravam os seres humanos como parte integrante da natureza, nada havia a combater, a dominar ou a conquistar. Essas atitudes vigoraram durante séculos e retardaram, de certo modo, o nosso progresso material, devido ao ritmo muito lento da evolução da natureza, enquanto o Ocidente, por seu lado, não hesitava em tornar-se senhor da natureza realizando, assim, mudanças mais rápidas. No século XXI, a proteção e a defesa do ambiente serão fundamentais para o bem-estar de todos os seres vivos, sem esquecer os animais. Além disso, todos os povos do mundo serão chamados a tomar parte ativa nesse empreendimento de necessidade vital.

Apesar do egocentrismo a que aludimos anteriormente, que caracteriza todos os seres humanos no começo de suas vidas, tenho uma inquebrantável confiança no futuro da humanidade. Nosso tesouro comum de sabedoria e de experiência pode levar-nos – e levará, com certeza – a encontrar os meios de aumentar o nosso bem-estar espiritual e material, e de vivermos juntos em harmonia.

INTERAÇÕES ENTRE EDUCAÇÃO E CULTURA, DO PONTO DE VISTA DO DESENVOLVIMENTO ECONÔMICO E HUMANO: UMA PERSPECTIVA ASIÁTICA

Zhou Nanzhao

Educação e cultura podem ser apreendidas de várias maneiras. Em relação à segunda, a educação poderia definir-se como um processo que consiste em inculcar nos jovens valores e crenças herdadas da tradição e devidamente modernizadas, que constituem o núcleo de uma cultura. A educação é o vetor de transmissão da cultura e esta define o quadro institucional da educação, ocupando lugar essencial em seus conteúdos. A educação, afirma-se, ocupa posição central no sistema de valores, e os valores são os pilares em que se apoia a educação.[1] Colocadas a serviço das necessidades de desenvolvimento do ser humano, a educação e a cultura tornam-se, tanto uma como a outra, meios e fins desse mesmo desenvolvimento.

Estudar as relações entre educação e cultura só tem sentido na perspectiva do desenvolvimento, processo multidimensional, mundial, evolutivo e mobilizador, de que o ser humano é, ao mesmo tempo, origem, ator e finalidade.[2] A presente comunicação pretende ser uma reflexão, do ponto de vista asiático, sobre as interações entre educação e cultura na perspectiva do desenvolvimento. Evocamos os efeitos tanto positivos como negativos das tradições culturais, no desenvolvimento da educação e da economia, chamando atenção para a dupla necessidade de preservar essas tradições e de renová-las. À luz da crescente globalização que se faz sentir em todos os níveis, examinamos brevemente certos valores universais que seria bom cultivar, por meio da educação e da fecundação mútua entre as culturas orientais e ocidentais. Finalmente, mostramos que a educação e a cultura devem ter como última finalidade para o século XXI um desenvolvimento centrado no ser humano. Conscientes da grande diversidade das culturas asiáticas, privilegiamos a tradição confucionista, que, apesar da influência exercida em toda a região, representa apenas uma faceta dessas mesmas culturas. Para não cairmos em uma simplificação excessiva, evitamos qualquer generalização.

---

1. PÉREZ DE CUELLAR, Javier (Coord.). *Our creative diversity*: report of the World Commission on Culture and Development; summary version. Paris: UNESCO, 1995. Disponível em: <http://unesdoc.unesco.org/images/0010/001016/101651e.pdf>.
2. FABRIZIO, Claude. *La dimension culturelle du développement*: vers une approche pratique. Paris: UNESCO, 1994. (Culture et développement).

Características das culturas asiáticas propícias ao desenvolvimento da educação e da economia

Há inúmeros estudos sobre as relações entre educação, cultura e desenvolvimento (citamos, entre os mais recentes: SINGH, 1991; PETRI, 1993; DUBBELDAM, 1994; COMISSÃO MUNDIAL DA CULTURA E DO DESENVOLVIMENTO, 1995). Eis alguns exemplos das características culturais que favoreceram o desenvolvimento da educação e da economia na Ásia:

a) *o apreço profundo pelo valor da educação.* A Ásia sempre dedicou grande importância à aprendizagem. Confúcio pensava que é possível aperfeiçoar o ser humano, e que a educação, principalmente pelos esforços da pessoa para se formar, pela reflexão interior, mas também pela imitação de modelos exteriores, pode levá-la ao caminho certo.[3] Realçava a capacidade da educação para melhorar a sociedade e para ensinar a cidadania. O seu ideal político consistia em "governar o Estado pelo exercício das virtudes morais", cujo desenvolvimento competia à educação. Chegava mesmo a dizer que a educação era tão necessária como as colheitas abundantes ou como um exército numeroso para defender o país. À questão "o que fazer perante o crescimento da população?", respondia "garantir a sua prosperidade"; e perguntando-se-lhe, então "e depois?", dizia simplesmente "educá-la".[4] Durante séculos, a educação constituiu a base de todos os aspectos da vida política social, econômica e cultural dos povos da Ásia. Trabalhando curvadas nos arrozais, as mães asiáticas sempre alimentaram em seus corações a esperança de que a educação acabaria por poupar os seus filhos da pobreza de que elas próprias tinham sido vítimas. A imagem familiar da "mãe educadora" japonesa, para quem a educação dos filhos é o primeiro dos deveres; a da mãe chinesa, que, sem poupar esforços, frequenta durante longos anos cursos noturnos, a fim de educar ela própria o filho deficiente, servindo-se das anotações recolhidas; a das mães coreanas, dispostas a vender as vacas para que os filhos acabem os estudos; bem como os preceitos plenos de sabedoria do grande poeta indiano Tagore e as reflexões do grande pensador político Gandhi sobre os méritos da educação, são outros tantos exemplos do valor que a Ásia atribui à educação;

b) *as elevadas expectativas a que os jovens devem responder.* As crônicas antigas contam como a mãe de Mêncio, o grande discípulo de Confúcio, mudou três vezes de domicílio para que seu filho recebesse uma educação de qualidade, em contato com bons professores, bons vizinhos e bons colegas. Diversos estudos revelam que a exigência demonstrada por pais e professores tem como corolário programas de elevado nível, mais horas destinadas à aprendizagem, exercícios rigorosos para desenvolver as faculdades intelectuais e uma colaboração mais estreita entre pais e filhos em casa, o que se traduz em melhores resultados escolares, sobretudo em matérias intelectualmente exigentes como a matemática. Como o quociente de inteligência é, sensivelmente, igual na maioria das crianças, e como não há crianças impossíveis de se educar, essa particularidade cultural explica, em parte, os resultados escolares relativamente elevados de muitos alunos asiáticos;

---

3. FAIRBANK, John King. *The US and China.* 3.ed. Cambridge, USA: Harvard University Press, 1971.
4. CONFÚCIO. *The Four Books.* Changsha: Hunan Press, 1992.

c) *a primazia do grupo sobre o indivíduo*. Nas culturas asiáticas, a coletividade ocupa um lugar, tradicionalmente, mais importante do que o indivíduo. O confucionismo visava ao desenvolvimento do indivíduo como ser social, membro de uma família e do conjunto da sociedade. A aprendizagem das regras da vida em sociedade era considerada indispensável para a pessoa atingir a maturidade e tornar-se um elemento responsável do corpo social. No decurso dos séculos, os intelectuais chineses permaneceram fiéis ao ideal ético que prescrevia "suportar os males do mundo *antes* de qualquer outra pessoa, e gozar os prazeres da vida só *depois* de todos os outros o fazerem". Essa atitude comunitária, que testemunha o "espírito de equipe" característico dos japoneses, constituiu fator determinante de produtividade econômica e de coesão social. Assim, fica explicada, em parte, a razão por que muitos asiáticos, apesar da aversão que lhes despertam as manifestações de concorrência individual, têm a tendência a revelar-se, coletivamente, muito competitivos;

d) *a importância dada à dimensão espiritual do desenvolvimento, mais do que à dimensão material*. Aqui, "espiritual" significa cultural, moral e ética. A cultura chinesa tradicional, baseada no confucionismo e no taoismo, era, sobretudo, uma questão ética de formação moral da personalidade. Todas as correntes filosóficas, quer os preceitos de Confúcio, quer a elevação pessoal pregada pelo taoismo, ou a ambição da escola idealista de "preservar o racional desembaraçando-se dos desejos mundanos", tinham em comum o fato de corresponderem, no essencial, a uma moral humanista, que considerava o ser humano do ponto de vista ético e político, e para a qual o indivíduo só podia realizar-se nas relações com a coletividade (família e Estado). Em toda a região, prevalece a ideia de que a educação não pode fazer abstração dos valores, nem o futuro ser compreendido a não ser por meio de um projeto implícito de ordem moral.[5] Ainda atualmente, nos seus esforços de modernização, muitos países da Ásia têm como duplo objetivo do desenvolvimento nacional a construção de uma civilização ao mesmo tempo espiritual e material, e contam com a contribuição ativa da educação para o conseguirem. A declaração adotada em 1993, em Kuala Lumpur, pela Quarta Conferência Regional de Ministros da Educação e do Plano da Ásia e do Pacífico, constituiu testemunho recente dessa vontade de chamar, novamente, a atenção para o ensino dos valores morais;

e) *o reconhecimento do mérito sancionado por exames nacionais, mais do que do poder e da riqueza conferidos pelo nascimento*. O sistema de exames instituído na Ásia para selecionar e recrutar os administradores e os funcionários do Estado é um dos mais antigos do mundo. Teoricamente, o ensino de tipo confucionista tinha por finalidade formar a pessoa no plano ético; na prática, tratava-se mais de preparar e selecionar a elite dirigente do que de fornecer uma educação que visasse verdadeiramente ao pleno desenvolvimento da personalidade. Essa meritocracia baseada no sucesso nos exames encorajava pessoas de todas as condições sociais a dedicarem-se aos estudos e a progredirem na profissão; contudo, a importância

5. SINGH, Raja Roy. *Education for the Twenty-first Century:* Asia-Pacific perspectives. Bangkok: UNESCO/PROAP, 1991.

excessiva atribuída, nos exames, ao conhecimento dos clássicos confucionistas, abafava a criatividade de muitos talentos jovens e brilhantes, e alterou a natureza do sistema educativo, subordinando-o, em grande parte, ao que não deveria ser mais do que um dos seus elementos;

f) *a legitimação da autoridade*. Para Confúcio, a educação era um poderoso instrumento auxiliar da elite dirigente do Estado. Por meio dela, os governos deviam "aprender a ocupar-se do povo", enquanto os governados "aprendiam a obedecer". Essa solicitude dos poderosos e essa docilidade dos fracos supostamente asseguravam a estabilidade da ordem social. A autoridade exercida pelos pais, no lar, e pelos professores, na escola, é uma das razões da rigorosa disciplina revelada pela maior parte dos alunos asiáticos. Nos níveis político e econômico, a estrita autoridade do Estado favoreceu a instauração de relações de cooperação harmoniosas entre os meios de negócios e os poderes públicos, assim como uma boa aplicação das políticas governamentais. O respeito pela autoridade é particularmente propício a um crescimento econômico sadio, quando o governo cria um ambiente político favorável à livre iniciativa e à livre concorrência. A existência, no Sudeste Asiático, de governos autoritários modernos, é citada como um dos fatores que explicam o milagre econômico dessa região.

Aspectos negativos das tradições culturais asiáticas que constituem obstáculo ao desenvolvimento da educação e da economia: necessidade de renovação cultural

Interferindo no processo de "modernização", certos aspectos das tradições culturais também têm tido efeitos negativos na vida econômica e social. É perfeitamente natural interrogarmo-nos por que economias que se beneficiam de condições naturais tão propícias ao desenvolvimento conhecem um crescimento rápido somente há muito pouco tempo. Alguns pesquisadores chegaram mesmo a descrever o confucionismo como "uma força conservadora contrária à modernização".[6] Mesmo considerando excessiva e parcial uma opinião como essa – excetuando-se alguns obstáculos ao desenvolvimento mais fundamentais, de ordem econômica e política –, é verdade que certas características das culturas tradicionais são, em parte, responsáveis pelo atraso e pelo subdesenvolvimento do setor industrial, em muitos países da Ásia:

a) *a "politização" dos valores educativos e culturais e o pouco empenho das autoridades em modernizar a economia*. As instituições educativas estão reduzidas ao papel de instrumentos do poder político e de simples apêndices do aparelho governamental;

b) *a pouca atenção prestada ao indivíduo*. Enquanto se exaltava ao extremo o interesse coletivo e social, atribuía-se ao indivíduo um papel puramente instrumental. Ao mesmo tempo, não se lhe reconheciam direitos equivalentes aos deveres a que estava obrigado;

---

6. PETRI, Peter A. *The lessons of East Asia:* common foundations of East Asian success. Washington, D.C.: The World Bank, 1993.

c) *a maior atenção dada às relações sociais do que ao domínio da natureza.* Disso resulta que as ciências positivas, as disciplinas de engenharia e as aplicações tecnológicas marcaram passo durante muito tempo;

d) *a importância excessiva dos exames baseados no estudo dos clássicos.* Para selecionar talentos e futuros funcionários;

e) *o desprezo ao pragmatismo, ao utilitarismo e aos negócios.* O idealismo confucionista concedia demasiado espaço, nos programas escolares, ao estudo e à memorização dos textos clássicos, em detrimento das ciências e da tecnologia. Dissociava capacidades intelectuais e aptidões manuais, estudo e artesanato. A elite instruída ficava apta a governar devido apenas a sua "moralidade superior", sem necessidade de adquirir quaisquer outros conhecimentos ou competências práticas. Tudo o que apresentava valor utilitário era desprezado, e os negócios eram considerados como uma atividade subalterna. Em parte devido a esses preconceitos culturais, mesmo atualmente o ensino técnico e profissional continua pouco desenvolvido em muitos países asiáticos em desenvolvimento;

f) *a discriminação em relação às mulheres.* Confúcio um dia declarou que "só as pessoas mesquinhas e as mulheres são difíceis de educar". Durante séculos, foi reservado às mulheres um papel subalterno no lar e um papel insignificante na sociedade. Esse preconceito, característico de muitas culturas asiáticas tradicionais, está na origem de um círculo vicioso: como se parte do princípio de que as jovens não participarão na atividade econômica familiar ou social, elas passam a receber uma formação muito menos desenvolvida do que os rapazes. É por isso que as jovens constituem parte importante dos milhões de alunos que, em toda a região, abandonam prematuramente os estudos (dois alunos em três, entre 1985 e 1992). Como acontece em outras partes, o baixo nível de instrução das mulheres tem como consequência uma elevada taxa de mortalidade infantil, uma alta taxa de crescimento demográfico nas zonas rurais, crianças mal alimentadas e com pouca saúde, bem como a estagnação da economia.

A "crise de valores humanos", que afeta o mundo no seu conjunto, grassa também na Ásia. À educação não compete apenas transmitir o patrimônio cultural às novas gerações, mas também, modernizar as tradições. Os aspectos negativos das culturas tradicionais exigem um esforço de renovação à luz da evolução socioeconômica, e a educação tem importante papel a desempenhar nesse campo, suscitando uma transformação positiva dos valores culturais.

Valores culturais universais que a educação deve cultivar para promover uma ética global

Muito embora se esforçando em preservar a sua identidade e as suas tradições culturais, as nações asiáticas foram tomando cada vez mais consciência da interdependência entre as diferentes regiões do mundo. Diante dessa crescente globalização, os sistemas educativos da Ásia esforçaram-se em adotar certos valores universais fundamentais e, em particular:

a) *o reconhecimento dos direitos do homem em conjugação com o sentido das responsabilidades sociais.* Importa não dissociar direitos e deveres, não impor uma visão etnocentrista dos direitos do homem à imitação do Ocidente, mas articular esse conceito com as tradições culturais e os contextos nacionais e regionais, bem como conciliar os direitos da pessoa com os da coletividade;

b) a preocupação com a *equidade social* e com a *participação democrática* na tomada de decisões e no governo, que deve ser "o objetivo central em todos os níveis de existência"[7];

c) *compreensão e tolerância em relação às diferenças e ao pluralismo culturais*, pré-requisito indispensável à coesão social, à coexistência pacífica e à resolução dos conflitos pela negociação e não pela força, e, no fim de contas, à paz mundial;

d) *solicitude para com o outro*, valor decisivo para a educação de amanhã e manifestação intrínseca da compaixão humana, de que se deve dar provas não só quanto aos membros da própria família e aos colegas, mas também em relação a todos os desfavorecidos, doentes, pobres ou em situação de inferioridade, e que anda par a par como cuidado pelo bem-estar da humanidade e do nosso planeta;

e) *espírito de solidariedade.* A solidariedade é tanto mais necessária quanto a competição é um fenômeno cotidiano e onipresente em todos os domínios da existência. Como observou Jacques Delors:

> O mundo é a nossa aldeia: se uma das casas pega fogo, os tetos por cima de nós ficam igualmente ameaçados. Se um de nós tentar reconstruir a casa sozinho, os seus esforços terão apenas um valor simbólico. A solidariedade deve ser a nossa palavra de ordem: cada um de nós deve assumir a parte que lhe cabe de responsabilidade coletiva.[8];

f) *espírito de iniciativa*, qualidade exigida não só para se ser produtivo e competitivo no domínio econômico, mas também para fazer face a todas as situações da vida;

g) *criatividade*, sempre necessária aos progressos tecnológicos e sociais, à dinâmica econômica e a todas as realizações humanas;

h) *respeito pela igualdade entre sexos*, apresentada como "a chave do desenvolvimento da luta contra a pobreza"[9] e como "ao mesmo tempo, uma porta aberta ao desenvolvimento e um indicador desse mesmo desenvolvimento"[10];

i) *espírito aberto à mudança*, a única coisa que não mudará, e vontade não só de aceitar a mudança, mas de agir de modo que ela se encaminhe em um sentido positivo;

j) *sentido das responsabilidades, no que diz respeito à proteção do ambiente e ao desenvolvimento sustentável*, a fim de não hipotecar as heranças econômica, social e ecológica a ser transmitida às gerações futuras.

---

7. PNUD. *Relatório sobre o desenvolvimento humano, 1993*. Paris: Econômica, 1993.
8. DELORS, Jacques. *Intervenção na Conferência das Nações Unidas sobre o Ambiente e o Desenvolvimento.* Rio de Janeiro (Brasil), jun. 1992.
9. POWER, Colin. *Intervenção nas Jornadas Internacionais de Alfabetização.* In: 4ª CONFERÊNCIA MUNDIAL SOBRE MULHERES. Beijing, 8 set. 1995. Paris: UNESCO, 1995.
10. MAYOR, Federico. *Intervenção nas Jornadas Internacionais de Alfabetização*, 8 set. 1995.

É de notar que a maior parte desses valores universais, indispensáveis ao século XXI, estão há muito inscritos nas tradições culturais milenárias das grandes civilizações. Eles refletem apenas as concepções morais e os ideais de verdade, de humanidade, de beleza, de justiça e de liberdade defendidos pelos nossos longínquos antepassados e magnificamente preservados nos tesouros do pensamento. Assim, a solicitude para com o outro não é mais do que a "benevolência" de Confúcio, o "amor mútuo" de Mozi e a "piedade" de Buda. O respeito pelo meio ambiente reflete as preocupações expressas pelos taoistas da antiga China, a propósito dos efeitos destruidores do progresso técnico sobre os recursos naturais e do "regresso à natureza" preconizado por eles. O altruísmo baseado no amor ao semelhante é considerado na Ásia, há séculos, como o valor humano mais elevado. Com certeza, no próximo século, a humanidade ainda retirará da sabedoria confucionista ensinamentos tão preciosos como os que vêm colhendo há milhares de anos. Um dos meios de promover os valores universais, sobre os quais se deverá apoiar a humanidade no próximo século, é estimular nos jovens o estudo dos grandes livros do passado e o gosto por perpetuar as suas belas tradições.

Outra maneira de cultivar esses valores universais, fundando uma ética mundial, é promover, pela educação, o enriquecimento recíproco das culturas do Oriente e do Ocidente. Longe de serem contraditórias ou antagônicas, essas culturas são compatíveis e completam-se mutuamente. A aristocracia confucionista (os "funcionários letrados"), unida mais pelo mérito do que pelos privilégios hereditários, aproximava-se muito do "governo dos melhores" imaginado pelos gregos. A Ásia inspirou-se na cultura ocidental no nível material (tecnologias modernas), no nível institucional (organização política) e, finalmente, no nível psicossociológico (valores e crenças). Foi a educação que construiu pontes entre as culturas orientais e ocidentais. Quando o Oriente e o Ocidente forem capazes de aprender um com o outro tendo em vista o proveito mútuo, e quando cada um adotar o que o outro tem de melhor – combinando, por exemplo, a iniciativa individual e o espírito de equipe, a competitividade e a solidariedade, as competências técnicas e as qualidades morais –, então os valores universais que invocamos haverão de se impor, pouco a pouco, e o advento de uma ética global provocará profunda reanimação de todas as culturas e contribuirá profundamente para a educação da humanidade.

Um desenvolvimento centrado no ser humano, finalidade última da educação e da cultura

O desenvolvimento, "plena realização das potencialidades humanas em todo o mundo", é o objetivo último da educação e da cultura. Na Ásia, a educação é concebida como "força vital do desenvolvimento", e a cultura é considerada como importante meio de garantir o desenvolvimento e, ao mesmo tempo, um dos seus elementos fundamentais. A exemplo de outras regiões, a Ásia concebe cada vez mais o desenvolvimento como um processo dinâmico e complexo, que engloba as dimensões econômica, política, social, humana, ecológica e cultural.

Fundamento material de todas as atividades dependentes da superestrutura, por meio das quais o ser humano procura garantir sua sobrevivência e seu crescimento, o desenvolvimento econômico reveste-se de importância primordial para a educação e para a cultura. Nunca é demais insistir na vantagem que representa para a educação e para a cultura a modernização da economia nacional, sobretudo nos países em desenvolvimento. Quando, apenas na região da Ásia e do Pacífico, mais de 830 milhões de pessoas vivem na miséria absoluta, o crescimento econômico surge como ingrediente essencial de qualquer esforço para eliminar a pobreza e como condição prévia do desenvolvimento cultural e educativo. Na falta de indústria e de agricultura nacionais fortes, os sistemas educativos não dispõem de recursos necessários e veem comprometida a sua própria independência política. Sem a civilização material, fruto do desenvolvimento da tecnologia e da infraestrutura, a civilização espiritual ver-se-á privada de apoios fortes, e a identidade cultural das populações locais ficará ameaçada por novas formas de colonialismo cultural, em proveito de poderosas tecnologias da informação. Eis a razão por que a maior parte dos países da Ásia fez, e bem, da modernização da economia a principal das suas prioridades, e desenvolvem firmes esforços para levá-la a bom termo.

Todavia, o progresso econômico e técnico perderá o seu verdadeiro sentido se os esforços a favor do desenvolvimento não tiverem como elementos e objetivos centrais as dimensões humanistas e culturais. No século XXI, quando as indústrias se apoiarem mais na tecnologia e a atividade social fizer ainda mais apelo ao saber, os recursos humanos desenvolvidos pela educação e pela formação desempenharão papel cada vez mais crucial.

Desde Confúcio até os pensadores contemporâneos, os orientais sempre apreciaram e perseguiram o ideal de um "mundo unido e harmonioso", e de uma "sociedade humana coerente, baseada na paz universal". Os ocidentais, de Platão até a Declaração de Independência dos Estados Unidos, passando pelos filósofos franceses do Século das Luzes e pelos humanistas ingleses, lutaram durante séculos para impor os ideais de igualdade, justiça, liberdade e dignidade humana. A humanidade nunca abrandou seus esforços para integrar, em um todo, a dimensão econômica do desenvolvimento e suas dimensões educativas e culturais. A concepção do "desenvolvimento do povo, para o povo, pelo povo", defendida pelo PNUD, traduz bem a nossa maneira de interpretar as relações dialéticas entre educação e cultura à luz das tradições asiáticas e da globalização que caracteriza a nossa época.

APÊNDICE

1. TRABALHOS DA COMISSÃO

A Conferência Geral da UNESCO, em novembro de 1991, convidou o diretor-geral "a convocar uma comissão internacional encarregada de refletir sobre educar e aprender para o século XXI". Federico Mayor pediu a Jacques Delors que presidisse essa comissão, que reuniu 14 outras personalidades de todas as regiões do mundo, vindas de horizontes culturais e profissionais diversos.

A Comissão Internacional sobre Educação para o Século XXI foi criada, oficialmente, no início de 1993. Financiada pela UNESCO e servida por um secretariado colocado à sua disposição por essa mesma organização, a Comissão pôde aproveitar os preciosos recursos ao dispor da UNESCO e da sua experiência internacional, assim como de um impressionante acervo de informações. Conduziu, porém, os seus trabalhos e elaborou as suas recomendações com toda a independência.

A UNESCO já publicou vários estudos internacionais, com o objetivo de apontar a situação dos problemas e das prioridades da educação. Já em 1968, em *A crise mundial da educação: uma análise sistêmica*, Philip H. Coombs, diretor do Instituto Internacional de Planejamento da Educação (IIPE) da UNESCO, apoiava-se em trabalhos desse instituto para analisar os problemas da educação no mundo e recomendar ações inovadoras.

Em 1971, após três anos de fortes movimentos estudantis em vários países, René Maheu, então diretor-geral da UNESCO, pediu a Edgar Faure, ex-presidente do Conselho de Ministros e ministro da Educação francês, que assumisse a presidência de um grupo de sete pessoas, a quem confiava a tarefa de definir as "novas finalidades atribuídas à educação, como consequência da rápida transformação do conhecimento e das sociedades, das exigências do desenvolvimento, das aspirações do indivíduo e dos imperativos da compreensão internacional e da paz". A Comissão Edgar Faure foi convidada a formular "sugestões quanto aos meios intelectuais, humanos e financeiros a serem acionados, para atingir os objetivos que se havia fixado". Surgido em 1972 e intitulado *Aprender a Ser*, o relatório dessa Comissão teve o grande mérito de lançar o conceito de educação permanente, numa época em que os sistemas educativos tradicionais eram colocados em questão.

A primeira e, sem dúvida, maior dificuldade que a nova Comissão, presidida por Jacques Delors, teve de enfrentar, ao iniciar a tarefa que lhe fora confiada, consistiu na extrema diversidade de situações que existem no mundo, de concepções de educação e suas modalidades de organização. Outra dificuldade ainda, corolário da precedente: a Comissão só pôde, evidentemente, assimilar uma pequena parte da enorme quantidade de informações existentes. Daí, a necessidade imperiosa de optar e determinar o que era essencial para o futuro, em uma dialética entre as evoluções geopolíticas, econômicas, sociais e culturais, por um lado, e as possíveis contribuições das políticas de educação, por outro. Foram escolhidas seis pistas de reflexão e de trabalho, que permitiram que a Comissão encarasse a sua tarefa, do ponto de vista das finalidades (individuais e sociais) do processo educativo: educação e cultura; educação e cidadania; educação e coesão social; educação, trabalho e emprego; educação e desenvolvimento; e educação, investigação e ciência. Essas seis pistas foram completadas pelo estudo de três temas transversais, mais diretamente relacionados com o funcionamento dos sistemas educativos, a saber: as tecnologias da comunicação; os professores e o processo pedagógico; e financiamento e gestão.

Quanto à metodologia, a Comissão preocupou-se em desencadear um processo de consulta o mais amplo possível, levando em conta o tempo de que dispunha. Reuniu-se oito vezes em sessões plenárias e outras tantas vezes em grupos de trabalho para examinar os grandes temas em questão, bem como as preocupações e os problemas de determinada região ou grupo de países. Os participantes desses grupos de trabalho representavam uma vasta gama de atividades, profissões e organizações relacionadas, direta ou indiretamente, com a educação formal ou não formal: professores, pesquisadores, estudantes, responsáveis governamentais, e membros de organizações governamentais e não governamentais de nível nacional e internacional. Uma série de apresentações de intelectuais e de personalidades de renome permitiu que a Comissão procedesse a um profundo intercâmbio de pontos de vista sobre tudo o que se relaciona, direta ou indiretamente, com a educação. Foram, também, realizadas consultas individuais, por meio de entrevistas ou por correspondência. Foi enviado um questionário a todas as comissões nacionais da UNESCO, convidando-as a apresentar documentação ou materiais inéditos – a reação foi muito positiva, e as respostas foram estudadas com atenção. Foram, igualmente, consultadas as organizações não governamentais e, por vezes, elas foram convidadas a participar de algumas reuniões. Ao longo de 30 meses, os membros da Comissão, incluindo o seu presidente, também tomaram parte em uma série de reuniões governamentais e não governamentais, que constituíram outras tantas ocasiões de discussão de seus trabalhos e de troca de pontos de vista. A Comissão recebeu muitas comunicações escritas, solicitadas ou espontâneas. O secretariado analisou considerável documentação e elaborou sínteses sobre diversos assuntos, a pedido dos membros da Comissão. Esta propôs à UNESCO a publicação dos documentos de trabalho que foram pontuando e marcando a sua reflexão, além do próprio Relatório.

2. MEMBROS DA COMISSÃO

Jacques Delors (França),
presidente, ex-ministro da Economia e das Finanças, ex-presidente da Comissão Europeia (1985-1995).

In'am Al-Mufti (Jordânia),
especialista em condição feminina, conselheira de Sua Majestade, a rainha Noor Al-Hussein, ex-ministra do Desenvolvimento Social.

Isao Amagi (Japão),
especialista em educação, conselheiro especial do ministro da Educação, Ciência e Cultura, e presidente da Fundação Japonesa para o Intercâmbio Educativo (BABA).

Roberto Carneiro (Portugal),
presidente da Televisão Independente (TVI), ex-ministro da Educação.

Fay Chung (Zimbábue),
ex-ministra para os Assuntos Internos, Criação de Emprego e Cooperativas, ex-ministra da Educação, diretora do *Education Cluster* do Fundo das Nações Unidas para a Infância (UNICEF, Nova York).

Bronislaw Geremek (Polônia),
historiador, deputado da Dieta Polonesa, ex-professor do *Collège de France* (Colégio de França).

William Gorham (Estados Unidos),
especialista em política pública, presidente do *Urban Institute* de Washington, D.C., desde 1968.

Aleksandra Kornhauser (Eslovênia),
diretora do Centro Internacional de Produtos Químicos de Liubliana, especialista de relações entre desenvolvimento industrial e proteção do ambiente.

Michael Manley (Jamaica),
sindicalista, professor universitário e escritor, primeiro-ministro de 1972 a 1980, e de 1989 a 1992.

Marisela Padrón Quero (Venezuela),
socióloga, ex-diretora de pesquisa da Fundação Rómulo Betancourt, ex-ministra da Família, diretora da Divisão da América Latina e Caribe do Fundo de População das Nações Unidas (FNUAP, Nova York).

Marie-Angélique Savané (Senegal),
socióloga, membro da Comissão sobre Governabilidade, diretora da Divisão da África do FNUAP (Nova York).

Karan Singh (Índia),
diplomata e várias vezes ministro, em especial da Educação e da Saúde, autor de várias obras nas áreas de ambiente, filosofia e ciência política, presidente do Templo da Compreensão, importante organização internacional interconfessional.

Rodolfo Stavenhagen (México),
pesquisador em ciências políticas e sociais, professor do Centro de Estudos Sociológicos do *Colegio de México* (Colégio do México).

Myong Won Suhr (Coreia do Sul),
ex-ministro da Educação, presidente da Comissão Presidencial para a Reforma da Educação (1985-1987).

Zhou Nanzhao (China),
especialista em educação, vice-presidente e professor do Instituto Nacional Chinês de Estudos Educacionais.

3. MANDATO DA COMISSÃO[1]

Quando da sua primeira reunião (de 2 a 4 de março de 1993), a Comissão analisou e aceitou o mandato que lhe foi proposto pelo diretor-geral da UNESCO:

> A Comissão Internacional sobre Educação para o Século XXI terá por missão realizar um trabalho de estudo e reflexão sobre os desafios a serem enfrentados pela educação nos próximos anos e apresentar sugestões e recomendações em forma de Relatório, que poderá servir de programa de renovação e de ação para quem tiver de tomar decisões, e para os responsáveis oficiais no mais alto nível. Esse Relatório deverá propor perspectivas, tanto políticas como relacionadas com a prática da educação, que sejam, ao mesmo tempo, inovadoras e realistas, tendo em vista a grande diversidade de situações, de necessidades, de meios e de aspirações, segundo os países e as regiões. Destinar-se-á, principalmente, aos governos, mas sendo um dos seus objetos tratar do papel da cooperação e da ajuda internacional em geral e, mais em particular, do papel que cabe à UNESCO, a Comissão deverá também esforçar-se em formular, nesse Relatório, recomendações úteis aos organismos internacionais.
>
> A Comissão orientará sua reflexão para a questão central que engloba todas as outras: que tipo de educação necessitaremos amanhã, e para que gênero de sociedade? Estudará os novos papéis que a educação é chamada a desempenhar, assim como as

1. A Comissão faz questão de expressar o seu reconhecimento a Danièle Blondel, ex-diretora do ensino superior da França e professora da universidade Paris-Dauphine, que exerceu, até setembro de 1995, as funções de conselheira especial do presidente. Danièle Blondel deu, desde o início, um forte impulso aos trabalhos da Comissão. Em particular, por meio de estudos e de sínteses, prestou importante contribuição à reflexão e à redação de alguns capítulos do Relatório.

novas exigências a que os sistemas educativos deverão satisfazer, em um mundo caracterizado pela aceleração da mudança e pelo aumento das tensões de caráter econômico, ambiental e social; examinará as incidências das grandes evoluções da sociedade contemporânea na educação; fará um inventário dos conhecimentos e da experiência patentes nas melhores práticas educativas observadas em diversos contextos políticos, econômicos e culturais, a fim de identificar os pontos fortes e fracos das políticas contemporâneas. Ao fazê-lo, deverá prestar particular atenção aos que estão mais intimamente implicados na educação: antes de mais nada, todos os que aprendem, quaisquer sejam as suas idades, bem como os que contribuem para facilitar a sua aprendizagem: professores, pais, membros da comunidade e outros participantes na educação.

A Comissão deverá principiar por identificar uma série de questões fundamentais, que depois analisará no decurso dos trabalhos; as respostas a essas questões constituirão as principais recomendações a serem apresentadas. Entre essas questões figurarão temas que são, desde sempre, objeto central das preocupações dos governos, das sociedades e dos educadores, e que continuarão a ser importantes nos anos vindouros. Surgirão, também, questões colocadas pelas novas configurações da sociedade, pelas transformações do nosso universo material e social. Essas últimas demandarão prioridades novas, uma nova reflexão e uma nova forma de atuar. Algumas serão, talvez, universais, relacionadas com reações inevitáveis e indispensáveis a um mundo em transformação; outras, serão próprias de determinada região ou país, e terão em conta a situação econômica cultural e social, que varia muito de país para país.

As questões relativas à educação e aos sistemas educativos dependem, esquematicamente, de duas grandes categorias. Fazem parte da primeira categoria as questões relativas às grandes finalidades, aos objetivos e às funções da educação, incluindo os objetivos dos próprios indivíduos, assim como a necessidade e o desejo de cada um de se realizar. A segunda categoria engloba as questões mais específicas, que se relacionam com os próprios serviços de educação e, especialmente, com os modelos, as estruturas, os conteúdos e o funcionamento dos sistemas educativos.

A Comissão procederá a uma vasta análise, tanto dos elementos disponíveis sobre a situação atual, como sobre as previsões feitas e as tendências reveladas pelas políticas e pelas reformas nacionais de educação, aplicadas em diferentes regiões do mundo, ao longo dos últimos 20 anos. Com base nisso, a Comissão desenvolverá uma reflexão profunda sobre as grandes linhas de orientação do desenvolvimento humano no amanhecer do século XXI e sobre os novos imperativos que daí derivam para a educação. Mostrará de que modo a educação pode desempenhar um papel mais dinâmico e mais construtivo na preparação dos indivíduos e das sociedades na perspectiva do século XXI.

Princípios

Nas suas deliberações e trabalhos, a Comissão deverá esforçar-se em ter presentes alguns princípios fundamentais de caráter universal, e que estão subjacentes aos objetivos a alcançar por todos os que tomam parte no processo educativo: educadores, cidadãos, tomadores de decisão e outros parceiros e participantes.

Em primeiro lugar, a educação é direito fundamental da pessoa humana e possui valor humano universal: a aprendizagem e a educação são fins em si mesmos; constituem objetivos a alcançar, tanto pelo indivíduo como pela sociedade; devem ser desenvolvidos e mantidos ao longo de toda a vida.

Em segundo lugar, a educação, formal e não formal, deve ser útil à sociedade, e funcionar como instrumento que favoreça a criação, o progresso e a difusão do saber e da ciência, colocando o conhecimento e o ensino ao alcance de todos.

Em terceiro lugar, qualquer política de educação se deve orientar pela tripla preocupação da equidade, da pertinência e da excelência; procurar associar, harmoniosamente, esses três objetivos é uma tarefa crucial para todos os que participam do planejamento da educação ou da prática educativa.

Em quarto lugar, a renovação da educação e qualquer reforma correspondente devem se basear em uma análise refletida e aprofundada das informações de que dispomos a respeito das ideias e das práticas que deram bons resultados, e na perfeita compreensão das exigências próprias de cada situação particular; devem ser decididas de comum acordo, mediante pactos apropriados entre as partes interessadas, em um processo de médio prazo.

Em quinto lugar, se a grande variedade de situações econômicas, sociais e culturais exige, evidentemente, diversas formas de desenvolvimento da educação, todas devem levar em conta os valores e as preocupações fundamentais sobre os quais já existe consenso no seio da comunidade internacional e no Sistema das Nações Unidas: direitos humanos, tolerância e compreensão mútua, democracia, responsabilidade, universalidade, identidade cultural, busca pela paz, preservação do meio ambiente, partilha de conhecimentos, luta contra a pobreza, regulação demográfica e saúde.

Em sexto lugar, a responsabilidade pela educação corresponde a toda a sociedade; todas as pessoas a quem diga respeito e todos os parceiros – além das instituições que têm essa missão específica – devem encontrar o devido lugar no processo educativo.

Campo de reflexão, trabalhos, Relatório

O tema deve ser analisado pela Comissão de modo a integrar o conceito de educação no sentido mais lato do termo, da educação pré-escolar ao ensino superior, passando pelo ensino de primeiro e segundo graus; compreender a educação formal e não formal e englobar o leque mais amplo possível de organismos e de prestadores de serviços. Por outro lado, as conclusões e as recomendações da Comissão serão orientadas para a ação e formuladas tendo em vista os organismos públicos ou privados, os responsáveis pela elaboração das políticas e os responsáveis pela tomada de decisões e, de maneira geral, todos aqueles a quem compete elaborar, e colocar em prática, planos e atividades educativas. É de se esperar que, além disso, suscitem amplo debate público sobre a reforma da educação nos países-membros da UNESCO.

A Comissão desenvolverá os seus trabalhos durante dois anos, de acordo com um calendário a ser estabelecido por ela mesma, e apresentará um Relatório no início de 1995. Esse Relatório deverá lançar as bases de um plano de renovação da educação e enunciar princípios orientadores da ação da UNESCO no campo da educação, no decorrer dos próximos anos. Será dado a conhecer aos órgãos diretivos da UNESCO, aos países-membros e às comissões nacionais, assim como às organizações governamentais e não governamentais com quem a UNESCO coopera.

A Comissão tem ao seu dispor um secretariado fornecido pela UNESCO; poderá utilizar, sempre que necessário, os recursos intelectuais e materiais da UNESCO, a fim de levar as suas diversas tarefas a bom termo.

4. CONSELHEIROS EXTRAORDINÁRIOS

A Comissão recorreu à participação de determinado número de eminentes personalidades e de prestigiadas organizações que têm se distinguido por suas notáveis contribuições para a reflexão e para a realização de empreendimentos, em diversos domínios ligados à educação. Tais conselheiros extraordinários, cuja lista se apresenta a seguir, estiveram associados aos trabalhos da Comissão de diversas formas, especialmente por meio de consultas escritas e da participação em reuniões.

Personalidades

Emeka Anyaoku,
diplomata nigeriano, secretário-geral, *Commonwealth Secretariat* (Secretariado da Comunidade Britânica).

Jorge Allende,
especialista em bioquímica e biologia molecular, professor da *Universidad de Chile* (Universidade do Chile), membro da *Third World Academy of Sciences* (Academia de Ciências dos Países em Desenvolvimento), membro da Academia de Ciências do Chile (INBA).

Margarita Marino de Botero,
diretora-executiva do *Colegio Verde Villa de Leyva* (Colômbia), ex-diretora-geral do Instituto Nacional de Recursos Naturais e do Ambiente.

Gro Harlem Brundtland,
primeira-ministra da Noruega, ex-presidente da Comissão Mundial sobre Meio Ambiente e Desenvolvimento da ONU.

Elizabeth Dowdeswell,
diretora-executiva do Programa das Nações Unidas para o Meio Ambiente (PNUMA), Nairóbi (Quênia).

Daniel Goeudevert,
dirigente empresarial francês, primeiro vice-presidente da *Green Cross International* (Cruz Verde Internacional), ex-presidente do Conselho de Administração da Volkswagen, membro do Conselho de Administração da *International Partnership Initiative* (IPI).

Makaminan Makagiansar,
ex-subdiretor-geral da UNESCO para a Cultura, conselheiro junto ao ministro da Ciência e da Tecnologia da Indonésia.

Yehudi Menuhin,
violinista britânico, presidente e diretor-associado da *Royal Philharmonic Orchestra* (Orquestra Filarmônica Real), laureado com o Prêmio Nehru para a Paz e Compreensão Internacional (1970), membro da Academia Universal da Cultura.

Thomas Odhiambo,
cientista queniano, presidente da Academia Africana de Ciências (AAC), membro do *International Council of Science* (Conselho Internacional de Ciência, antigo Conselho Internacional de Uniões Científicas).

Renê Rémond,
historiador francês, presidente da *Fondation Nationale des Sciences Politiques* (Fundação Nacional de Ciências Políticas), codiretor da "Revue historique".

Bertrand Schwartz,
engenheiro francês, professor universitário e especialista em educação, membro do *Conseil Économique, Social et Environnemental* (Conselho Econômico, Social e Ambiental).

Anatoly Sobchak,
presidente da Câmara de São Petersburgo (Rússia), decano da Faculdade de Direito da Universidade de São Petersburgo, ex-ministro da Educação.

David Suzuki,
cientista canadense, especialista em educação, conferencista internacional, apresentador de programas de televisão e de filmes de caráter científico, laureado com numerosos prêmios em áreas relacionadas à ciência e à radiodifusão.

Ahmed Zaki Yamani,
advogado, ex-ministro do Petróleo e dos Recursos Minerais da Arábia Saudita, ex-secretário-geral e ex-presidente da Organização dos Países Árabes Exportadores de Petróleo (OPEP).

Instituições

International Association of Universities (IAU) / Associação Internacional de Universidades (AIU);

International Council for Adult Education (ICAE) / Conselho Internacional de Educação de Adultos (CIEA);

Education International (EI) / Internacional da Educação (IE);
United Nations University / Universidade das Nações Unidas (UNU).

5. SECRETARIADO

Vários funcionários da UNESCO, em Paris ou em departamentos extrassede, colaboraram nos trabalhos da Comissão, formulando observações escritas ou orais sobre os trabalhos recebidos, ou sobre os projetos dos diferentes capítulos do Relatório. Por sua ajuda intelectual e logística, o pessoal dos departamentos dos diferentes países facilitou muito a organização de reuniões fora da sede. Como constituem um grupo demasiadamente numeroso de pessoas, não podem ser objeto de citação, mas, sem a sua colaboração, a Comissão não poderia levar a bom termo os seus trabalhos.

M. Colin Power, subdiretor-geral da UNESCO para a Educação, prestou à Comissão e ao seu Secretariado apoio constante. Presidiu, também, um comitê diretivo que assegurou a constante contribuição da UNESCO para os trabalhos da Comissão.

Participaram dos trabalhos da Comissão e da elaboração do seu Relatório final os membros do Secretariado e os consultores em tempo parcial, cujos nomes se indicam a seguir:

Alexandra Draxler, secretária da Comissão;
Jean-Pierre Boyer, especialista em programas;
Boubacar Camara, especialista adjunto em programas;
Eva Carlson-Wahlberg, perita associada;
Woo Tak Chung, perito associado;
Jean Gaudin, consultor;
Maureen Long, consultora (para a redação);
Claude Navarro, consultora (para a redação);
Brian Verity, consultor (para a redação).
Pessoal administrativo:
Rose-Marie Baffert;
Michel Bermond;
Catherine Domain;
Karima Pires.

6. REUNIÕES DA COMISSÃO

Primeira sessão – de 2 a 4 de março de 1993, Paris (França): métodos de trabalho e problemática;

Segunda sessão – de 20 a 24 de setembro de 1993, Dacar (Senegal): educação e desenvolvimento, financiamento e organização da educação;

Terceira sessão – de 12 a 15 de janeiro de 1994, Paris (França): educação e ciência;

Quarta sessão – de 13 a 15 de abril de 1994, Vancouver (Canadá): professores e processo pedagógico; educação permanente; multiculturalismo;

Quinta sessão – de 26 a 30 de setembro de 1994, Santiago (Chile): educação, cidadania e democracia;

Sexta sessão – de 6 a 10 de fevereiro de 1995, Paris (França): cooperação internacional;

Sétima sessão – de 23 a 25 de setembro de 1995, Túnis (Tunísia): educação e cultura;

Oitava sessão – de 15 a 17 de janeiro de 1996, Nova Deli (Índia): aprovação do relatório final.

Com exceção da primeira, todas as sessões da Comissão incluíram a análise, em grupos de trabalho, com a participação de peritos, dos problemas particulares da região em que ocorria a reunião e do tema específico da sessão. Os membros da Comissão e o Secretariado participaram ou foram responsáveis pela organização de uma série de reuniões e conferências, cuja contribuição foi preciosa para a redação do Relatório final. A Comissão organizou a reunião de um grupo de trabalho sobre a cooperação internacional na educação (Banco Mundial, Washington, D.C., dezembro de 1993), assim como um encontro entre o presidente da Comissão e a Internacional da Educação (Bruxelas, maio de 1994). Colaborou na organização, pela Comissão espanhola, de um seminário sobre educação e coesão social (Alicante, Espanha, novembro de 1994), na organização de um seminário nacional sobre a educação para o século XXI (Nova Deli, Índia, janeiro de 1995), e na organização de um seminário sobre o tema Educação, Trabalho e Sociedade: Crise Atual e Caminhos para o Futuro, realizado na Universidade Paris-Dauphine (março de 1995), pelo conselheiro especial do presidente da Comissão. Foram organizadas mesas-redondas sobre os trabalhos da Comissão no âmbito da Quinta Conferência dos Ministros da Educação dos Estados Árabes (Cairo, junho de 1994), da Décima Segunda Conferência dos Ministros da Educação da *Commonwealth* (Islamabad, novembro de 1994), da Quadragésima Quarta Conferência Internacional de Educação do *Bureau* Internacional de Educação (Genebra, outubro de 1994), e da Conferência da *American Comparative and Internacional Education Society* (Boston, março de 1995).

7. PESSOAS E INSTITUIÇÕES CONSULTADAS

Várias personalidades deram, direta ou indiretamente, a sua contribuição aos trabalhos da Comissão. Apresentaremos, a seguir, a lista das que participaram de reuniões ou de sessões, ou que submeteram estudos e comunicações à apreciação da Comissão, com os títulos que possuíam quando foram consultadas. Muitas outras, ainda, foram consultadas ou entraram espontaneamente em contato com o Secretariado ou com os membros da Comissão. Embora seus nomes não figurem nesta obra, a Comissão lhes é grata pelos conhecimentos e conselhos com que a beneficiaram. Diversas Comissões nacionais da UNESCO forneceram materiais e responderam a um questionário aberto. A maior parte das instituições do Sistema das Nações Unidas contribuiu, direta ou indiretamente (sob a forma de trabalhos de consultoria ou de comunicações), e um apreciável número de organizações não governamentais enviou espontaneamente a sua contribuição. É impossível, também nesse caso, citar todos os que desse modo manifestaram o seu interesse pelos trabalhos da Comissão, mas as suas contribuições serviram de base ao Relatório final e a Comissão faz questão de exprimir-lhes o seu reconhecimento:

Ibrahim Abu-Lughod, professor de ciência política, vice-presidente, Universidade de Birzeit (Cisjordânia);

Inés Aguerrondo, subsecretária para a administração e programação educativa, *Ministerio de Educación* (Ministério da Educação), Buenos Aires (Argentina);

Virginia Albert, coordenadora para o Caribe, Internacional da Educação (IE);

Neville E. Alexander, diretor, *Project for the Study of Alternative Education in South Africa* (Projeto para o Estudo da Educação Alternativa na África do Sul), *University of Cape Town* (Cidade do Cabo, África do Sul);

Haider Ibrahim Ali, professor, Centro de Estudos Sudaneses, Cairo (Egito);

Khaldoun H. Al-Nageeb, professor associado, Universidade do Kuwait, Shuwaik (Kuwait);

K. Y. Amoako, diretor, Departamento de Educação e de Política Social, Banco Mundial;

Fama Hane Ba, diretora da Delegação do FNUAP, Uagadugu (Burkina Faso);

Hadja Aïcha Diallo Bah, ministra do Ensino Pré-Universitário e da Formação Profissional (Guiné);

Samuel T. Bajah, especialista em direção de programas (educação para a ciência, a tecnologia e a matemática), Departamento de Educação, Secretariado da Comunidade Britânica;

Tom Bediako, secretário-geral, *Pan African Teachers' Center* (Centro Pan-africano de Docentes);

Monique Bégin, copresidente, *Royal Commission on Learning* (Comissão Real de Educação – Ontário, Canadá);

Paul Belanger, diretor, *UNESCO Institute for Education* (Instituto da UNESCO para a Educação – Hamburgo, Alemanha);

Olivier Bertrand, ex-investigador, *Centre d'Études et de Recherches sur les Qualifications* (CEREQ – Centro de Estudos e de Pesquisas sobre Qualificações – França);

Robert Bisaillon, presidente, *Conseil Supérieur de l'Éducation* (Conselho Superior de Educação – Quebec, Canadá);

Alphonse Blagué, reitor, *Université de Bangui* (República Centro-Africana), coordenador do Comitê para a Elaboração do Programa de Ajustamento do Setor da Educação (CEPASE);

Wolfgang Büttcher, *Gewerkschaft Erziehung und Wissenschaft* (Sindicato dos Trabalhadores da Educacão e da Ciência – Alemanha);

Ali Bousnina, presidente, *École Supérieure des Sciences et Techniques de la Santé de Tunis* (Tunísia);

Mark Bray, Centro de Investigação em Educação Comparada, Universidade de Hong Kong (Hong Kong);

Nicholas Bumett, economista-chefe, Departamento de Educação e de Política Social, Banco Mundial;

Inés Bustillo, Comissão Econômica para a América Latina e Caribe (CEPAL);

Carlos Cardoso, diretor-geral, Instituto Nacional de Estudos e Pesquisa (Guiné-Bissau);

Raúl Cariboni, coordenador para a América Latina, Internacional da Educação (IE);

Ana Maria Cetto, professora, Departamento de Matemática, *University College London* (Londres, Reino Unido);

Abdesselam Cheddadi, professor, Faculdade de Ciências da Educação, Universidade Mohammed V (Rabat, Marrocos);

Chua Soo Pong, diretor, Instituto Chinês de Ópera (Cingapura);

Helen M. Connell, consultora;

José Luis Coraggio, Conselho Internacional de Educação de Adultos (CIEA);

Didier Dacunha-Castelle, professor, Departamento de Matemática, *Université Paris-Sud 11* (Orsay, França);

Krishna Datt, Conselho de Organizações de Professores do Pacífico;

Goéry Delacôte, diretor-executivo do *Exploratorium*, São Francisco (Estados Unidos);

Michel Demazure, diretor, *Palais de la Découverte* (Palácio da Descoberta – Paris, França);

Souleymane Bachir Diagne, conselheiro técnico em educação da Presidência da República, professor, Departamento de Filosofia, *Université Cheikh Anta Diop*, Dacar (Senegal);

Ahmed Djebbar, ministro da Educação Nacional (Argélia);

Albert Kangui Ekué, diretor, Divisão de Educação, Ciência e Cultura, Organização da Unidade Africana (OUA);

Linda English, economista, *Région Afrique* (Região da África), *Agence Canadienne de Développement International* (Agência Canadense de Desenvolvimento Internacional – Canadá);

Ian Erdtsieck, Internacional da Educação (IE);

Ingemar Fägerlind, diretor, *Avdelningen för Internationell och Jämförande Pedagogik* (Instituto de Educação Internacional), *Stockholms Universitet* (Universidade de Estocolmo – Suécia);

Aminata Sow Fall, responsável, *Centre Africain d'Échanges et d'Animation Culturels* (Centro Africano de Intercâmbio e Animação Cultural – Dacar, Senegal);

Yoro Fall, professor, *Université de Dakar* (Universidade de Dacar, Senegal), membro da Comissão Mundial para a Cultura e o Desenvolvimento da UNESCO;

Glen Farrel, presidente, *Open Learning Agency* (Columbia Britânica, Canadá);

Emanuel Fatoma, coordenador para a África anglófona, Internacional da Educação (IE);

Mary Hatwood Futrell, presidente, Internacional da Educação (IE);

Ken Gannicot, professor de educação, *University of Wollongong* (Universidade de Wollongong – Nova Gales do Sul, Austrália);

Wolfgang Gmelin, *Deutsche Stiftung für Internationale Entwicklung* (Fundação Alemã para o Desenvolvimento Internacional – Bonn, Alemanha);

Danièle Gosnave, especialista em currículos de educação para a vida familiar, projeto Educação para a Vida Familiar, Ministério da Educação Nacional, Dacar (Senegal);

François Gros, secretário vitalício, *Académie des Sciences* (Academia das Ciências – França);

Ingmar Gustafsson, conselheiro principal (recursos humanos) do presidente, *Styrelsen för Internationellt Utvecklingssamarbete* (Agência Sueca de Cooperação para o Desenvolvimento Internacional – Suécia);

Aklilu Habte, Fundo das Nações Unidas para a Infância (UNICEF);

Jaques Hallak, diretor, Instituto Internacional de Planejamento da Educação (UNESCO-IIPE);

Janet Halliwell, presidente, *Nova Scotia Council on Higher Education* (Conselho do Ensino Superior – Nova Escócia, Canadá);

Alan Hancock, diretor, *Programme for Central and Eastern European Development* (Programa para o Desenvolvimento da Europa Central e Oriental), UNESCO;

Mohammed Hassan, diretor-executivo, *Accademia delle Scienze del Terzo Mondo* (Academia de Ciências do Terceiro Mundo – Trieste, Itália);

Mary A. Hepburn, professora e chefe da Divisão de Educação Cívica, *Carl Vinson Institute of Government*, *University of Georgia* (Universidade da Geórgia – Estados Unidos);

Abdelbaki Hermossi, ex-embaixador, delegado permanente da Tunísia junto à UNESCO;

Steven Heyneman, chefe do Departamento Técnico, Recursos Humanos e Desenvolvimento Social, Regiões Europa, Ásia Central, Oriente Médio e África do Norte, Banco Mundial;

Herbert Hinzen, Conselho Internacional de Educação de Adultos (CIEA);

Phillip Hughes, professor, *University of Tasmania* (Universidade da Tasmânia – Austrália);

Alan King, professor filosofia da educação, *Queen's University* (Ontário, Canadá);

Verna J. Kirkness, ex-diretora, *First Nations House of Learning*, *University of British Columbia* (Universidade da Colúmbia Britânica – Longhouse, Canadá);

Fadia Kiwan, professora, *Université Saint-Joseph de Beyrouth* (Universidade São José de Beirute, Líbano);

Alberto Rodolfo Komblihtt, pesquisador principal, *Instituto de Investigaciones en Ingeniería Genética y Biología Molecular* (Instituto de Pesquisas em Engenharia Genética e Biologia Molecular – Buenos Aires, Argentina);

Wolfgang Kueper, chefe da Divisão de Educação e Ciências, *Deutsche Gesellschaft für Technische Zusammenarbeit* (Agência Alemã de Cooperação Internacional – Eschborn, Alemanha);

Babeyehu Kumsa, delegado-adjunto permanente da Etiópia junto à UNESCO, ex-diretor de planejamento da educação e das relações exteriores, Ministério da Educação (Etiópia);

Diane Laberge, diretora-geral, *Institut Canadien d'Éducation des Adultes* (Instituto Canadense de Educação de Adultos – Montreal, Canadá);

Augustin A. Larrauri, representante da UNESCO no Canadá, Delegação da UNESCO para Quebec;

Pablo Latapi, consultor, *Centro de Estudios de Educación* (Centro de Estudos de Educação – México);

Viviane F. Launay, secretária-geral, Comissão Canadense para a UNESCO (Canadá);

Pierre Léna, membro da *Académie des Sciences* (Academia das Ciências), professor, *Université Paris 7, Observatoire de Meudon* (Universidade Paris 7, Observatório de Meudon – França);

Elena Lenskaya, conselheira do ministro da Educação (Rússia);

Henry Levin, professor de educação e economia, *Stanford University* (Universidade Stanford – Califórnia, Estados Unidos);

Marlaine Lockheed, Banco Mundial;

William Francis Mackey, professor-pesquisador, Centro Internacional de Investigação em Ordenamento Linguístico, *Université Laval* (Quebec, Canadá);

James A. Maraj, presidente, *Commonwealth of Learning*;

Noel McGinn, membro do *Harvard Institute for International Development*, professor, *Harvard Graduate School of Education* (Estados Unidos);

Frank Method, conselheiro principal em educação, *United States Agency for International Development* (USAID – Agência dos Estados Unidos para o Desenvolvimento Internacional – Washington, D.C., Estados Unidos);

Erroll Miller, professor, *University of the West Indies* (Kingston, Jamaica);

Peter Moock, Departamento de Educação e Política Social, Banco Mundial;

Chitra Naik, membro para a educação da Comissão de Planejamento (Nova Deli, Índia);

J. V. Narlikar, professor, Centro Interuniversitário de Astronomia e Astrofísica (Pune, Índia);

Bougouma Ngom, secretário-geral, *Conférence des Ministres de l'Éducation des Pays Ayant le Français en Partage* (CONFEMEN – Conferência de Ministros da Educação dos Países que Têm em Comum o Uso do Francês);

Pai Obanya, diretor da UNESCO, Dacar (Senegal);

Victor M. Ordonez, diretor da Divisão de Educação Básica, UNESCO;

François Orivel, diretor de pesquisa, *Centre National de la Recherche Scientifique* (CNRS), *Institut de Recherche en Economie de l'Éducation* (IREDU), *Université de Bourgogne* (Universidade da Borgonha – Dijon, França);

Claude Pair, professor, *Institut National Polytechnique de Lorraine* (Instituto Nacional Politécnico da Lorena – Nancy, França);

Paul Pallan, vice-ministro adjunto, Ministério da Educação (Colúmbia Britânica, Canadá);

George Papadopoulos, ex-diretor-adjunto encarregado da educação, Organização para Cooperação e Desenvolvimento Econômico (OCDE);

Serge Péano, responsável pelo programa Custo e Financiamento da Educação, Instituto Internacional de Planejamento da Educação (UNESCO-IIPE);

Jacques Proulx, vice-presidente, Subcomissão da Educação, Comissão Canadense da UNESCO; delegado à Cooperação Internacional, *Université de Sherbrooke* (Quebec, Canadá);

George Psacharopoulos, Banco Mundial;

Ana Maria Quiroz, ex-secretária-geral, Conselho Internacional de Educação de Adultos (CIEA);

Germán Rama, consultor, Montevidéu (Uruguai);

Luis Ratinoff, Banco Interamericano de Desenvolvimento (BID);

Fernando Reimers, pesquisador associado, especialista em educação, *Harvard Institute for International Development* (Estados Unidos);

Norman Rijkin, diretor, Centro de Desenvolvimento dos Recursos Humanos, USAID (Estados Unidos);

José Rivero, diretor p.i., UNESCO (Chile);

Gert Rosenthal, secretário-executivo, CEPAL;

Antonio Ruberti, professor, *Dipartimento di Informatica e Sistemistica*, *Sapienza Università di Roma* (Itália);

Nadji Safir, ex-responsável pelos assuntos sociais, educativos e culturais, *Institut National des Études de Stratégie Globale* (Instituto Nacional de Estudos de Estratégia Global – Argélia);

Mouna L. Samman, especialista do projeto transdisciplinar Educação e Informação em Matéria de Meio Ambiente e de População para o Desenvolvimento Humano (ED/EPD), UNESCO;

Alexandre Sannikov, setor da educação, UNESCO;

Ernesto Schiefelbein, diretor, UNESCO-Santiago, ex-ministro da Educação (Chile);

Leticia Shahani, presidente do Senado (*pro tempore*), presidente do *Comité de Educación* (Manila, Filipinas);

Adnan Shihab-Eldin, diretor, UNESCO-Cairo;

John Smyth, chefe de redação, Relatório Mundial sobre Educação (UNESCO);

Esi Sutherland-Addy, encarregado de pesquisa, *Institute of African Studies* (Instituto de Estudos Africanos), *University of Ghana* (Universidade de Gana – Acra, Gana);

Robert Tabachnick, vice-decano, professor de currículo e instrução, *School of Education*, *University of Wisconsin-Madison* (Universidade de Wisconsin-Madison – Estados Unidos);

Shigekazu Takemura, vice-decano, Faculdade de Educação, Universidade de Hiroshima (Japão);

Sibry Tapsoba, administrador regional de programas (políticas sociais), *Centre de Recherches pour le Développement International* (Centro de Pesquisa sobre Desenvolvimento Internacional – Dacar, Senegal);

Juan Carlos Tedesco, diretor, *Bureau* Internacional de Educação (BIE) da UNESCO (Genebra, Suíça);

Malang Thiam, chefe do Setor de Educação e Saúde, Banco Africano de Desenvolvimento (BAD);

Sakhir Tháam, professor, *Université Cheikh Anta Diop* (Dacar, Senegal);

Mark Thompson, professor, *University of British Columbia* (Universidade da Columbia Britânica – Vancouver, Canadá);

David Throsby, professor de economia, *Macquarie University* (Sydney, Austrália);

Alice Tiendrébéogo, ministra da Educação Básica e da Alfabetização, Uagadugu (Burkina Faso);

Judith Tobin, diretora, Questões Estratégicas, TV Ontario (Canadá);

Rosa Maria Torres, Conselho Internacional de Educação de Adultos (CIEA);

Carlos Tunnerman, conselheiro especial do diretor-geral da UNESCO;

Vichai Tunsiri, conselheiro do ministro da Educação (Bangkok, Tailândia);

Kapila Vatsyayan, diretora do Centro Artístico Nacional Indira Gandhi (Nova Deli, Índia);

Marit Vedeld, *Direktoratet for Utviklingssamarbeid* (Agência Norueguesa de Cooperação para o Desenvolvimento – Oslo, Noruega);

A. E. (Ted) Wall, presidente da *Association of Canadian Deans of Education* (Associação Canadense de Decanos das Faculdades de Ciências da Educação); decano da Faculdade de Educação, *McGill University* (Montreal, Canadá);

Shem O. Wandiga, vice-chanceler, *University of Nairobi* (Universidade de Nairóbi, Quênia);

Bertrand Weil, professor de medicina, *Centre Hospitalier Universitaire Henri Mondor* (Hospital Universitário Henri Mondor – Créteil, França);

Tom Whiston, professor, *Science and Technology Policy Research Unit*, *University of Sussex* (Universidade de Sussex – Reino Unido);

Graeme Withers, *Australian Council for Educational Research* (Conselho Australiano de Pesquisa em Educação – Melbourne, Austrália);

Davina B. Woods, responsável federal pela educação aborígene, *Australian Education Union* (Melbourne, Austrália);

Johanna Zumstein, analista principal (transformações sociais), Direção-geral do Norte da África e do Oriente Médio, *Canadian International Development Agency* (ACDI – Agência Canadense de Desenvolvimento Internacional, Canadá).

8. SEQUÊNCIA

A sequência dos trabalhos da Comissão será assegurada por um Secretariado. Publicará a documentação que serviu de base ao Relatório, assim como os estudos destinados a aprofundar este ou aquele aspecto da sua reflexão e das suas recomendações; ajudará as instâncias governamentais ou não governamentais, a seu pedido, e organizará reuniões para debater as conclusões da Comissão; finalmente, participará de atividades procurando colocar em prática algumas das recomendações da Comissão. O endereço é o seguinte:

UNESCO
Setor da Educação
Unidade da Educação para o Século XXI
7, Place de Fontenoy
75352 PARIS 07 SP (França)
Telefone: (33 1) 45 68 11 23
Fax: (33 1) 43 06 52 55
e-mail: edobserv@unesco.org
Internet: www.unesco.org

GRÁFICA PAYM
Tel. [11] 4392-3344
paym@graficapaym.com.br